ÉLÉMENS MÉTHODIQUES

DE GÉOGRAPHIE,

DISPOSÉS D'APRES UN ORDRE NOUVEAU.

ÉLÉMENS MÉTHODIQUES
DE GÉOGRAPHIE,

DISPOSÉS D'APRÈS UN ORDRE NOUVEAU.

Par J.-Ch. BAILLEUL,
ancien Député.

Indocti discant, et ament meminisse periti.

PARIS,

Chez Ant. BAILLEUL, Imprimeur-Libraire, rue Sainte-Anne, N°. 71;

Et à L'AGENCE générale des placemens sur les fonds publics, rue du Sentier, N°. 6.

1820.

IMPRIMERIE D'ANT. BAILLEUL,
RUE SAINTE-ANNE, N°. 71.

ÉPITRE DÉDICATOIRE,

CONTENANT DES OBSERVATIONS PRÉLIMINAIRES,

A M. Chaslon, *Membre de la Légion d'honneur, ancien Administrateur des Douanes.*

Permets, mon ami, que je fasse hommage à notre vieille amitié d'un travail dont j'ai conçu la première idée à ta maison de campagne. Je l'avais destiné d'abord uniquement à l'éducation de ton intéressante demoiselle; mais il m'a semblé que l'étude sur un manuscrit n'était ni commode ni agréable; et faisant imprimer, la publication de l'ouvrage est devenue en quelque sorte nécessaire; j'espère même qu'elle pourra être généralement utile.

Tu te souviendras peut-être que, voyant sur la table de notre élève plusieurs abrégés de Géographie, je fus étonné de leur insuffisance et de leur imperfection : « On ne peut pas apprendre bien, lui dis-je, avec de tels guides; si vous me promettez de donner quelque soin à cette étude si essentielle, je vous ferai une méthode qui, en ne la supposant pas meilleure que ce que je vois, ne sera pas à coup sûr plus mauvaise. » Je tiens parole : j'ai donc un double motif, mon ami, de te consacrer cette œuvre, puisqu'elle a en même temps pour cause et pour objet notre ancien attachement, ainsi que l'être sur lequel tu as concentré tes plus douces affections, et qui répond par tant de qualités précieuses à toute ta tendresse.

Sous quels auspices, d'ailleurs, plus honorables, pourrais-je paraître, que sous ceux d'un citoyen qui fut constamment dévoué aux véritables intérêts de son pays, d'un administrateur habile autant qu'équitable, qui, dans le cours d'une longue carrière, sut toujours concilier les droits du Trésor avec les principes sur lesquels repose la prospérité du commerce et de l'industrie, ces deux sources de richesses intarissables, quand elles sont respectées !

Entrons maintenant dans quelques détails sur la manière dont j'ai conçu mon plan, et sur le but que je me suis proposé.

La Géographie est une des sciences les plus utiles et les plus usuelles ; elle se rapporte à tout dans les habitudes et les occupations de la vie : il n'y a pas jusqu'à la lecture des gazettes qu'elle rend plus intéressante. Cependant, généralement parlant, elle est une des plus ignorées, malgré le grand nombre de livres élémentaires destinés à son enseignement. Je crois que cela provient de deux causes : la première, qu'on ne s'en occupe, dans le cours d'une éducation, que comme d'une chose très-accessoire ; la seconde, que l'enseignement en est mauvais, et qu'on ne l'a soumis jusqu'à présent à aucune méthode, au moins à ma connaissance, et si j'en juge d'après dix ouvrages plus ou moins anciens, plus ou moins récens, que j'ai sous les yeux.

Dans tous, on ne se contente pas de confondre sans cesse la Géographie physique et la Géographie politique de rompre, à raison de la division des grandes surface en états, des parties que la nature n'avait point subordonnées à ces arrangemens, comme les montagnes et les fleuves. On enseigne en même temps, et en quelque sorte pêle-mêlé, toutes les parties de la Géographie et beaucoup d'autres choses : quand on a fini dans un pays, on recommence dans un autre, d'après les mêmes procédés ; ce qui ne donne nécessairement qu'une idée très-incomplète de l'ensemble.

En négligeant, sauf pour les grandes divisions, les degrés qui sont la base de cette étude, on ne met sous les yeux, comme on ne place dans la mémoire, que des mots qui ne peuvent y laisser aucune idée fixe.

On a fait de petits abrégés qui ne contiennent presque rien : c'est trop peu ; on en a fait de gros qui contiennent une douzaine de sciences : la Géographie proprement dite, la Géographie ancienne, la Géologie, la Botanique, la Statistique, l'Agriculture, l'Histoire, etc., etc. : c'est beaucoup trop. Dans une Géographie récemment publiée, on prétend qu'il faut faire concourir ensemble l'étude de la Géographie, celle des Voyages, de l'Histoire et de la Géographie des différens âges, attendu qu'on doit la science de la Géographie aux voyages et aux découvertes ; que l'Histoire ne peut s'entendre sans le secours de la Géographie ; que cette dernière n'a aucun intérêt sans l'Histoire, et que le meilleur moyen pour retenir un nom est de le lier à un fait, à un événement, etc. Je ne partage en aucune façon cette opinion, quoique professée par des hommes très-habiles d'ailleurs.

Cette complication ne peut que causer la confusion et la fatigue. Sans doute, pour lire l'histoire avec fruit, il faut connaître la Géographie, science que les voyages ont agrandie : mais la Géographie est une science et l'Histoire en est une autre : seulement la première de ces études doit précéder l'autre, comme l'étude de l'Arithmétique doit précéder celle de l'Algèbre et de la Géométrie. La Géographie se rapporte aux objets purement physiques ; et c'est la détourner de son but, que de la lier à l'Histoire, qui n'a en vue que les événemens auxquels donnent lieu les sociétés humaines. Ce qui constitue la Géographie, ce n'est pas tel ou tel fait historique, c'est la position respective des divers lieux : dès lors toute l'attention doit se porter à bien comprendre quelle est relativement cette position, et à la graver dans la mémoire par tous les termes de comparaison qui lui sont propres : une fois que cette étude a été bien faite, celle de la Géographie des différens âges, la lecture des voyages et celle de l'histoire n'éprouveront plus aucune difficulté.

J'ai donc réduit ma méthode à l'étude exclusive de la Géographie. En expliquant comment j'ai procédé, ce sera dire en même temps pourquoi je crois avoir le droit de considérer ces *Élémens* comme *méthodiques*.

Dans toute espèce d'enseignement, il faut aller du simple au composé ; il faut, en quelque sorte, établir les objets par couches, de manière à les présenter d'abord dans ce qu'ils ont de plus général et de plus saillant, puis ajouter les détails au fur et à mesure de leur importance, et ne donner les plus nombreux que les derniers, lorsque leur place est faite et que tout est disposé pour les recevoir. Pour obéir à cette règle, j'ai déjà parcouru tout le globe au moins douze fois avant d'arriver à la Géographie proprement dite; mais, en présentant les mêmes objets un plus ou moins grand nombre de fois, j'ai eu soin que ce fût toujours sous des rapports nouveaux et avec un intérêt différent.

Je commence par faire étudier les combinaisons des degrés de longitude et de latitude, de manière à ce que tous les points du globe soient déjà fixés dans l'esprit du lecteur, avant de parler de Géographie; puis, je place autant que possible chaque localité dans sa latitude et sur sa longitude. On croira d'abord que cette répétition de longitude et de latitude sera fastidieuse; si j'en juge par ce que j'ai éprouvé, c'est au contraire là qu'est le grand attrait de cette étude, parce qu'en effet c'est l'élément qui constitue la science de la Géographie.

On emploie pour l'étude de la Géographie des livres et des cartes; il faut donc que les uns soient dans un rapport non interrompu avec les autres: aussi, d'après mon travail, le lecteur pourrait faire lui-même la carte du pays ou du sujet qui l'occupe.

Je ne me suis pas contenté de m'astreindre à suivre chaque localité par degrés. J'ai commencé par dessiner à grands traits la configuration du globe, comme les mers et les terres, les montagnes et les fleuves, les côtes, leurs saillies et leurs enfoncemens, parce qu'en présentant ces accidens dans leur ensemble et sans interruption, ils en sont d'autant plus faciles à concevoir, par conséquent à retenir.

Voilà, mon ami, comment j'ai procédé ; je crois que, par ce moyen, cette étude deviendra plus facile, plus prompte et plus certaine. Cependant, il ne faut pas s'y tromper, on ne peut faire de progrès sans peine et sans application ; comprendre une chose, ce n'est pas la savoir, et voilà ce qui trompe bien du monde : il faut le temps à tout. Il convient d'appliquer à la Géographie la règle que Buffon prescrit pour l'étude de l'Histoire naturelle : c'est de revenir sans cesse sur les mêmes objets, de se les rendre de plus en plus familiers, sans s'inquiéter de ce qui en reste dans la mémoire ; l'on sera étonné, au bout de quelque temps, des progrès qu'on aura faits sans fatigue, et en quelque sorte sans s'en apercevoir.

Malgré le soin extrême avec lequel tous les détails ont été vérifiés, il est possible cependant qu'il s'y soit glissé des fautes : c'est un inconvénient à peu près inséparable d'un pareil sujet.

Je désire bien vivement que notre élève trouve autant de facilité dans l'étude que je lui ai préparée, que j'ai éprouvé de satisfaction en songeant que je travaillais pour elle, et par conséquent pour toi.

Je suis, etc.

Paris, le 30 décembre 1819.

TABLE DES CHAPITRES.

Ire. PARTIE. *Notions préliminaires.*

Chapitre Ier. En quoi consiste la science à laquelle on donne le nom de Géographie. Page 1
§. 1er. Des Lignes. 2
§. 2. Des Lignes droites. Ibid.
§. 3. Du Cercle. 4
Chapitre II. Des Procédés au moyen desquels on parvient à fixer relativement tous les points du Globe. 5
Chapitre III. Exercices préliminaires, et qui sont d'une indispensable nécessité. 11

2me. PARTIE. *Géographie naturelle.*

Chapitre Ier. Division de la Surface du Globe en Solides et en Liquides. 15
Chapitre II. Grandes Divisions des Terres et des Mers. 18
§. 1er. Divisions politiques les plus générales de la Terre. Ibid.
§. 2. Division générale des Mers. 20
Chapitre III. Divisions spéciales des Terres et des Mers. 21
§. 1er. Divisions particulières, politiques, des cinq parties du Monde. Ibid.
Article Ier. Europe. Ibid.

xij

Art. II. *Asie*.	26
Art. III. *Afrique*.	28
Art. IV. *Amérique*.	30
Art. V. *Océanique*.	34
§. 2. *Noms particuliers donnés aux Mers, selon les localités, les Côtes qu'elles baignent, ou les Terres dans lesquelles elles s'enfoncent.*	35
Chap. IV. *Iles*.	39

Nota. Les Nombres des Chapitres ont été dérangés par une erreur typographique : le chapitre 6 devrait être le chapitre 5, ainsi de suite.

Chap. VI. *Presqu'Iles*.	54
Chap. VII. *Isthmes*.	57
Chap. VIII. *Détroits, Pas, etc.*	58
Chap. IX. *Montagnes*.	65
— *Europe*.	Ibid.
— *Asie*.	78
— *Afrique*.	85
— *Amérique*.	87
Chap. X. *Lacs*.	92
Chap. XI. *Fleuves et principales Rivières*.	99
Chap. XII. *Caps*.	139
— *Europe*.	Ibid.
— *Asie, Méditerranée*.	147
— *Afrique*.	148
— *Asie, au midi et à l'est*.	150
— *Amérique*.	154
— *Océanique*.	159
Chap. XIII. *Golfes et Baies*.	160

— Europe.	160
— Asie, Méditerranée.	165
— Afrique.	166
— Asie, au midi et à l'est.	167
— Amérique.	169
— Océanique.	172
Chap. XIV. Points principaux du Globe par lesquels passent les grands et petits Cercles de la Sphère.	173

3me. PARTIE. *Géographie politique.*

Chap. Ier. Europe.	177
— Suède.	Ibid.
— Angleterre.	180
— États qui ont des possessions en Allemagne.	190
— Danemarck.	Ibid.
— Prusse.	192
— Empire d'Autriche.	195
— Pays-Bas.	200
— États dont les possessions sont circonscrites en Allemagne.	202
— Allemagne proprement dite.	214
— France.	216
Tableau comparatif des anciennes provinces et départemens de la France.	225
Iles voisines de la France.	228
Possessions françaises en Afrique, en Asie et en Amérique.	Ibid.
Royaume d'Espagne.	229

xiv

Iles voisines de l'Espagne.	231
Royaume de Portugal.	232
Suisse.	234
Royaume de Sardaigne.	236
Duché de Parme.	238
Duché de Modène.	Ibid.
Duché de Massa.	239
Principauté de Lucques.	Ibid.
Grand-duché de Toscane.	Ibid.
État de l'Église.	240
Royaume des Deux-Siciles.	241
Empire de Russie.	243
Russie d'Europe.	244
Russie d'Asie.	249
Empire Turc.	251
Turquie d'Europe.	Ibid.
Turquie d'Asie.	253
Chapitre II. Asie.	257
Arabie.	Ibid.
Royaume de Perse.	258
Béloutchistan.	260
Tartarie indépendante.	261
Empire chinois.	262
Empire du Japon.	265
Royaume d'Ascham.	266
Empire des Birmans.	Ibid.
Royaume de Siam.	267
Malaca ou Malaya.	Ibid.
Empire du Tonquin.	268

Indoustan.	xv
Îles voisines de l'Indoustan.	269
Grand archipel d'Asie.	275
Chapitre III. Afrique.	276
Royaume de Maroc.	279
Royaume d'Alger.	Ibid.
République de Tunis.	280
État de Tripoli.	Ibid.
Bilédulgérid.	Ibid.
Sahara ou Zaara.	281
Égypte.	282
Guinée.	284
Nigritie.	Ibid.
Nubie.	286
Abissinie.	287
Congo.	288
Côte d'Ajan.	Ibid.
Côte de Zanguebar.	289
Mataman.	290
Monomotapa.	291
Cafrerie.	Ibid.
Îles de l'Afrique.	292
Chapitre IV. Amérique.	293
Amérique septentrionale.	295
Possessions anglaises.	Ibid.
Nouvelle-Bretagne.	Ibid.
Canada.	Ibid.
Nouvelle-Écosse.	296
Côtes du Nord-Ouest, Amérique russe.	297
	298

xvj

Possessions anglaises.	299
États-Unis.	299
Les Florides.	303
Possessions espagnoles dans l'Amerique septentrionale.	304
Iles du Golfe du Mexique et Antilles.	307
Grandes Antilles.	308
Petites Antilles.	309
Amérique méridionale.	311
Possessions espagnoles.	Ibid.
Nouveau royaume de Grenade.	Ibid.
Vice-Royauté du Pérou.	314
Vice-Royauté de la Plata.	Ibid.
Paraguay.	315
Gouvernement du Chily.	316
La Guiane propre.	317
Brésil, ou Amérique portugaise.	318
Patagonie ou Terre Magellanique.	321
Iles de l'Amérique méridionale.	Ibid.
Chapitre V. Océanique.	323
Indication des mesures itinéraires.	324

FIN DE LA TABLE.

ERRATUM.

Page 138, ligne 25 : *Ni fleuve ni rivière dont la Géographie*, etc., lisez : *ni fleuve ni rivière dans ces espaces dont la Géographie*, etc.

ÉLÉMENS MÉTHODIQUES DE GÉOGRAPHIE,

DISPOSÉS D'APRÈS UN ORDRE NOUVEAU.

PREMIÈRE PARTIE.

NOTIONS PRÉLIMINAIRES.

CHAPITRE PREMIER.

En quoi consiste la science à laquelle on a donné le nom de GÉOGRAPHIE.

La *Géographie* est la description de la terre. Ce mot dérive de deux mots grecs, qui signifient *terre* et *décrire*.

La Géographie enseigne la configuration de la terre, ses rapports avec le ciel ou les autres planètes ; la disposition des objets qui sont à sa surface, et l'espace qu'ils embrassent, comme les parties solides, les mers, les montagnes, les fleuves, etc. Ell présente le tableau des différens peuples qui l'habitent, la position, l'étendue et les limites des territoires qu chacun d'eux occupe.

Tel est, par aperçu, l'objet de l'étude de la Géographie.

On la distingue, en conséquence, en Géographie *astronomique*, en Géographie *naturelle* et en Géographie *politique*.

Contre l'usage généralement reçu, je ne commencerai point par traiter de la Géographie astronomique ; ce serait fatiguer l'élève sans utilité pour le moment. Je n'en toucherai que quelques points nécessaires à l'intelligence des procédés par lesquels on fixe relativement les différens points du globe terrestre ; car il est indispensable d'expliquer d'abord ces procédés.

On décrit la terre en traçant des lignes droites ou courbes. Ces lignes ont entr'elles des rapports que l'on désigne par des mots, dont il est d'autant plus nécessaire de connaître la signification, qu'ils reviennent à chaque instant dans l'étude qui va nous occuper.

§. Ier. *Des Lignes.*

Tout le monde sait ce que c'est qu'une ligne *droite* et une ligne *courbe :* c'est une succession non-interrompue de points que l'on trace, par exemple, avec une règle ou un compas.

On dit qu'une ligne est une longueur considérée en elle-même, sans égard à sa largeur et à son épaisseur.

La ligne *courbe* se dit par opposition à la ligne droite. Cette ligne est plus ou moins courbe.

§. II. *Des Lignes droites.*

Plusieurs lignes peuvent se rencontrer : de là le

divers noms qu'on leur donne, selon leur position respective.

La ligne *perpendiculaire* est une ligne qui tombe sur une autre ligne, en la touchant d'une de ses extrémités, de manière qu'elle ne penche pas plus d'un côté que de l'autre.

La ligne *oblique* est celle qui, tombant sur une autre ligne, penche plus d'un côté que de l'autre.

On appelle *parallèles* deux lignes droites, dont tous les points sont à une égale distance les uns des autres. Le propre des lignes parallèles, quelle que soit l'étendue qu'on leur donne, est de ne jamais s'éloigner ni se confondre ; tandis qu'une ligne inclinée vers une autre ligne, si faible que soit l'inclinaison, s'en rapproche jusqu'à ce qu'elle la rencontre, ou s'en éloigne indéfiniment, suivant l'extrémité par laquelle on la prolonge.

On appelle *angle* l'ouverture formée par deux lignes qui se réunissent en un point. Les lignes qui composent l'angle, s'appellent *côtés de l'angle*. Le point ou les deux lignes se touchent s'appelle le sommet de l'angle.

Il y a généralement trois sortes d'angles : l'angle *droit*, l'angle *obtus*, l'angle *aigu*.

La ligne perpendiculaire, telle que je l'ai expliquée plus haut, donne l'angle droit ; l'angle obtus est plus ouvert que l'angle droit ; l'angle aigu est plus fermé.

Nota. Les divisions du cercle dont je vais parler, donnent les moyens de mesurer rigoureusement les angles.

§. III. *Du Cercle.*

De toutes les lignes courbes, celle dont il est le plus indispensable d'avoir quelqu'idée pour l'objet de cette étude, est le cercle.

Le cercle est l'espace contenu dans une ligne courbe, prolongée autour *d'un même centre*, de manière que tous les points de cette ligne courbe se trouvent à une égale distance de ce centre. La ligne qui marque l'extrémité du cercle se nomme *circonférence*.

Nota. En traçant soi-même un cercle avec un compas, on verra la démonstration de ces propositions.

Le *diamètre* d'un cercle est une ligne droite qui, partant de deux points opposés de la circonférence, passe par le centre, et coupe le cercle en deux parties égales.

Un *rayon* du cercle n'est autre chose qu'un demi-diamètre, c'est-à-dire une ligne droite qui va du centre à la circonférence. Tous les rayons qu'on peut inscrire dans la circonférence d'un cercle sont égaux entr'eux, puisque tous les points de la circonférence du cercle, comme je viens de le dire, sont à une égale distance du centre, et que chaque rayon va du centre à la circonférence.

La circonférence du cercle, quelle que soit son plus ou moins d'étendue, se divise en trois cent soixante parties égales qu'on appelle *degrés* : ainsi, la moitié du cercle offre 180 degrés, et le quart 90. Chaque degré se divise en 60 minutes, chaque minute en 60 secondes, la seconde en 60 tierces, etc.

Nota. On fera particulièrement remarquer à l'élève ces divisions et subdivisions qui sont les fondemens de la géographie, ou le lecteur lui-même y donnera une attention particulière.

Je dois encore observer que les divisions du cercle donnent les moyens de mesurer les angles dont j'ai parlé plus haut, à raison du nombre de degrés que présente leur ouverture. Un angle droit a toujours 90 degrés. L'angle aigu, qui est plus fermé, a toujours moins de 90°; et l'angle obtus, qui est plus ouvert, a toujours plus de 90°.

Pour ces diverses démonstrations, il suffira, mais il sera indispensable d'avoir une mappemonde sous les yeux, et on donnera toute son attention aux lignes qui la traversent en hauteur et en largeur, sans s'occuper nullement des autres détails.

CHAPITRE II.

Des procédés au moyen desquels on parvient à fixer relativement tous les points du Globe.

La terre est un *globe*, une *sphère*, mots dont on se sert pour désigner une forme ronde dans tous les sens. La terre est donc ronde comme une boule. Or, prenez une boule ou une bille de billard, et présentez-la au jour, vous verrez que ses extrémités, dans tous les sens, offrent la circonférence d'un cercle. En effet, on figure la terre par un cercle; mais comme un corps rond, ainsi qu'une boule, un globe, en un mot, une sphère, est composé de deux moitiés ou de deux *hémisphères*, on figure ces deux moitiés ou deux hémisphères, en traçant deux cercles qu'on place à côté l'un de l'autre : ce sont ces deux hémisphères représentés par deux cercles, qu'on appelle *mappemonde*. C'est ce que vous devez avoir sous les yeux en suivant ces leçons.

L'élève sait sûrement déjà qu'il y a dans l'espace qui nous environne un point qu'on appelle *nord* ou *septentrion*, un autre qui se nomme *sud* ou *midi* ; un troisième, qui est *l'est* ou *le levant* ; enfin, un quatrième, qui est *l'ouest* ou le *couchant*.

Disons tout de suite que lorsqu'une mappemonde est régulièrement placée devant l'élève, le nord est en haut, le sud en bas, l'est à droite, et l'ouest à gauche. Revenons à notre principale démonstration.

Reprenez votre bille, et promenez-la entre vos doigts; il vous sera facile de remarquer que vous en touchez successivement tous les points, sans pouvoir vous rendre compte de l'ordre dans lequel vous les avez parcourus. Or, comment se retrouver sur une surface dont chaque point est tour à tour centre du tout? Comment les fixer avec une précision qui prévienne toute erreur? Le procédé est simple ; il n'exige qu'un peu d'attention. Supposez que vous traversez la bille d'une broche qui passe par le centre, et sort par les deux extrémités opposées : alors tous les points de la surface deviennent fixes par rapport à ces deux points extrêmes ; il ne s'agit plus que de trouver un autre procédé pour les déterminer et les reconnaître.

Nous appellerons *axe* la broche qui traverse la bille, et *pôles* les deux points par lesquels la broche entre dans la bille et en sort.

Maintenant, reportons-nous à une mappemonde, don chaque hémisphère représente une moitié de la terre. Cette ligne droite, placée au milieu, et qui les traverse de haut en bas, autrement du nord au midi, est l'*axe* ou cette broche que je supposais tout à l'heure. Les extrémités de cette ligne sont les pôles. L'extrémité nord se nomme *pôle arctique;* celle au midi, *pôle antarctique*, c'est-à-dire, opposé au pôle arctique.

Déterminez un point juste entre les deux pôles; et tirez une ligne à une égale distance : cette ligne coupera la terre en deux parties égales; elle formera un cercle que nous appellerons *équateur*, parce qu'il coupe également en deux. Voyez sur la mappemonde la ligne ou cercle qui va de l'est à l'ouest, et qui coupe l'axe à angle droit : c'est l'équateur ou *ligne équinoxiale*.

J'ai dit que le cercle se divisait en 360 degrés. L'équateur est un cercle : on a donc pu le diviser, et on l'a divisé en 360 degrés. Le degré est de 25 lieues : la circonférence de la terre est donc de 9,000 lieues. La mesure du degré vous donnera donc toutes les distances : c'est l'objet des échelles que vous voyez sur la mappemonde et sur toutes les cartes.

L'équateur ainsi divisé, on a tiré, de degré en degré jusqu'aux deux pôles, des lignes qui le coupent à angle droit. Ces lignes se nomment *longitudes* ou degrés de *longitude*. On fixe le premier degré sur Paris, par exemple; on compte sur les cartes 180 degrés à l'est, 180 à l'ouest : ce qui donne le total de 360 degrés. Cette manière de compter les degrés offre cet avantage, qu'en comptant les degrés *est*, vous savez que le point dont il s'agit est dans la moitié du globe qui est à votre droite; et qu'en comptant les degrés *ouest*, vous êtes dans la moitié du globe qui est à votre gauche.

Par les longitudes, vous savez à quel degré, soit à l'est, soit à l'ouest, se trouve un lieu déterminé, par rapport à celui où vous êtes; mais vous ignorez s'il est au nord ou au midi, plus près ou plus éloigné de vous. Voici comment on a procédé pour résoudre cette autre difficulté.

Puisque la terre, qui est ronde, a 360° de l'est à l'ouest, elle a aussi 360° du nord au sud. Mais ici, comme on déterminera les degrés par des lignes parallèles à l'équateur, et que de l'équateur au pôle, il n'y a que le quart du cercle, on ne comptera que 90° qu'on appelle degrés de *latitude* : degrés de latitude N. pour l'espace qui se trouve entre l'équateur et le pôle arctique; degrés de latitude méridionale pour l'espace qui se trouve entre l'équateur et le pôle antarctique. Cependant, par rapport à un point déterminé, quelqu'avancé qu'on soit vers le nord, on désigne comme étant au midi tout ce qui, à partir de ce point, se trouve du côté de l'équateur.

Les degrés de latitude coupant les degrés de longitude à une distance rigoureuse de 25 lieues, forment avec ces derniers autant de carrés que l'on trouvera à l'instant au moyen des points de section des degrés tant de longitude que de latitude, en convenant d'un point de départ pour les longitudes, comme Paris.

Ces différens procédés suffiraient déjà pour se reconnaître sur une surface plane ou sphérique ; mais ici, les points qui leur servent d'appui ne sont pas arbitraires ; ils sont déterminés par la nature.

La terre tourne sur elle-même en vingt-quatre heures, et les deux points sur lesquels elle tourne sont les deux extrémités que nous avons nommées *pôles*.

D'après la position inclinée de la terre par rapport au soleil, cet astre parcourt, soit en venant vers nous, soit en retournant à l'extrémité opposée, 47° de la surface de la terre du nord au sud. Or, lorsqu'il est à moitié de ces 47°, c'est-à-dire, également éloigné des deux points opposés de 23° ½, il décrit juste cette ligne ou cercle qu'on appelle *équateur*.

L'élève aura remarqué sans doute qu'il arrive deux fois l'an que les jours sont égaux aux nuits, ce qu'on appelle *équinoxes* : le 22 mars, équinoxe du printemps ; le 22 septembre, équinoxe d'automne. Ces jours-là le soleil frappe perpendiculairement sur l'équateur. Nous avons, les jours égaux aux nuits, douze heures de jour, douze de nuit : de là équinoxes.

La marche du soleil ou de la terre, relativement au soleil, a donné lieu de marquer sur les mappemondes quatre autres lignes ou cercles qu'on appelle *petits cercles*, parce que leur diamètre est plus petit que celui de l'équateur. Les petits cercles sont d'un grand secours dans une étude bien dirigée de la géographie.

Le jour où le soleil est le plus près de nous, est pour nous le jour le plus long de l'année : c'est ce qu'on appelle *solstice d'été;* il a lieu le 21 juin, qui est le premier jour de l'été. Le soleil parcourt dans ce moment le 23° ½ de latitude en deçà de l'équateur. Le cercle qu'il décrit ainsi a été nommé *tropique du Cancer,* du nom d'une constellation ou amas d'étoiles qui correspond dans le ciel à cette hauteur.

Le soleil, parvenu à cette élévation, rétrograde aussitôt, et au bout de trois mois il est à l'équateur, et donne l'équinoxe, comme je l'ai dit ; et au bout de six, il est parvenu à l'extrémité opposée, c'est-à-dire, 23° ½ par-delà l'équateur. Le cercle qu'il décrit alors se nomme *tropique du Capricorne,* nom d'une constellation ou amas d'étoiles correspondant dans le ciel : c'est ce qu'on appelle le *solstice d'hiver;* il a lieu le 22 décembre, le jour le plus court de l'année et le premier de l'hiver.

Lorsque le soleil parcourt le tropique du Cancer, il éclaire pendant 24 heures un espace de 23° ½, à partir du pôle, distant de l'équateur de 66° ½ ; par conséquent, il y a une nuit de 24 heures dans le même espace de 23° ½ au pôle antarctique. Le contraire arrive au solstice d'hiver ; il y a un jour de 24 heures au pôle antarctique, et une nuit de même longueur au pôle de notre hémisphère. On a donc placé sur les mappemondes, à ce point de 66° ½ de l'équateur, 23° ½, tant d'un pôle que de l'autre, deux cercles qu'on appelle *cercles polaires:* l'un, *cercle polaire arctique;* l'autre, *cercle polaire antarctique.*

On appelle *zones* (ce qui veut dire *ceinture*) les intervalles que vous remarquez entre les différens cercles. Zone *torride* ou brûlante, l'espace qui se trouve entre les tropiques, 23° ½ en deçà de l'équateur ou au nord, 23° ½ au-delà de l'équateur ou au midi : en tout, 47°; zone *tempérée*, l'espace qui se trouve, tant au nord qu'au midi, entre les tropiques et les cercles polaires : chacune de ces zones est de 43°; enfin, zone *glaciale*, l'espace qui se trouve des cercles polaires aux pôles, 23° ½ pour chacune.

Climat s'entend, en géographie, de la différence qu'il y a dans la longueur des jours, depuis l'équateur jusqu'au pôle. Il y a vingt-quatre climats de l'équateur au cercle polaire, et six du cercle polaire au pôle.

L'horizon est l'espace du ciel que nous découvrons du point où nous sommes; il coupe la terre en deux parties égales : de là le nom de grand cercle qu'on lui donne dans la sphère. On appelle aussi horizon l'espace que nous découvrons sur la terre autour de nous; il est d'autant plus étendu, que nous regardons d'un point plus élevé.

CHAPITRE III.

Exercices préliminaires, et qui sont d'une absolue nécessité.

Après avoir bien compris les procédés que l'on a employés pour retracer la figure de la terre sur une mappemonde, il faut s'y arrêter. L'élève, avant de passer outre, doit se familiariser avec tous les points du globe par la seule combinaison des degrés. Il n'en viendra à l'étude de la géographie proprement dite, que lorsque, ou sur la carte, ou seulement dans sa pensée, il indiquera à l'instant même le point de section de chaque degré de longitude et de latitude.

Ainsi, pour atteindre ce but, il remarquera d'abord que l'on compte de l'équateur au pôle nord 90°, et de l'équateur au pôle antarctique 90°; que ces intervalles, tant pour l'un que pour l'autre hémisphère, sont partagés par les tropiques et les cercles polaires; qu'à partir de l'équateur, les premiers 23° ½ sont dans la zone torride; que l'espace renfermé entre les 23° ½ et 66° ½, est la zone tempérée, et que par-delà 66° ½, c'est la zone glaciale : ces divisions, à raison surtout de ce que les degrés de latitude sont des parallèles placées à égale distance, aideront singulièrement les opérations mentales et la mémoire.

L'élève fera bien attention aux quatre points cardinaux; il remarquera que le point où il est placé est ce qui détermine, par rapport à lui, par rapport à tout autre objet dont il s'agit, ce qui est au nord ou au midi. Tout ce qui est du côté de l'équateur est au midi; tout ce qui est du côté du pôle arctique est au nord. Par-delà l'équateur, on désigne de même, et toujours comme étant au nord, ce qui est du côté de notre pôle; et comme étant au midi, ce qui est du côté du pôle antarctique.

Il n'en est pas ainsi de l'est et de l'ouest : c'est le

point fixé pour la méridienne, d'où l'on doit compter les degrés, soit à l'est, soit à l'ouest. Les 180° qui sont à droite de ce point appartiennent à l'est ; les 180° qui sont à gauche appartiennent à l'ouest. Dans l'usage admis actuellement dans toutes nos cartes, la première méridienne est celle de Paris : notre horizon rationnel est donc au 90° de longitude à l'est, et au 90° de longitude à l'ouest.

En considérant que la méridienne et la ligne correspondante qui forme le 180°, coupent le globe en deux hémisphères, dont l'un est l'est et l'autre l'*ouest*, l'élève peut diviser ces hémisphères par 45° : à 45°, il aura le quart de l'hémisphère *est* ; à 90°, il aura la moitié : voilà pour la partie supérieure formant notre horizon ; à 135°, les trois-quarts ; à 180°, la totalité. Il en est de même pour l'hémisphère formant l'ouest. En combinant ces divisions des degrés de longitude avec les divisions et subdivisions des 90° de latitude nord et sud, l'élève parviendra promptement à déterminer, même dans la pensée et sans le secours d'une carte, dans quelle position se trouve, par rapport à lui ou à tout autre point, le carré qu'on lui indique.

L'élève ne doit pas abandonner ces exercices qu'il ne soit à même de se rendre compte sur le champ si le point indiqué par la combinaison de la longitude et de la latitude est à l'ouest ou à l'est, s'il est à l'horizon ou sous l'horizon, s'il est au nord ou au midi, dans quelle zone il est situé, etc.

DEUXIÈME PARTIE.

GÉOGRAPHIE NATURELLE.

OBSERVATIONS GÉNÉRALES.

J'ai déjà fait remarquer que l'on comptait les degrés de longitude à partir de la méridienne de Paris, mais en chiffrant 180° pour l'orient, et 180° pour l'occident. Ainsi, je dirai longitude orientale, lorsque les chiffres 1, 2, 3, vont de la gauche à la droite de l'élève; je dirai longitude occidentale, lorsque les chiffres 1, 2, 3, etc. vont de droite à gauche.

On aura soin, en prenant la leçon, soit qu'on la reçoive d'un maître, soit qu'on étudie par soi-même, d'avoir toujours une mappemonde sous les yeux. On doit attacher également de l'importance à orienter réellement la mappemonde, en se plaçant la face vers le nord. Il peut être utile aussi de détacher quelquefois ses regards de la carte, et de les porter sur les vastes espaces qui vous environnent. En se tournant du côté du midi, on aura l'orient à sa gauche, l'occident à sa droite, et devant soi, depuis le 48° de latitude nord où nous sommes placés, jusqu'au pôle antarctique, une immense étendue de plus de 3,500 lieues; à peu près autant à droite et à gauche.

Un point que je dois encore recommander essentiellement, est de ne voir sur la carte que ce qui fait l'objet de la leçon. Une mappemonde un peu développée, comme celle qu'a publiée dernièrement, en une seule feuille, M. Lapie, suffit pour cette première partie. Si j'indique des objets qui ne s'y trouvent pas, au moyen de la méthode que j'ai adoptée, on pourra les y placer.

CHAPITRE Ier.

Division de la surface du Globe en solides et en liquides.

La surface du globe se divise en parties solides et en parties liquides, qui reçoivent différentes dénominations, selon leur plus ou moins d'étendue, et les dispositions qui leur sont particulières ; mais les dénominations les plus générales consistent à appeler *terre* les parties solides, et *eau* ou *mer* les parties liquides.

A l'aspect des deux hémisphères qu'on a sous les yeux, il est aisé de reconnaître ce qui est *terre* et ce qui est *eau*.

On remarquera que les terres paraissent environnées d'eau, et sur d'autres points, que les eaux paraissent environnées par les terres, selon la grandeur relative des objets.

On nomme continens ces grandes surfaces dont toutes les parties sont adhérentes, et qui occupent, comme vous voyez dans l'ancien hémisphère, depuis le 87° de latitude nord jusqu'au 34° de latitude sud, et depuis le 16° de longitude occidentale jusqu'au 160° de longitude orientale.

On regarde aussi comme un continent l'espace de terre qui, dans le même hémisphère, est situé entre le 12 et le 40° de latitude méridionale, entre le 108 et le 150° de longitude orientale.

Un vaste continent couvre le nouvel hémisphère, du 78° de latitude nord jusqu'au 55° de latitude sud. La partie méridionale touche par le 8° de latitude au sud 37° de longit. occidentale; tandis que la partie septentrionale touche par le 70° de latitude nord le 178° de longitude occidentale.

Vous remarquerez sur la surface des mers des points plus ou moins étendus. On les appelle *îles*, à cause de leur isolement. On nomme *archipels* des groupes d'îles formées dans les mêmes eaux, et qui semblent appartenir à des fonds de mer communs. Vous voyez de ces groupes par les 120° de longitude orientale sous l'équateur et sur beaucoup d'autres points.

Les parties de terre qui ne tiennent aux continens que par un point, une extrémité, se nomment *presqu'îles* ou *péninsules* (*penè insulæ*, presque des îles). On appelle *isthme* la langue de terre qui les lie aux continens. Cherchez l'exemple d'une presqu'île par le 40° de latitude N., entre le 1 et le 10° de longitude occidentale.

Lorsque des parties de terre ne forment que des saillies ou angles dans les eaux de la mer, on les désigne par les mots de *caps*, *promontoires*; et seulement *pointes*, lorsqu'elles ont peu d'importance. Les terres qui bordent la mer, et qu'on appelle *côtes*, en offrent de nombreux exemples. Lorsqu'au contraire les eaux forment des enfoncemens dans les terres, on les nomme *golfes* ou *baies*, selon leur étendue plus ou moins grande.

La terre présente, en outre, des parties plus ou moins élevées, qu'on appelle *montagnes*; plus ou moins profondes, qu'on appelle *vallées*.

On nomme *Océan*, ou, comme je l'ai déjà dit, *mer*, les vastes amas d'eau que vous voyez sur les deux hémisphères. Ils reçoivent des noms spéciaux, selon leur position géographique ou les accidens qui les modifient. On appelle *mers intérieures* ou *méditerranées* les eaux d'une certaine étendue qui sont renfermées dans des terres; *détroits*, les communications avec des mers intérieures, ou les communications des mers coupées par des terres. Voyez un exemple par le 36° de lat. N., et le 8° de longit. occid. On dit *lacs*, quand les surfaces sont trop petites pour être des mers, et qu'elles ne communiquent point immédiatement à la mer; *fleuves* ou *rivières*, quand les eaux, resserrées entre deux rives, coulent et se rendent, soit à la mer, soit dans d'autres rivières : dans ce dernier cas, le point de réunion de deux rivières se nomme *confluent*; enfin, un *torrent* consiste dans un cours rapide et accidentel d'eaux produites par de grandes pluies ou des fontes de neige.

CHAPITRE II.

Grandes divisions des Terres et des Mers.

§. Ier. *Divisions politiques les plus générales de la Terre.*

Nota. J'interromps la géographie physique pour donner de suite les grandes divisions politiques qui sont résultées de la formation des sociétés humaines. Mon motif est que des objets naturels, comme des montagnes, des fleuves, s'étendant ou parcourant sous la même dénomination diverses contrées, il est indispensable que l'élève en soit instruit.

Cette vaste étendue de terre sur l'ancien hémisphère, dont j'ai donné plus haut les limites en longitude et latitude, se divise en trois parties principales, qui sont l'*Europe*, l'*Asie* et l'*Afrique*.

L'*Europe* est située entre le 35 et le 72° de latit. N., et entre le 12° de longit. ouest et le 62° de longit. orientale. Elle a 1,100 lieues de longueur, sur une largeur d'environ 900 lieues.

L'*Asie* est située entre l'équateur et le 78° de latit. nord, par les 24 et 180° de long. est. Elle a environ 2,400 lieues de long., et en largeur 2,000.

L'*Afrique* occupe l'espace qui se trouve entre le 37° de lat. nord et le 34° de lat. sud; entre le 19° de long. ouest, et le 48° long. est. Elle a en longueur 1,700 lieues, et en largeur 1,650.

L'*Amérique*, vaste continent à l'ouest de l'Europe et de l'Afrique, s'étend, sous ce seul nom, depuis le 80° de lat. nord jusqu'au 54° de latit. sud, et depuis le 37° jusqu'au 172° de longitude occidentale. Seulement on la divise en Amérique septentrionale et en Amérique méridionale. Le point de division est par le 10° de latit. nord : ainsi, l'Amérique septentrionale a 70° du nord au midi, et l'Amérique méridionale 64° dans la même direction. Le tout a environ 1,800 lieues en longueur, et 700 lieues dans sa plus grande largeur.

Voilà ce que, jusqu'à ces derniers temps, on a appelé les quatre parties du monde; mais les géographes modernes, d'après les nouvelles découvertes, en ont formé une cinquième, sous le nom d'*Océanique* ou d'*Australasie*.

Cette partie se compose de cette multitude d'îles qui couvrent la mer du Sud et le grand Océan austral : de là, les noms d'*Océanique* et d'*Australasie*. Je ne m'arrêterai qu'à la plus grande de ces îles, que l'on croit maintenant, à raison de son étendue, devoir considérer comme un continent. Je l'ai déjà désignée comme continent, en traçant les limites des parties solides et liquides de la terre. On lui donne le nom de *Nouvelle-Hollande* ou de *Notasie*. Elle est située par les 9 et 39° de latit. sud, 109 et 152° de long. est. Elle a à peu près 800 lieues de long, sur 600 de large. Quant aux autres parties que l'on comprend dans cette cinquième division, ce sont des îles dont je parlerai au chapitre qui leur est consacré.

§. II. *Division générale des Mers.*

Après avoir donné la division générale des terres, je dois donner celle des mers.

Toutes les eaux qui sont au-delà du cercle polaire arctique sont désignées sous le nom de *Mer glaciale*, ou *Océan glacial arctique*.

L'espace de mer qui se trouve à l'ouest de l'ancien hémisphère, entre l'ancien et le nouveau, se nomme grand Océan atlantique, qu'on divise ainsi qu'il suit : Océan *atlantique septentrional*, entre le cercle polaire arctique et le tropique du Cancer ; Océan *atlantique équinoxial*, entre les tropiques ; et Océan *atlantique méridional*, entre le tropique du Capricorne et le cercle polaire antarctique.

Les mers qui sont au sud et au sud-est de l'ancien continent, et à l'ouest du nouveau, en remontant jusqu'au cercle polaire arctique, se nomment *Grand-Océan boréal*, entre le cercle polaire et le tropique du Cancer ; *grand Océan*, mer *du Sud* ou *Océan pacifique*, entre les tropiques ; *grand Océan austral*, entre le tropique du Capricorne et le cercle polaire antarctique ; enfin, la mer qui est au-delà de ce dernier cercle se nomme *Mer glaciale*, ou *Océan glacial antarctique*.

CHAPITRE III.

Divisions spéciales des Terres et des Mers.

§. Ier. *Divisions particulières, politiques, des cinq parties du monde.*

Article Ier. --- EUROPE.

Au nord, quatre contrées : la Russie, partie européenne, la Suède, le Danemarck, les Iles britanniques.

Russie : entre le 19 et le 62° de longitude orientale, 44 et 72° de latit. nord : capitale, *Pétersbourg*, par les 28° de longit. orientale, et 59° latit. nord.

La Russie a 650 lieues de longueur et 350 de largeur.

Suède : entre les 9 et 25° de longit. orientale, 56 et 70° de latit. N. : capitale, *Stockholm*, par les 15° de longit. est, et 59° de latit. N. Sa longueur, 267 lieues; largeur, 160.

Norwège, qui fait maintenant partie de la Suède : entre les 4 et 10° de longit. est, 58 et 71° de latit. N. Elle a 380 lieues de long, sur 80 de large.

Danemarck : entre les 4 et 10° de long. est, 54 et 58° de latit. N. *Copenhague*, capitale, par les 10° de longit. est, et 55° de latit. N.

Iles britanniques : je les place ici, quoique je n'aie pas encore donné la dénomination des îles; ce que j'ai déjà fait pour le Danemarck, à raison de leur importance, et comme formant un état à part.

Les Iles britanniques sont situées entre les 50 et 60° de latit. N., les 1 et 13° de long. occidentale ; elles comprennent l'Écosse, l'Angleterre et l'Irlande qui est séparée des deux premières parties par un bras de mer.

L'Écosse : entre les 55 et 60° de latit. N., et les 4 et 10° de long. ouest. *Edimbourg,* capitale, par les 57° de latit. N., et 5° de longit. ouest.

Angleterre : entre les 50 et 56° de latit. N., et les 1 et 8° de long. ouest. *Londres,* capitale, ainsi que de tout l'empire britannique, par les 52° de latit. N., et 3° de longit. ouest.

L'Irlande : entre les 51 et 56° de latit. N., les 8 et 13° de long. ouest. *Dublin,* capitale, par les 54° de latit. N., 8° de long. ouest.

Au centre de l'Europe, neuf contrées : la Pologne, la Prusse, l'Allemagne, la Bohême, la Hongrie, le royaume d'Illyrie, les Pays-Bas, la France, la Suisse.

Pologne : entre les 15 et 31° de longit. orient., les 48 et 57° de latit. N. Sa longueur est de 250 lieues, sa largeur de 210°. *Varsovie,* capitale, par les 18° de longit. est, 52° de latit. N.

Royaume de Prusse, états hors l'Allemagne. — *Prusse et Silésie ;* entre les 50 et 56° de latit. N., les 14 et 21° de longit. est. Son étendue en longueur, 140 lieues ; en largeur, 110.

Toutes les autres possessions du roi de Prusse font partie de l'Allemagne ou confédération germanique. J'en donnerai l'ensemble dans la partie purement politique.

Allemagne : on désigne sous ce nom une confédération de vingt-neuf états qui, dans leur ensemble, s'étendent, en latit. N., du 46 au 55°., et en long. est, du 3 au 13°.

Sa longueur est de 240 lieues, sa largeur de 295. Les villes principales sont, par les 52° de latit. N., et 11° de long. est, *Berlin*, capitale de tout le royaume de Prusse; par les 48° de latitude N., et 14°. de long. est, *Vienne*, capitale de l'empire d'Autriche.

La population de l'Allemagne est d'environ trente millions d'individus.

Empire d'Autriche : cet empire a, comme la Prusse, une partie de ses possessions en Allemagne, et une partie hors l'Allemagne. Leur étendue est, de l'est à l'ouest, de 270 lieues, et du nord au midi, de 200. Les états hors l'Allemagne sont :

Bohême, Moravie, Silésie : entre les 48 et 51° de latitude N., les 10 et 17° de longit. est. 104 lieues de longueur, sur 60 de largeur. Capitale, *Prague*, par les 12° de long. est, et 50° de latit. nord.

Hongrie : entre les 44 et 50° de latit. N., les 14 et 24° de longit. E. 190 lieues de longueur, sur 109 de large. Capitale, *Presbourg*. Longit. est, 15°; latit. nord, 48°.

La Bohême et la Hongrie ont le titre de royaumes.

Royaume d'Illyrie se prolongeant du nord-ouest au sud-est, par les 42 et 47° de latit. N., et les 11 et 17° de long. est.

Royaume des Pays-Bas : entre les 50 et 53° de latit. N., les 1 et 4° de longit. E. Capitale, *Bruxelles*, 50° de latit. N., et 2°. de longit. E. *Amsterdam*; latit., 52°, même longitude.

FRANCE : entre les 42 et 52° de latit. N., les 6° E. et 7° O. de longit., par conséquent, de l'est à l'ouest, 13°. Sa longueur est de 230 lieues, sa largeur de 215. Capitale, *Paris*, 49° de latitude N., longit. o.

Population, 28 millions.

Suisse : entre les 45 et 48° de latit. N., les 5 et 8° de longit. E.

70 lieues de longueur, sur une largeur de 5°. *Bâle* et *Berne* sont les principales villes de cette contrée.

Italie : entre les 36 et 47° de latitude nord, les 4 et 17° de longit. est. Elle a 250 lieues de long, sur 125 dans sa plus grande largeur. Population, environ 14 millions d'habitans.

On divise l'Italie en Italie septentrionale, en Italie centrale, et en Italie méridionale.

Dans l'Italie septentrionale, le royaume *Lombard-Vénitien*, et le royaume de *Sardaigne*.

Royaume *Lombard-Vénitien :* entre les 45 et 47° de latit. nord, et les 6 et 12° de longitude est. 150 lieues de long, sur à peu près 50 lieues de large. 6 millions d'habitans. Capitale, *Milan*. Latitude N., 45°; longitude E., 6°.

Royaume de *Sardaigne :* entre les 44 et 46° de latitude nord, et les 4 et 7° de longitude orientale. 50 lieues de long, sur 75 de large. Population, environ 2,550,000 habitans. Capitale, *Turin*. Latitude N., 45°; longitude est, 5°.

Italie centrale.

Duché de *Parme :* entre les 44 et 45° de latitude nord, et les 7 et 8° de longitude est. *Parme*, capitale.

Duché de *Modène :* entre les 44 et 45° de latitude nord, et les 8 et 9° de longitude est. *Modène*, capitale.

Principauté de *Lucques :* par les 44° de latitude nord, et les 8° de longitude est. *Lucques*, capitale.

Toscane : entre les 42 et 44° de latitude nord, et les 8 et 10° de longitude est. *Florence*, capitale, par les 43° de latitude nord, et 8° de longitude est.

Etats de l'Eglise : entre les 41 et 45° de latitude nord, et les 9 et 12° de longitude est. Population 2,000,000 d'habitans environ. Capitale, *Rome*, par les 41° de latit. nord, et 10° de longitude est.

Italie méridionale.

Royaume de Naples : entre les 37 et 43° de latitude N., et les 10 et 17° de longitude est. Un peu plus de 5,000,000 d'habitans. Capitale, *Naples*, par les 40° de latitude nord, et 11° de longitude est.

Espagne : entre les 36 et 44° de latitude nord, et les 2° de longitude est et 12° de longitude ouest. 8,000,000 d'habitans. 220 lieues de long, sur 195 de large. Capitale, *Madrid*, par les 40° de latitude nord, et les 5° de longitude ouest.

Portugal : entre les 37 et 42° de latitude nord, les 9 et 12° de longitude ouest. Longueur, 25 lieues; largeur, 55. *Lisbonne*, capitale, par les 38° de latitude nord, 12° de longitude ouest.

Turquie d'Europe: entre les 36 et 49° de latit. N., 14 et 27° de long. E.

Étendue en long., 335 lieues; en larg., 185. Capitale, *Constantinople*, par les 41° de latit. N., et 26° de long. E.

Article II. — ASIE.

Les limites de l'Asie, par degrés en latitude et longitude, sont indiquées dans le Chapitre II de cette partie.

Russie d'Asie ou *Grande Tartarie* : en remontant au point le plus au nord de l'ancien hémisphère, entre les 50 et 78° de latit. N., les 43 et 180° de long. E. Longueur, 1,800 lieues; largeur, 800, Capitale, *Astracan*, par les 46° de latit. N., et 45° de long. E.

Empire du Japon : dans un groupe d'îles, à l'est des côtes de la Chine, entre les 30 et 41° de latit. N., 127 et 141° de long. E.

Capitale, *Iedo*, par les 35° de latit. N., et les 227° de long. E.

Tartarie Chinoise: entre les 95 et 142° de long. E., 0 et 53° de latit. N.

Longueur, 750 lieues; largeur, 450.

Capitale, *Kin-Ki-Tao*, par les 38° de latit. N., et 125° de long. E.

La Chine : entre les 21 et 41° de latit. N., 94 et 120° de long. E.

Longueur, 550 lieues; largeur, 500.

Capitale, *Pékin*. Latit. N., 39°; long. E., 115°.

Empire Birman : entre les 2 et 26° de latit. N., et 88 et 105° de long. E.

Longueur, 385 lieues; largeur, 180°.

Capitale, *Humé-Rapeura,* par les 23° de latit. N., et 94° de long. E.

L'empire Birman est compris dans la description la plus générale de l'Inde.

Tartarie Indépendante : entre les 35 et 53° de latit. N., 50 et 70° de long. E.

Longueur, 400 lieues ; largeur, 300.

Capitale, *Samarcande,* par les 39° de latit. N., 62° de long. E.

Perse : entre les 41 et 66° de long. E., 25 et 41° de latit. N.

Longueur, 490 lieues ; largeur, 350.

Capitale, *Ispahan.* Long. E., 49° ; latit. N., 32°.

Turquie d'Asie : entre les 30 et 42° de latit. N., 23 et 44° de long. E.

Longueur, 440 lieues ; largeur, 360.

Capitale, *Bassora.* Latit. N., 30° ; long. E., 46°.

Arabie : entre les 12 et 35° de latit. N., les 30 et 56° de long. E.

Longueur, 525 lieues ; largeur, 472.

Capitale, *Médine.* Long. E., 37° ; latit. N., 26°.

Indostan ou *Inde,* qu'on divise en *Inde en deçà du Gange,* et en *Inde au-delà du Gange.*

Inde en deçà du Gange : entre les 7 et 36° de latit. N., 65 et 88° de long. E.

Longueur, 650 lieues ; largeur, 550.

Capitale, *Déli.* Latit. N., 28° ; long. E., 74°.

Inde au-delà du Gange : entre les 1 et 34° de latit. N., 88 et 106° de long. E.

Longueur, 650 lieues ; largeur, 360.

L'une des villes principales, *Bénarès*, par les 22° de latit. N., et 80° de long. E.

Article III. — AFRIQUE.

Nota. Voyez ses limites au Chapitre II de cette Partie.

On divise l'Afrique en septentrionale, centrale et méridionale.

Afrique septentrionale : entre les 28 et 37° de latit. N., les 13° de long. occ., et le 26° de long. or. En allant d'orient en occident, on trouve le désert de *Barca* et la *Barbarie*, sur une longueur de 800 lieues.

Entre les 15 et 26° de long. or., *Barca*. Du 15 au 7° de long , le royaume de *Tripoli* ; du 7 au 6°, la régence de *Tunis* ; du 6° long. or. au 2° long. occ., *Alger :* le surplus, jusqu'au 13° de long. or., appartient aux royaumes de *Fez* et de *Maroc*.

Égypte : entre les 23 et 32° de latit. N., 27 et 32° de longit. E. Longueur, 165 lieues : largeur, 84.

Villes principales : *Alexandrie*, par 31° de latit. N. et 27° de longit. E. ; *le Caire*, par 38° de latit. N. et 29° de longit. E.

Afrique centrale.

Sahara ou *Zaara*, mot qui veut dire désert : entre les 18 et 30° de latit. N., les 21° de long. occ. et 25 de long. or. Capitale, *Tagazza*.

Nota. L'intérieur de ce vaste continent est si peu connu, qu'on ne peut ni déterminer les distances, ni assigner des limites aux divers pays dont il se compose.

Nubie : du 11 au 23°. de latit. N., et du 23 jusqu'au 36° de long. E. Capitale, *Sennaar*, par les 13° de latit. N., et les 31° de longit. E.

Sénégal : entre les 10 et 15° de latit. N., les 10 et 19° de longit. occ.

Guinée : entre les 10° de latit. N., et les 5° de latit. méridionale, les 5° de longit. orient. et les 15°. de longit. occid. Capitale, *Benin*, par les 7° de latit. N., et les 3° de longit. orient.

Congo : entre les 3 et 10° de latit. S., les 9 et 16° de longit. E. Capitale, *San-Salvador* ou *Banza*, par les 5° de latit. S., et 10° de longit. orient.

Nigritie ou *Soudan*, dans l'intérieur, du 10 au 20° de latit. N., par les 5°. de longit. orient., et les 5° de longit. occid. Capitale, *Bournon* ou *Tambouctou*. Latit. N., 17°; longit. O., 2°.

Abissinie : entre les 8 et 16° de latit. N., les 30 et 40° de longit. E. Capitale, *Gondar*, par les 13° de latit. N., et les 35° de longit. orient.

Côte d'Azan : du 40 au 50° de longit. orient., entre les 1 et 10° de latit. N. Capitale, *Brava*, par le 1° de latit. N., et les 40° de longit. E.

Côte de Zanguebar : entre les 1 et 20° de latit. S., les 29 à 48° de longit. est. Capitale, *Mozambique*, par les 15° de latit. S., et 38° de longit. E.

Afrique méridionale.

Mataman ou *Matamba*, du 10 au 25° de latit. S., du 10 au 20° de longit. orient.

Monomotapa, par les 18° de latit. S., et les 30° de longit. E.

Villes principales, *Zimbao* et *Sofola*.

Cafrerie : depuis les 20° de latit. S. jusqu'au 33° de long.

Hottentots : entre les 27 et 35° de latit. S., les 8 et 20° de longit. E.

Capitale, *Cap-de-Bonne-Espérance*, par le 35° de latit. S., et le 15° de longit. E.

Article IV. — AMÉRIQUE.

On divise cette partie du monde en Amérique septentrionale et en Amérique méridionale.

Amérique septentrionale.

Groënland : est par-delà les 60° de latit. N. Il s'étend depuis 0 jusqu'à 50° de longit. O.

Pays bien peu connu, au point qu'on ne sait encore s'il appartient au continent ou s'il forme une île.

Nouvelle-Bretagne : sans assigner précisément à ce pays des limites qui ne sont ni fixées ni reconnues, nous dirons seulement qu'on la placé sur les dernières cartes par les 50° de latit. N., entre les 60 et 110° de longit. occid.

Canada : situé entre les 63 et 180° de longit. O.,

entre les 42 et 52° de latit. N. Il est divisé en Haut et Bas-Canada ou en Canada supérieur, à l'ouest, et en Canada inférieur à l'est, en remontant vers le nord.

Capitale, *Québec*. Latit., 47° N. ; longit., 73° O.

Nouvelle-Ecosse, qui se nommait *Acadie* sous les français, par les 45° de latit. N., et les 65° de longit. occid. Capitale, *Halifax*.

Sur la côte du nord-ouest :

Cette côte s'étend depuis les 35° de latit. N. jusques par-delà les 70°, à partir du 60° et au-delà ; on lui donne le nom d'*Amérique-Russe*, entre les 130 et 170° de longit. occid.

Revenant à la côte de l'est :

Etats-Unis : entre les 29 et 49° de latit. N., les 69 et 109° de longit. O.

Longueur, 525 lieues ; largeur, 470.

Capitale, *Washington*, par les 39° de latit. N., et 79° de longit. occid.

Florides : entre les 25 et 31° de latit. N., 84 et 94° de longit. O. Longueur, 200 lieues ; larg., 140.

Capitale, *Saint-Augustin*, par les 30° de latit. N., et 83° de longit. O.

Une seconde capitale est *Pensacola*. Latit. N., 31°; longit. O., 90°.

Louisiane : du 30 au 47° de latit. N., du 90 au 110° de longit. O.

Capitale, *Nouvelle-Orléans*, par le 30° de latit. N., et le 94° de longit. O.

Nouveau-Mexique.

Remarquons, puisque nous arrivons aux possessions espagnoles, que l'Espagne possède en Amérique un immense territoire, qui s'étendait depuis le 44° de latit. N. jusqu'au 56° de latit. S.; ce qui donne un espace de 2,000 lieues.

Nouveau-Mexique : entre les 31 et 44° de latit. N., et les 95 et 117° de longit. O.

Capitale, *Santa-Fé*, par les 35° de latit. N., et les 108° de longit. O.

Nouveau-Mexique, Mexique ancien ou *Nouvelle-Espagne :* entre les 10 et 30° de latit. N., 85 et 115° de longit. O.

Longueur, 650 lieues; largeur, 364.

Capitale, *Mexico*. Latit. N., 20°; longit. O., 103°.

Terre-Ferme : entre les 8 et 10° de latit. N., et les 80 et 85° de long. ouest. Capitale, *Panama*, par le 9° de latit. N., et le 82° de long. ouest.

Amérique méridionale.

Cette partie s'étend depuis le 13° de latit. N. jusqu'au 56° de latit. S., entre les 37 et 83° de longit. O. Sa longueur est d'environ 1,500 lieues; elle en a 1,000 dans sa plus grande largeur.

Nouveau royaume de Grenade : entre les 13° de lat. N. et 5° de latit. S., 69 et 83° de longit. O.

Longueur, 300 lieues; largeur, 200.

Capitale, *Santa-Fé-de-Bogota*, par 3° de latit. S., et 77° de longit. O.

Gouvernement de Caracas: comprenant une partie de la Guiane, entre les 2 et 12° de latit. N., et les 62 à 75° de long. occ.

Capitale, *Maracaïbo*, par le 11° de lat. N., et le 74° de long. occ.

Pérou : entre les 3 et 23° de latit. S., 69 et 84° de longit. O.

Longueur, 450 lieues ; largeur, 120.

Capitale, *Lima,* par les 13° de latit. S., et les 78° de longit O.

La Plata : entre les 15 et 37° de latit. S., 55 et 70° de longit. O.

Longueur, 550 lieues ; largeur, 400.

Capitale, *Buénos-Ayres*, par les 35° de latit. S., et le 61° de longit. O.

Ancien-Chili : entre les 24 et 44° de latit. S., 72 et 76°. de longit. O. Longueur, 500 lieues ; largeur, 130.

Capitale, *Saint-Jago,* par les 34° de latit. S., 74° de longit. O.

Nouveau-Chili : contrée peu connue ; s'étend du 37 au 50° de latit. S., entre les 75 et 78° de longit. O.

Patagonie ou *Terre-Magellanique :* s'étend du 45 jusqu'au 53° de latit. S., par les 60 et 75° de longit. O.

Revenant à la partie la plus méridionale des côtes de l'est,

La *Guiane,* qui se divise entre plusieurs puissances, l'Espagne, la Hollande, l'Angleterre, la France et le Portugal, entre les 0 et 8° de lat. N., les 0 et 2° de latitude sud, et les 52 à 70° de longitude occid. Longueur, 300 lieues ; largeur, 200.

Brésil : entre les 2 et 27° de latit. S., 36 et 70° de longit. O.

Longueur, 800 lieues; largeur, 650.

Capitale, *Rio-Janeiro*, par les 23° de latit. S., et 45° de longit. O.

Article V. — OCÉANIQUE.

Nouvelles Découvertes.

L'*Océanique* s'étend depuis le 93° de longit. orient., jusqu'au 118° de longit. occid., et depuis le 50° de lat. S., jusqu'au 35° de latit. N.

On divise cette partie en *Australasie* et en *Polinésie*.

La *Polinésie* s'étend depuis le 50° de latit. S., jusqu'environ au 35° de latit. N., et du 168° de longit. E., jusqu'au 128° de longit. O.

L'*Australasie* s'étend du 93° de longit. orient. au 187° de longit. occid., depuis le 5° de latit. N. jusqu'au 50° de latit. S.

Le point principal de cette partie est la Nouvelle-Hollande, qui a 800 lieues de long, sur 600 de large. Capitale, *le Port-Jakson*, par les 34° de latit. S. et 149° de longit. E. C'est sur ce territoire que se trouve la colonie anglaise de *Botany-Bay*.

§. II. *Noms particuliers donnés aux Mers, selon les localités, les côtes qu'elles baignent, ou les terres dans lesquelles elles s'enfoncent.*

La mer, indépendamment des noms qu'elle prend selon sa position au nord, au sud ou sous les tropiques, reçoit encore des noms particuliers, selon qu'elle est voisine de certaines terres, ou qu'elle s'y trouve renfermée.

Je commence cette désignation par le nord de l'Europe, et je poursuivrai en faisant le tour des continens.

En *Europe*, dans l'Océan glacial arctique,

Mer-Blanche, entre le 30 et le 45° de longitude ouest, 67 et 76° de lat. nord.

Elle ne baigne que la Russie en Europe, en s'enfonçant du nord au sud.

Mer du Nord ou d'*Allemagne*, entre le 52 et le 60° de latit. nord, et 8° de longit. est, 8° de longit. ouest, entre les Iles britanniques, la Norwège, le Danemarck, l'Allemagne et les Pays-Bas.

Mer Baltique, dans l'Océan atlantique septentrional, entre le 54 et le 65° de latitude nord, les 10 et 28° de long. est.

Elle baigne les côtes de la Russie, de la Pologne, de la Prusse, de l'Allemagne, du Danemarck et de la Suède.

Manche, du 48 au 53° de latit. nord, du 1 au 8° de long. est.

Elle est resserrée entre la France au nord-ouest, et l'Angleterre au sud-ouest.

On appelle *mer d'Irlande* l'espace d'eau qui, par le 54° de latitude nord, et le 8° de longitude ouest, sépare l'Irlande de l'Angleterre et de l'Ecosse.

Quoique les géographes appellent la *Méditerranée* une grande mer, elle n'est qu'une excavation du grand réservoir atlantique ; il convient donc de considérer sa dénomination comme particulière. Elle est située entre le 31 et le 45° de latitude nord, le 10° de longit. ouest et 53' de longit. est.

Elle baigne les côtes de l'Espagne, de France, d'Italie. Celles de l'Asie-Mineure, de l'Egypte, et, en général, de toutes les côtes du nord de l'Afrique.

Mer Tyrrhénienne : entre les 38 et 42° de latit. nord, les 7 à 14° de long. est ; elle baigne les côtes de l'Italie, de la Sicile, de la Sardaigne et de la Corse.

Mer Ionienne, formée par la Méditerranée, entre le 36 et le 40° de latit. nord, le 12 et le 18° de longit. est.

Elle baigne l'extrémité sud-est de l'Italie, les possessions de l'Autriche, et une portion des côtes de la Turquie d'Europe, à l'ouest.

Mer Adriatique, entre les 40 et 46° de latitude nord, les 10 et 17° de longitude orientale, arrose l'Italie, les provinces Illyriennes et partie des côtes de la Turquie.

On appelle encore, dans la Méditerranée, *mer de l'Archipel*, des eaux qui baignent un amas d'îles, entre le 36 et le 42° de latit. nord.

Cette mer baigne une partie des côtes de la Turquie d'Europe, et une partie de celles de l'Asie-Mineure.

Mer de Marmara, du 24 au 27° de longitude est, par les 41 et 43° de latitude nord; elle reçoit l'eau de l'Archipel par un canal, et la donne par un autre à la Mer-Noire.

Elle sépare l'Europe de l'Asie, et baigne les murs de Constantinople.

Mer-Noire, par les 42 et 46° de latitude nord, 25 et 39° de longitude est, baigne les côtes de la Turquie d'Europe, de la Russie et celles du nord de l'Asie.

Mer d'Azof ou *Zabache*, par les 45 et 47° de latitude nord, les 53 et 57° de longitude est, baigne les côtes de la Russie : elle reçoit l'eau de la Mer-Noire.

En avançant droit à l'est, par les 43 et 52° de longit. est, 36 et 47° de latitude nord, vous trouvez la mer *Caspienne*, mer absolument intérieure, et qui ne communique à aucune autre.

Elle baigne au nord la Russie d'Europe, et sur les autres points la Perse et la Tartarie indépendante.

Au milieu de cette dernière et vaste contrée, entre les 43 et 46° de latitude nord, les 25 et 57° de longitude est, on voit la *mer d'Aral* qui ne communique non plus à aucune autre mer. Elle absorbe, comme la mer Caspienne, les eaux de plusieurs rivières, et ses eaux sont également salées.

Rentrons par la Méditerranée dans l'Océan atlantique; suivons par l'Océan équinoxial, et de l'ouest à l'est, les côtes d'Afrique, entre le tropique du Capricorne et le 30° de latitude sud, entre le 50 et le 100° de longitude est, vous trouvez la *mer des Indes*, à l'est de l'Afrique et au midi de l'Asie.

Mer - Rouge, du 10 au 33° nord, 30 et 43° de longitude est, sépare du nord-midi l'Afrique de l'Asie.

Dans le grand archipel indien, les mers de *Java*, de *Célèbes* et de *Mindanao*.

Mer de Chine, entre le 100 et le 120° de longitude est, le 1° à l'équateur et 23° de latit. nord. C'est le bassin que forment les côtes de la Chine à l'ouest, les îles qu'on appelle Archipel d'Asie, à l'ouest.

Mer-Jaune, du 33 au 41° de latitude nord, 115 et 123° de longit. est, baigne les côtes de la Chine et de la Tartarie chinoise.

Mer du Japon : entre le 127 et le 140° de longit. est, le 35 et le 53° de latit. nord, entre les côtes du Japon et la Tartarie chinoise.

Mer de Saghalien, formée par des îles, entre le 45 et 55° de latitude nord, le 141 et le 153° de longit. est.

Mer d'Okhotsk : entre les 134 et 160° de longit. est, les 55 et 63° de latit. nord.

Bassin du Nord. On appelle ainsi une mer formée par le grand Océan boréal, les côtes de la Russie d'Asie, celles de l'Amérique russe, et une chaîne d'îles qui s'étend de l'un à l'autre par le 52° de latitude nord. Cet espace est en outre compris entre le 160° de longit. est, le 160° de longitude ouest, et le 64° de latitude nord.

AMERIQUE.

Côte orientale.

Mer des Antilles ou *des Caraïbes*. C'est l'espace contenu entre les 8 et 23° de latit. nord, les 65 et 91° de longit. ouest. Elle est circonscrite par la chaîne d'îles qu'on appelle les Antilles, les côtes du Mexique à l'ouest, et celles de la Nouvelle-Grenade au sud.

Côte occidentale.

Mer-Vermeille, entre la Californie et le Nouveau-Mexique, tire ses eaux du grand Océan équinoxial ; elle est située par les 22 et 32° de latit. nord, 110 et 115° de longit. ouest.

CHAPITRE IV.

Iles.

Côtes d'Europe.

Océan glacial arctique.

Nouvelle-Zemble: entre les 69 et 75° de latit. nord, et les 50 et 65° de longitude orientale.

Le Spitzberg, plusieurs îles sous ce nom commun, entre le 76 et le 81° de lat. nord, entre les 17 et 25° de long. est. Longueur, 120 lieues ; largeur, 100.—

Les géographes marquent une côte vue par Gilles,

en 1707, par le 81° de latit. nord, et le 30° de longit. est.

Ile *Bear* ou *aux Ours*, 74° de latit. nord, 12° de longit. est.

Entre le 10 et le 45° de longitude est, remarquez beaucoup d'îles autour de la Laponie, du 69 au 71° de latit. nord; les principales sont : par le 45° de longit., Kalgoëy; par le 40°, Vitsens; en allant de l'est à l'ouest, et du 40° de longitude au 10°, entre les mêmes latitudes, Vardehus, Neargeroë; sur la côte ouest, Nigen, Soroé, Loffaden; encore dans la même latit., par les 10. de longit. ouest, Jean-Mayen.

Islande, ancienne *Thulé*: entre les 63 et 67° de latitude nord, et entre les 17 et 27° de longitude ouest; 120 lieues de long., sur 75 de large.

Océan atlantique.

Iles *Faéroé*, 62° de latit. nord, 9° de long. ouest. Par les 60 et 61° de latit. nord, les îles *Schetland*; par les 59° de latit. nord, *les Orcades*, au nord de l'Ecosse.

Quittons un instant l'Océan ; traversons la mer du Nord, et entrons dans la mer Baltique, en remontant au nord.

Aland et *Dabo*, par le 60° de latit. nord, et le 15e de long. est.

Dago et *Oesel*, par les 57 et 58° de latit. nord, et le 20° de longit. est, sur la côte de Russie.

Gotland et *Holland*, en se rapprochant de la côte

de Suède, par les 58 et 59° de latit. nord, et le 15° de longit. orientale.

Bornholm, par 55° de latit. nord, par les 5° de longit. est.

Rugen, au sud-ouest, par les 54 et 55° de lat. nord, entre le 11 et le 12° de longit. est.

A l'ouest, en remontant du midi au nord, par les 54 et 57° de lat. nord, les 8 et 11° de long. ouest, *Femern*; puis, remontant au nord-est, en allant de l'est à l'ouest, *Moen*, *Fulster*, *Lalland*, *Langeland*, *Arroe*, *Alsen*; au nord de ces six îles, *Séland*, *Fionie* et *Amak*; plus au nord encore, au-delà du 56° de latit. nord, *Anhalt* et *Loessoe*.

Copenhague, capitale du Danemarck, est situé dans l'île de Séland.

En revenant dans la mer du Nord, et en suivant les côtes du continent, vous trouvez l'île de *Sc:lt* par 55° de latit. N., et 5° de long. E.

Héligoland, par 54° de latit. N., entre les 5 et 6° de long. E., à l'embouchure de l'Elbe, fleuve dont il sera parlé ci-après; *Texel*, par 53° de latit. N., entre les 2 et 3° de long. E.

Entre les mêmes longitudes et par les 50° de latit. N., aux bouches de l'*Escaut*, *Wiling*, *Utieland*, *Zéland*, *Walkeren* et *Béveland*.

Dans l'Océan, à l'ouest de l'Écosse:

Les îles *Westren*, ou de l'*Ouest*, ou *Hébrides*, entre les 56 et 58° de latit. N., les 8 et 10° de long. O.

Entre les Hébrides et la côte d'Écosse, par conséquent, dans les mêmes latitudes : *Skye*, *Mulle et Ila*, par les 7 et 8° de long. O.

Mer d'Irlande.

Ile de *Man* : entre les 54 et 55° de latit. N., les 7° de long. O.

Ile d'*Anglesey* : entre les 53 et 54° de latit. N.

En suivant la côte de l'Angleterre dans l'Océan, au sud-ouest de cette île, un groupe d'îles qu'on nomme les *Sorlingues*, par le 50° de latit. N., et le 9° de long. O.

Manche.

En suivant la même latitude, du 50 au 51° sur la côte méridionale, on trouve les îles de *Portland* et de *With* : la première, par le 5° de long. O. ; la seconde, par le 4° id.

Sur la côte de France, entre les 49 et 50° de latit. N., et les 4 et 5° de long. occ., *Aurigny*, *Guernesey* et *Gersey*. Ces îles dépendent de l'Angleterre.

Océan.

Entre les 7 et 8° de long. O., par les 48° de latit. N., *Ouessant*; 47° id., *Groais* et *Belle-Isle* ; 46° id., *Noirmoutier*, *Ile-Dieu*, *île de Rhé*; 45° id., *Oléron*.

Mer Méditerranée.

Du 1° de long. O., au 2° long. E., et par les 39 à

40° de latit. N., îles *Baléares; Ivica, Minorque* et *Majorque*, sur les côtes d'Espagne.

Côtes de France: îles d'*Yère*, 43° de latit. N., 4° de long. est.

Côte d'Italie, île d'*Elbe:* 43° de latit. N., 8° de long.

E. *Capraïa:* par 43° de latit. N.; même long.

Corse: par les 41 à 43° de latit. N., entre les 6 et 7° de long. orient.

Sardaigne: par les 39 et 41° de latit. N., les 6 et 7° de long. E.

Iles *Lipary*, ou îles d'*Eole:* 39° de latit. N., 12 et 13° de long. E.

Sicile, du 36 au 38° de latit. N., du 10 au 14° de long. E.

Iles de *Goze* et de *Malte*, 36° de latit. N., et 12° de long. E.

Mer d'Ionie.

Corfou, par 39 et 40° de latit. N., 17 à 18° de long. E.

En descendant du nord au midi jusqu'au 36° de latit. N., à peu près sous la même longitude, vous trouvez *Sainte-Maure, Théaki, Céphalonie, Zante*; de plus, à l'est, par le 20° de long., *Cerigo*, l'ancienne Cythère.

Dans l'Archipel.

Par les 38 et 39° de latit. N., 21 et 22° de long. E., *Négrepont;* au midi de Négrepont, en tirant à l'est, jusqu'au 36° de latit., les *Cyclades:* ISLES principales, *Andros, Tine, Mycone, Samos, Paros* et *Milos*.

A l'est, en remontant un peu au nord, sur la côte d'Asie, autre groupe nommé les *Sporades* : îles principales, *Lemnos*, *Mytilène*, *Scio*, *Samos* et *Cos*, entre les 23 et 25° de long. E., et les 37 et 40° de latit. N.

Au midi, par les 35° de latit. N., entre les 21 et 24° de long. E., l'île de *Candie* ferme cet archipel.

La mer de Marmara, la Mer-Noire, celle d'Azof, n'offrent aucun point remarquable en fait d'île. Au lieu d'entrer dans ces mers, je suis, à l'ouest et à l'est, les côtes d'Asie et celles d'Afrique, pour revenir à l'Océan; je néglige, comme je le fais dans toutes ces mers, plusieurs petites îles, et j'indique celle de Rhodes, par les 36° de latit. N., et les 26° de long. E.

L'île de *Chypre*, par les 35° de latit. N., et les 30° de long. E.

Par les 14° de long. E., sur la côte d'Afrique, les îles *Roselli* : par les 36° de latit. N., et le 12° de long. or.

En remontant vers le nord-ouest, entre les 35 et 36° de latit. N., les 10 et 11° de long. E., *Lampedusa*, *Lampione* et *Linasa*.

En se rapprochant du détroit, par 5° de long O., 40° de latit. N., île d'*Alboram*.

Grand Océan.

Côtes occidentales d'Afrique.

Açores, par 37° de latit. N., et 30° de long. O. *Tercères* est la plus grande de ces îles.

Madère : 33° de latit. N., 20° de long. O.

Canaries : 28° de latit. N., 21° de long. O.

Iles du *Cap-Vert* : 15° de latit. N., entre les 25 et 30° de long. O.

Ile *Saint-Louis* ou *Sénégal*, île de *Gorée* : 14° de latit. N., 20° de long. O.

Sur la côte de Guinée, 2° en deçà et au-delà de l'équateur, par le 5° de long. E., sont les îles *Fernando-Po*, l'île du *Prince*, *San-Thomas*, *Annabona*.

Au-delà de l'équateur et jusqu'au tropique du Capricorne :

Saint-Mathieu : 12° de long. O., 2° de latit. S.

Ile de l'*Ascension* : par le 7° de latit. S., 22° de long. O.

Sainte-Hélène : par le 16° de latit. S., 9° de long. O.

Côte orientale d'Afrique.

Madagascar : entre les 10 et 20° de latit. S., et les 45 et 48° de long. E.

A la même latitude, et par les 53 et 54° de long. E., les îles de *France*, de *Bourbon* et de *Rodrigue* ; l'île de France se nomme encore île *Maurice*.

On nomme *Archipel* de l'île de France plusieurs îles situées dans la même longitude, entre les 5 et 20° de latit. S. Les principales sont les îles Mahé et les Amirantes.

Entre la côte d'Afrique et l'île de Madagascar, au nord, par les 11 et 12° de latit. N., les îles *Comore*.

Mer des Indes.

Plus au nord encore, vers le détroit qui conduit à

la Mer-Rouge, en deçà de l'équateur, par les 11° de latit. N., 51° de long. O., *Socotora* et l'île de *Babel-Mandel*, qui donne son nom au détroit, par le 41° de long. orient.

Nous allons maintenant suivre les côtes méridionales d'Asie, où les îles sont considérées comme isolées ou par groupes.

Iles *Laquedives* : il y en a 19 principales près la côte du Malabar, entre les 10 et 12° de latit. N., par le 71° de long. E.

Les *Maldives*, au midi des Laquedives, sous la même longitude, entre l'équateur et le 8° de latit. N.; en suivant la même long., par le 5° de latit. S., les îles *Chagos*.

Ceylan : entre les 5 et 10° de latit. N., par les 78 à 80° de long. est.

En suivant la côte de l'ouest à l'est, par les 13° de latit. N., les 90° de long., est, un groupe d'îles, sous le nom d'*Andaman* ; un autre groupe sous le nom de *Nicobar*, par 8° de latit. N., et 92° de long. E.

Archipel de *Merghi*, plus près de la côte de l'est, par les 6 et 12° de latit. N., et les 95 à 97° de long. E.

Grand Archipel d'Asie.

En descendant au sud-est de la côte d'Asie, entre les 102 et 135° de long. E., les 10° de latit. S., et le 20° de latit. N., vous remarquez une quantité considérable d'îles plus ou moins étendues ; ce que l'on figure sur les cartes ne donne qu'une faible idée de leur nombre, puisque le groupe désigné sous le nom de *Philippines* présente à lui seul 1,100 îles. Cette réunion d'îles forme ce que les géographes nomment *Archipel d'Asie*, formant l'une des trois divisions dont ils composent une cinquième partie du monde, sous le nom d'*Océanique*.

Entre les 92 et 115° de long. E., le 10° de latit. S., et le 7° de latit. N., à l'ouest, *Sumatra*; à l'est, *Bornéo*; au midi de ces deux îles, *Java* forme, avec un nombre infini de petites, le groupe désigné sous le nom de la *Sonde*.

Les *Moluques*, à l'est des îles de la Sonde, entre l'équateur et le 10° de latit. S., les 115 et 130° de long, E. remarquez les *Célèbes* ou Macassar, *Ternate*, *Giloto*, *Céram*, *Amboine*, *Banda* et *Timor*.

Iles *Philippines*, au nord des Moluques, par les 5 et 20° de latit. N., entre les 115 et 125° de longit. E.; les principales sont *Luçon* et *Mindanao*.

Hainin, sur les côtes orientales de la Chine, par les 19° de latit. N., et les 108° de longit. E.

Formose, au tropique du Cancer, par les 119° de longit. E.

Iles *Lien-Kien*, entre les 25 et 30° de latit. N., les 117 et 118° de long. E.

Iles du *Japon* : *Chica*, *Nyphon*, *Sikoke*, *Kinsni*, *Jesso* ou *Lesso* ou *Matmay*, entre les 30 et 45° de lat. N., les 127 et 140° de longit. E.

Saghalien, île sous la même longit., entre les 45 et 55° de latit. N.

Iles *Curiles*, entre les 44 et 52° de latit. N., les 143 et 159° de longit. E.

Iles *Berings* et îles de *Cuivre* ou *Mednoy*, par le 55° de latit. N., et le 165° de longit. E., commencent au sud-ouest à former ce bassin qu'on a nommé le *Bassin du Nord*.

Saint-Mathieu, par les 61° de latit. N., et 185° de longit. est.

Saint-Lavrentin ou *Saint-Laurent*, à l'extrémité N. de ce bassin, 188° longit. E., 65° de lat. N.

Passant dans la mer Glaciale, allant de l'est à l'ouest, on trouve les deux îles *Liaïkoli*, par les 138° de longit. E., et les 74° de latit. N.

Au nord de ces îles, vue d'une côte qu'on a appelée *Nouvelle-Sybérie* ou *Terre-de-Liaïkhof*.

Les Bouches de la Lena, par les 72° de latit. N., et les 25° de longit. E., forment un groupe considérable d'îles, dont la principale se nomme *Brokaaya*.

AMÉRIQUE.

Nous allons passer dans l'Océan glacial arctique, sur les côtes est de l'Amérique.

Iles *James*, à l'ouest du Groënland, au-delà du cercle polaire, par les 70° de latit. N., et les 70° de long. O.; mais il n'est pas certain que ce ne soit pas une langue de terre dépendante du continent.

Ile *Cumberland*: entre les 70 et 80° de longit. O., et les 65 et 70° de latit. N., dans la baie de Baffin.

Ile *Southampton*, par les 88° longit. O., entre les 65 et 66° de latit. N.

On place au sud-ouest de l'île de Cumberland, par les 60° de latit. N., l'île de Bonne-Fortune. On ne la trouve pas dans les cartes les plus récentes et les plus renommées.

Terre-Neuve : entre les 55 et 61° de longit. O., 52 et 57° de latit. N. ; à l'est de l'île, entre les 40 et 50° latit. N., les 50 et 60° de longit. O., est le grand Banc de Terre-Neuve.

Ile de l'Assomption ou *d'Anticasti*, par les 66° de long. O, et 48° de latit. N.

St.-Pierre et Miquelon, deux petites îles par le 47° de latit. N., et le 60 à 61° de longit. O.

Par les 46° de latit. N. et les 65° de longit. O., l'île *Saint-Jean;* et l'île du *Cap-Breton*, par les 62° de longit. O.

Longisland ou *Ile-Longue :* 41° de latit. N., 75° de longit. O.

Les Bermudes : 68° de longit. O., 32° de lat. N.

Iles *Lucayes* ou de *Bahama*, au midi du tropique du Cancer, en descendant du nord-est au sud-ouest, entre les 72 et 80° de longit. O., les 20 et 27° de latit. N. Les principales de ces îles sont Bahama, Lucaye, Providence, l'île des Caïques, première terre découverte; San-Salvador, Mariguana.

Grandes-Antilles, de 68 à 87° de longit. O., de 18 et 25° de latit. N.; *Cuba*, au midi; la Jamaïque, par les 80° de longit. O.; Saint-Domingue, par le 75° de longit. O.; Porto-Rico, par le 69° de longit. O.

Les Petites-Antilles, au sud-ouest des Grandes-Antilles, entre les 12 et 20° latit. N., par les 64 et 65° de longit. O. Elles forment une ligne presque demi-circulaire du nord au sud ; on les divise en trois groupes,

3

Au nord, les *Iles-Vierges;* au centre, les *Iles-du-Vent* ou *au-dessus du vent;* au midi, les *Iles-sous-le-Vent* ou *au-dessous du vent.*

Les Iles-Vierges sont au nombre de 13 : Saint-Thomas, Sorcota, etc.

Les Iles-du-Vent sont : l'Anguille, Saint-Martin, Sainte-Croix, Antigoa, la Guadeloupe, Marie-Galante, la Dominique, la Martinique, Saint-Vincent et la Barbade.

Les Iles-sous-le-Vent sont : la Grenade, Tabago, Margarita, Curaçao, Orruba, la Trinité.

En suivant la côte orientale du continent jusqu'à son extrémité méridionale, et en remontant dans l'Océan pacifique la côte occidentale jusqu'au point le plus élevé au Nord, on trouve :

Ile *du Diable,* 5° de latit. N., 55° de longit. O.

Maranam, 2° de latit. N., 52° de longit. O.

Saint-Sébastien, par les 25° de latit. N., 46° de long. O.

Iles *Saint-Francisco-de-Santa-Catharina,* par les 26 et 27° de latit. S.

Iles *Malouines* ou *Falkend,* par les 52° de latit. S., et les 61 et 62° de longit. O.

Terre-de-Feu, par les 70° de longit. O., et 55° de latit. S.

L'île *des Etats,* à l'ouest, sous la même latitude.

L'île *l'Hermite,* par les 56° de latit. S., les 70° de longit. O.

Iles *de l'Aurore,* 30° de longit. O., 53° de latit. S.

Iles *Willison,* terre *de la Roche,* 41° de longit. O., 55° de latit. S.

(51)

Terre de Sandwich, groupes d'îles indiquées sous ce nom, par les 60 et 62° de lat. S., et les 51° de long. O.

Archipel de Chonos, 44° de lat. N., 75° de long. O.

Iles *Chiloë*, 42° de latit. S., 74° de longit. O.

Iles de *Juan-Fernandez*, 80° de long. O., 33° lat. S.

Les îles *Félix* et *Ambroise*, 85° de longit. O., 26° de latit. S.

Iles *Gallapagos*, 94° de longit. O., sous l'équateur.

Iles de *Revillagigedo*, 112° de long. O., 19° de lat. S.

Ile *Onadra* et de *Vancouver*, entre les 126 et 130° de longit. O., par le 50° de latit. N.

Ile de la *Reine-Charlotte*, par le 134° de longit. O., et le 53° de latit. N.

Archipel du *Prince-de-Galles*, même longit., 55° de latit. N.

Archipel du *Roi-Georges*, 137° de longit. O., 57° de latit. N.

Ile *Onnemak*, par le 167° de long., 55° de latit. N.

Iles *Aleutiennes*, 55° de latit. N., entre le 169° de long. O., et le 171° de long. est : à l'est, îles aux Renards ; au centre, îles Andrea-Nouskie ; à l'ouest, îles Aleontskies. Cette chaîne d'îles, avec l'île de Cuivre et l'île Bering, forment, avec les côtes de la Russie et celles de l'Amérique russe, à l'ouest, le bassin du Nord dans l'Océan boréal.

OCÉANIQUE.

Polynésie. --- *Grand Océan équinoxial* ou *Mer-Pacifique*.

Iles *Sandwick*, groupe entre les 20° de latit. N., et le tropique du Cancer, par le 160° de long. O.

Archipel d'*Anson*, par la même latit., en remontant jusqu'au 30° de latit. N., par le 160° de longit. E.

Archipel de *Magellan*, entre le tropique du Cancer et le 30° de latit. N., par le 140° de longit. E.

Je néglige un certain nombre de petites îles placées dans l'intervalle de ces trois groupes, qui occupent presque sur la même ligne un espace de 2,000 lieues.

Dans le grand Océan équinoxial, entre le tropique du Cancer et l'équateur :

Iles *Mulgraves*, par les 135 et 174° de long. E.

Iles *Mariannes* ou des *Larrons*, par les 142° de longit. E., et les 12 et 20° de latit. N. Elles forment une ligne droite du sud au nord, un peu inclinée à l'E.

Iles *Carolines*, au midi des îles Mariannes, forment une ligne droite de l'est à l'ouest, entre le 130 et le 155° de longit. E., par les 8 et 10° de latit. N.; à l'ouest des Carolines, par les 12° de latit. N., on trouve les îles *Pelew*.

Au midi de l'équateur, entre cette ligne et le tropique du Capricorne :

Iles *Marquises*, par le 141° de longit. O., et le 10° de latit. S.

Entre le 135 et le 159° de longit. O., les 12 et 24° de latit. S., est un groupe d'îles que l'on divise en trois archipels.

Au nord, *Archipel de la Mer-Mauvaise*; au sud-ouest, *Archipel dangereux*; au sud-ouest, *Archipel de la Société* (royale de Londres.)

Archipel de *Roggewein*, par le 12° de latit. S., et le 159° de longit. O.

Archipel de *Mang-Eea*, par le 20° de latit. S., et les 161° de latit. O.

Archipel *des Navigateurs*, entre les 170 et 175° de longit. O., par les 14° de latit. S.

Au midi, îles *des Amis*, groupe entre les 16 et 25° de latit. S., par les 176° de longit. O.

Iles *Figi*, entre les 15 et 20° de latit. S., 177° de longit. E.

Archipel de *Santa-Cruz*, entre les 10 et 24° de latit. S., par le 165° de longit. E.

Au midi, archipel du *Saint-Esprit*, entre les 15 22° de de latit. S., par les 167° de longit. E.

Entre les 20° de latit. S. et le tropique du Capricorne, par les 164° de longit., est la *Nouvelle-Calédonie*.

Archipel des *Iles-Salomon*, entre les 7 et 12° de latit. S., et entre les 155 et 160° de longit. E.

Archipel de la *Nouvelle-Bretagne*, entre les 140 et 155° de longit. E., entre l'équateur et le 10° de latit. S.

Au-delà, le tropique du Capricorne, par le 30° de latit. S. et le 180° de longit., îles *Kermudes*.

Australasie.

Nouvelle-Guinée, entre les 129 et 149° de longit. E., et les 0 à 10° de lat. S.

Au sud-est de la Nouvelle-Guinée, par les 10° de latit. S. et les 150° de longit. E., l'archipel de la *Louisiade*.

Nouvelle-Hollande, considéré comme continent achevallé sur le tropique du Capricorne, occupe l'espace qui se trouve entre les 10 et 39° de latit. S., entre les 110 et 150° de longit. E.

Terre de Diémen, au midi, entre les 145 et 146° de longit. E., entre les 42 et 44° de latit. S.

Grand Océan austral.

Au sud-ouest, entre les 34 et 46° de latit. S., par les 170° de longit. E., la *Nouvelle-Zélande*, groupe composé de deux îles principales, dirigée du sud-ouest au nord-est, à 12° à peu près sud-est des antipodes de Paris.

En suivant les 40° de latit. S., de l'est à l'ouest, par le 68° de long. E., vous trouvez les îles de *Boyne* et de *Kerguelen*.

CHAPITRE V.

Presqu'îles.

En traitant des presqu'îles, je crois pouvoir m'écarter de la marche suivie par un grand nombre de géographes, qui ont indiqué comme presqu'îles des continens entiers, tels que l'Afrique, l'Amérique méridionale, l'Espagne, l'Italie, etc., que des chaînes de montagnes lient à d'autres continens, ce qui rend leur séparation hors de toute présomption : ainsi, je n'étendrai la dénomination de *presqu'îles* qu'aux seules parties de terre qui, sans leur jonction à quelque continent ou îles, par des langues étroites et étranglées, seraient elles-mêmes des îles.

Commençant par le nord, la première presqu'île

qui se présente est celle qui contient la Suède et la Norwège, ou l'ancienne Scandinavie, qui ne tient au continent que par la langue de terre qui se trouve par le 65° de latit. nord, et les 24 à 29° de longit. est.

Le *Jutland* en Danemarck, ne tient à l'Allemagne que par une langue de terre entre la Baltique et l'embouchure de l'Elbe, par les 53 à 54° de latit. nord et les 7 à 8° de longit. est.

La presqu'île de *Quiberon*, en France, dans le département du Morbihan, par les 47 à 48° de latit. nord, et les 5 à 6° de longit. occidentale.

La *Morée*, séparée de la mer Ionienne et de l'Archipel, entre les 36 à 38° de latit. nord, et les 19 à 22° de longit. orientale.

La presqu'île de *Gallipoli*, entre les 40 à 41° de latitude nord, et le 24° de longit. est.

La presqu'île de *Crimée*, entre la Mer-Noire et la mer d'Azow ou mer de Zabache, par les 44 à 46° de latit. nord, et les 50 à 54° de long. orientale.

En sortant de la Méditerranée, et longeant les côtes d'Afrique jusqu'à la mer des Indes, on ne trouve aucune partie de terre avancée dans l'Océan, à laquelle on puisse donner le nom de presqu'île.

Dans la mer des Indes, par les 19° de latit. nord et 19° de longitude est, on trouve la presqu'île de *Guzarat*.

En longeant la côte jusqu'au golfe de Bengale, on trouve la presqu'île de *Malaca*, par les 0 et 10° de lat. nord, et les 95 à 102° de longit. orientale.

Ensuite la presqu'île de *Corée*, entre la mer du Japon et la Mer-Jaune, par les 35 à 40° de latit. nord, et les 123 à 127° de longit. orientale.

Et enfin la presqu'île du *Khamchatka*, entre la mer d'Okhotsk et la mer du Sud, par les 50 à 60° de latitude nord, et les 155 à 165° de longitude orientale.

En Amérique, dans le bassin du Nord et dans le grand Océan boréal, plusieurs terres faisant saillie, vues par les navigateurs dans ces parages peu connus, et tracées en partie sur les cartes, n'ont pas été assez bien observées, pour me permettre de décider si ces terres sont des îles ou des presqu'îles.

Je ne m'arrêterai sur les côtes occidentales de l'Amérique, qu'à la presqu'île de la *Californie*, entre la mer Vermeille et la mer du Sud, par les 22 à 32° de latit. nord, et les 114 à 124° de longit. orientale.

De ce point, en suivant la côte jusqu'au nouveau Chili, on ne trouve d'autre presqu'île que celle de *Très-Montés*, par le 47° de latit. sud, et le 78° de longit. ouest.

Dans l'Océan atlantique, et toujours le long de la côte d'Amérique, par le 45° de latit. nord, et le 63° de longitude occidentale, on trouve la presqu'île de *Saint-Joseph*.

Plus haut, sur les côtes du Brésil, la presqu'île ou lagune de *Patas*, par les 30 à 33° de latit. sud, et le 57° de long. occidentale.

Dans le golfe du *Mexique*, la presqu'île de l'*Yucatan*, par les 19 à 21° de latit. nord, et les 90 à 95° de longit. occidentale.

En remontant au nord, la presqu'île d'*Acadie* ou Nouvelle-Ecosse, par les 43 à 45° de latit. nord, et les 64 à 68° de longit. occidentale.

La presqu'île du *Labrador*, par les 50 à 62° de latit. nord, et les 50 à 77° de longit. occidentale.

Et enfin le *Groënland*, considéré jusqu'alors par tous les géographes comme presqu'île, gisant par les 60 à 80° de latitude nord, et les 25 à 60° de longitude est.

CHAPITRE VI.

Isthmes.

On appelle isthmes des langues de terre qui joignent une terre ou continent à un autre. Je n'en citerai que quatre, savoir :

En Europe, l'isthme de *Corinthe*, qui joint la presqu'île de Morée et la Turquie, par le 38° de latit. nord, et le 20 à 21° de longit.

L'isthme de *Pérécop* qui joint la Crimée à la Russie, par le 46° de latitude nord, et les 51 à 52° de longit. est.

Entre la Méditerranée et la Mer-Rouge, l'isthme de *Suez*, qui sépare l'Asie de l'Afrique, par les 30 à 31° de latit. nord, et le 50° de longit. E.

Et enfin, dans l'Amérique, l'isthme de *Panama*, qui unit l'Amérique septentrionale et l'Amérique méridionale, entre l'Océan Pacifique et la mer des Antilles, par le 9° de latit. nord, et les 83 à 84° de longit. O.

CHAPITRE VII.

Détroits, Pas, etc.

Un détroit est un bras de mer qui passe entre deux terres assez rapprochées. Il existe sur la surface du globe une infinité de détroits; je vais indiquer les principaux, en commençant par les mers du nord de l'Europe.

Au Spitzberg, le détroit de *Hintopen*, qui sépare la grande terre de la terre du nord, est par les 80 à 81° de latit. nord, et le 15° de longit. est.

Celui de *Wotter-Timens-Fiord*, qui sépare aussi la grande terre de l'île sud-est, par le 102° de latit. nord, et les 15 à 20° de longit. est.

Et celui de *Wourland-Fiord*, qui sépare encore la grande terre de l'île du Prince-Charles, par les 82 à 83° de latit. nord, et les 7 à 8° de longit. est.

La Nouvelle-Zemble est coupée en deux parties presqu'égales par un détroit appelé canal du *Matotchnik*, par le 73° de latitude nord, et les 55 à 60° de longitude est.

Le détroit de *Vaigatch*, entre l'île de ce nom et l'embouchure de la rivière d'Oïo, dans le pays d'Archangel, par le 72° de latit. nord, et le 56° de longitude est.

Le détroit de *Soroé*, entre l'île Soroé et la côte de la Laponie (Suède), par le 71° de latit. nord, et les 20 à 21° de longit. est.

Le *Cattegat*, entre la Suède et le Danemarck, par les 56 à 58° de latit. nord, et les 8 à 10° de longit.

Le *Sund*, aussi entre la Suède et le Danemarck, par le 56° de latitude nord, et les 10 à 11° de longitude est.

Le *Grand-Belt*, entre l'île de Seeland et celle de Fionie, par les 55 à 56° de latit. nord, et les 8 à 9° de longit. est.

Le *Petit-Belt*, entre le Jutland et la Fionie, par les 55 à 56° de latit. nord, et les 7 à 8° de longit. E.

Le détroit de *Stralsund*, entre la Poméranie Prusse. et les îles de Rugen, par le 54° de latit. nord, et les 11 à 12° de longit. E.

Le détroit de *Calmar*, entre la Suède et l'île Oland, par les 56 à 57° de latit. nord, et les 14 à 15° de long. E.

Le *Pas-de-Calais*, entre la France et l'Angleterre, par le 51° de latitude nord, et le 1° de longit. occidentale.

Le *Petit* et le *Grand-Minsh*, entre la côte occidentale d'Ecosse et les îles Hébrides, par les 57 à 59° de latit. nord, et le 9° de longit. occidentale.

Le détroit de *Skie*, entre l'île de ce nom et la côte d'Ecosse, par les 57 à 58° de latitude nord, et les 8 à 9° de longitude O.

Le *Canal du Nord*, entre l'Ecosse et l'Irlande, par le 55° de latit. nord, et le 8° de longit. O.

Le *Canal Georges*, entre l'Angleterre et l'Irlande, par les 52 à 54° de latitude nord, et le 8° de longitude ouest.

Le détroit de *Gibraltar*, qui sépare l'Europe de l'Afrique, par le 36° de latitude nord, et le 8° de longit. ouest.

Les bouches de *Bonifacio*, qui séparent la Sardaigne de la Corse, dans la Méditerranée, par le 41° de latit. nord, et le 7° de longit. E.

Le détroit de *Messine*, entre le royaume de Naples et celui de Sicile, par le 38° de latit. nord, et les 13 à 14° de longit. E.

Le golfe de *Thalande et de Négrepont* est un détroit qui sépare l'île de Négrepont de la Turquie, par les 38 à 39° de latit. nord, et le 21° de longit.

Le détroit des *Dardanelles* joint la mer de l'Archipel à celle de Marmara, et sépare l'Europe de l'Asie, par les 40 à 41° de latit N., et les 24° de longitude E.

Le canal de *Constantinople*, l'ancien Bosphore, qui joint la mer de Marmara à la Mer-Noire, séparant aussi l'Europe de l'Asie, par le 41° de latit. nord, et les 26 à 27° de longit. est.

Au fond de la Mer-Noire, on trouve le détroit d'*Ienikale*, joignant cette mer à celle d'Azow, par le 50° de latit. nord, et le 54° de longit. orientale.

Si on revient sur ses pas, en côtoyant la côte d'Asie à travers les îles de l'Archipel, on ne trouve d'autres détroits que ceux formés par le rapprochement de ces îles entr'elles, ou la proximité de quelques-unes avec la côte d'Asie ; mais les géographes ayant plus particulièrement désigné ces passes ou détroits sous le nom de golfes, nous y reviendrons quand nous parlerons des golfes. En longeant la côte d'Asie, repassant le détroit de Gibraltar, côtoyant l'Afrique, et doublant le cap de Bonne-Espérance, nous ne trouvons, dans cette partie du monde, d'autre détroit que le *canal Mozambique*, qui sépare la côte d'Afrique de l'île de Madagascar, par les 15 à 30° de latit. sud, et le 40° de longitude E.

Et le détroit de *Bab-el-Mandel*, à l'entrée de la Mer-Rouge, séparant l'Afrique de l'Arabie-Heureuse, par le 12° de latit. nord, et le 41° de longit. est.

Côtoyant l'Asie, nous trouvons, à l'extrémité de la presqu'île de l'Inde, le canal de *Manar*, entre le cap Comorin, ou pointe de la presqu'île de l'Inde, et l'île de Ceylan, par le 9° de latitude nord, et le 76° de longitude E.

Le détroit de *Malacca*, entre la presqu'île de ce nom et l'île de Sumatra, par les 2 à 6° de latit. nord, et les 95 à 101° de longit. est.

Le détroit de la *Sonde*, entre les îles de Sumatra et de Java, par le 7° de latit. sud, et le 104° de long. E.

Le détroit de *Baly*, entre l'île de Java et l'île Baly, par le 9° de latit. sud, et le 112° de longit. E.

Le détroit de *Sapy*, entre l'île Sumbava et l'île de Flores, par le 9° de latit. orientale, et le 108° de longit. est.

Le détroit de *Macassar*, entre l'île Bornéo et l'île Célèbes, par les 0 et 5° de latitude sud, et le 116° de long. est.

Le détroit ou passage des *Moluques*, entre l'île Célèbes et celle de Gilolo, par le 2° de latit. N., et le 125° de long. E.

Le passage de *Kin-Tchea*, entre la côte de la Chine et l'île d'Hainan, par le 21° de latit. N., et le 107° de long. E.

Le canal de *Formose*, entre l'île de ce nom et la côte de la Chine, par le 24° de latit. N., et le 118° de long. E.

Le détroit de *Biemen*, entre les îles japonaises de Tanéga-Sima et de Kiusiu, par le 30° de latit. N., et le 128° de long. E.

Le détroit de *Corée*, entre la presqu'île de ce nom et l'île de Niphon, par le 35° de latit. N., et le 127° de long. E.

Le détroit de *Sangar*, entre l'île de Niphon et celle de Liesso, par le 42° de latit. N., et le 138° de long. E.

Le détroit de la *Peyrouse*, entre l'île de Liesso et celle de Saghalien, par le 45° de latit. N., et le 140° de long. E.

La *Manche de Tartarie*, entre l'île de Saghalien et la côte des Mant-Chaux (à la Chine), par les 45 à 55° de latit. N., et les 155 à 140° de long. E.

Le canal de la *Boussole*, à travers les îles Kurilles, par le 45° de latit. N., et le 149° de long. E.

Le détroit de *Bhéring*, qui sépare l'Asie de l'Amérique, par le 65° de latit. N., et le 172° de long. O.

Le détroit d'*Isanak*, à travers les îles Aleutiennes, qui font partie de l'Amérique russe, par le 55° de latit. N., et le 166° de long. O.

Le détroit de *Chetckof*, que Cook présume former la baie Turnagain, et aboutir dans la rade du Prince-William, dans l'Amérique russe, par le 60° de latit. N., et les 150 à 158° de long. O.

Abordant l'Amérique par la pointe méridionale, nous

trouvons le détroit de *Magellan*, entre la côte des Patagons et la Terre-de-Feu, par les 53 à 54° de latit. S., et les 70 à 75° de long. O.

Le détroit de *Lemaire*, entre la Terre-de-Feu et l'île des États, par le 55° de latit. S., et le 68° de long. O.

En suivant la côte atlantique de l'Amérique méridionale, on ne trouve aucun détroit marqué par les géographes, pas même à travers les Antilles, dont quelques-unes laissent cependant entr'elles des passages assez étroits.

Parvenu à la hauteur de la Floride orientale, on trouve le détroit des *Florides*, ou *canal de Bahama*, entre la côte de la Floride, des bancs de sable, et les îles Lucayes, par les 25 à 27° de latit. N., et le 82° de long. O.

Le détroit de *Belle-Isle*, entre la côte des Esquimaux et l'île de Terre-Neuve, par le 52° de latit. N., et le 60° de long. O.

Le détroit de *Davis*, qui communique de l'Océan atlantique dans la grande baie de Baffin, entre la côte du Labrador et le Groënland, par les 60 à 70° de latit. N., et les 52 à 68° de long. O.

Le détroit d'*Hudson*, entre la côte du Labrador et les îles de la *Résolution* et de *Nord-Buffle*, par les 60 à 65° de latit. N., et les 68 à 80° de long. O.

Le détroit de *Cumberland*, entre les mêmes îles et celle de Cumberland, par le 64° de latit. N., et les 69 à 75° de long. O.

Ces deux derniers détroits communiquent l'un dans l'autre par celui de *Forbisher*, placé entre l'île de ce nom et celle de Nord-Buffle, par le 70° de latit. N., et le 73° de long. O.

Le détroit de *Welcome*, dans la baie d'Hudson, entre le Chesterfield, la baie Repulse et l'île de Southampton, par les 65 à 66° de latit. N., et le 90° de long. O.

De la pointe septentrionale de l'île Southampton à la grande baie de Baffin, entre les terres peu connues de l'Amérique septentrionale et l'île de Cumberland, par les 66 à 70° de latit. N., et les 78 à 82° de long., les cartes les plus modernes tracent un détroit communiquant de la baie d'Hudson à celle de Baffin; mais ce détroit ne porte aucun nom.

Les mêmes cartes indiquent quatre autres détroits dans la baie de Baffin, mais dont elles ne tracent que les embouchures : ce qui laisse à douter si ce sont réellement des détroits, ou seulement des baies ou golfes.

La première de ces embouchures porte le nom du détroit de *Whale*, par le 78° de latit. N., et le 62° de long. O., qui semblerait séparer l'Amérique du Groënland.

La seconde, le détroit de *Thomas-Smith*, par le 79° de latit. N., et le 70° de long. O.

La troisième, le détroit de l'*Alderman-Jones*, par le 78° de latit. N., et le 90° de long. O.

Et la quatrième, le détroit de *Sir James-Lancasters*, par le 74° de latit. N., et le 90° de long. O.

L'Océanique, couverte d'îles souvent très-rapprochées, offre un grand nombre de détroits. Les géographes ou les navigateurs ont à peine donné le nom à quelques-uns, savoir :

(65)

Le détroit de *Dampier*, entre la Nouvelle-Bretagne et la Nouvelle-Guinée, par le 5° de latit. S., et le 145° de long. E.

Le détroit de *Torres*, entre la Nouvelle-Guinée et la Nouvelle-Hollande, par le 10° de latit. S., et le 140° de long. E.

Le détroit de *Bass*, entre la Nouvelle-Hollande et la terre de Diemen, par le 40° de latit. S., et le 145° de long. E.

Et le détroit de *Cook*, qui sépare en deux parties la Nouvelle-Zélande, par le 41° de latit. N., et le 171° de long. E.

CHAPITRE VIII.

Montagnes.

Je vais indiquer d'abord les montagnes des principales îles qui sont au nord de l'Europe, afin de ne pas interrompre leur description quand je serai sur le continent.

Le Spitzberg, cette île de la mer Glaciale n'est, à proprement parler, qu'une continuité de montagnes, courant du nord au midi, et couronnées de neiges éternelles.

L'Islande : ses principales montagnes sont l'*Hekla*, le *Reikenaës*, le *Trolledyngr*, le *Soetheima*, le *Jokul*, et le *Leorhnjuk*. Ces montagnes, dont les trois chaînes principales s'allongent parallèlement du nord au midi, sont toutes volcaniques et sujettes à d'assez fréquentes éruptions.

La Grande-Ile-Britannique, autrement l'Angleterre et l'Écosse : ses principales montagnes sont, savoir : en Écosse, le *Leadhills*, le *Ben-Lomond*, le *Ben-More*, le *Ben-Lawres*, le *Ben-Nevis* et *Shchallien*, dont les chaines se dirigent du nord et du nord-est, en se courbant, au sud-est, entre les 55 et 58° de latitude N., et les 5, 6 et 7° de longit. O. ; et en Angleterre, les principales sont le *Snowdon*, le *Moel-Éliam*, le *Crosfell*, le *Warnside*, le *Cadéridris* et le *Skiddau*, qui forment la continuation de la principale chaîne des montagnes de l'Écosse, courant du nord au nord-ouest, entre les 50 et 55° de latit. nord, et les 3, 4, 5, 6, 7 et 8° de longit. O.

L'Irlande n'offre point, comme l'Écosse, des chaines de montagnes, mais des groupes isolés d'une élévation de 420 à 490 toises, tels que le *Sliebn-Bloom*, le *Wickow*, dans la province de Leinster, entre les 52 et 53° de latit. N., et les 9 et 10° de longit. O. ; le *Mangerton*, le *Mourne*, le *Sliebn-Donald* et le *Sliebn-Snagt*, dans l'Ulster, sous les 54 et 55° de latit. N., et les 8 et 9° de longit. O.

Nota. Je viens de laisser échapper le nom de deux provinces d'Irlande, comme j'ai déjà nommé deux rivières ; je me le permettrai quelquefois ainsi, sans croire déroger à la règle que je me suis imposée, de ne jamais parler des objets en particulier qu'après qu'ils ont été présentés dans leur généralité, afin de ne pas détourmer l'attention du lecteur du sujet qui doit exclusivement l'occuper.

Abordant le continent par le nord, nous trouvons d'abord la Laponie russe et suédoise. Cette contrée est traversée par une chaîne de montagnes placées entre les 65 et 70° de latitude N., courant du nord au midi, sous le 25° de longit. est, faisant à l'ouest partie de la grande chaîne qui parcourt la Suède, la Norwège ; tandis qu'à l'est, et au-delà de la Baltique, elle étend ses rameaux jusques dans la province russe appelée *Finlande* : les parties les plus élevées sont le *Soedre-Sutihelma* et le *Salajegna*.

Deux chaînes principales de montagnes traversent la Norwège du nord-est au sud-ouest, par les 60 et 70° de lat. N., et les 5 et 12° de longit. E. Les principales de ces montagnes sont le *Snechaetta*, point le plus élevé de la presqu'île Scandinave; le *Kantokeino*, le *Tanater*, le *Tanafiord*, le *Limur*, le *Syaanevara* et le *Borrasfiel*.

Les chaînes de montagnes ci-dessus indiquées, en parlant de la Laponie et de la Norwège, séparent ces deux contrées de la Suède; mais il s'en détache une infinité de rameaux qui traversent la Suède du nord-ouest au sud-est, entre les 58 à 64° de latit. N., et les 2 à 18° de longit. E. Les principales sont le *Swucku*, le *Mossiwota*, le *Rathwick*, l'*Anaxa* et le *Syulaberg*.

La Prusse offre en général des pays plats; la Silésie prussienne seule présente une surface montagneuse. Les montagnes s'étendent des 50 au 55° de latit. N., et du 13 au 15° de long. E. Elles sont généralement connues sous les noms de monts *Sudètes*, qui séparent la Silésie de la Bohême et de *Riesengebirge* (ou montagne des Géans.)

L'Allemagne, dans sa dénomination générique, et sans acception des différens états qu'elle renferme, offre de nombreuses chaînes de hautes montagnes, qui ont pris naissance ou qui se continuent dans d'autres états.

En abordant l'Allemagne par la partie septentrionale, on trouve les montagnes de *Harz*, dont la principale est appelée le *Grand-Blocksberg*, courant du nord-ouest au sud-est, entre les 50 et 51° de latit. N., et les 5 et 6° de longit. E. ; le *Scihteberg*, le *Schneeberg* et le *Kreutzberguge*, courant dans la même direction, par les 50 et 51° de latit. N., et les 7 et 8° de longit. E.

En suivant au sud, on trouve la grande chaîne d'*Alb*, naissant au *Rhin* (fleuve), traversant le Wurtemberg, la Bavière, et se perdant dans les montagnes qui entourent la Bohême.

Les montagnes de *l'Alb* sont par les 48 à 50° de latit. N., et les 6 à 10° de longit. E. Les principales sont : l'*Arteberg*, le *Bomisch-Walgeburge*, le *Salsburger-Kopf*, le *Feldberg*.

Au sud-est, on trouve les hautes montagnes de la Bavière et du Salzbourg, courant du sud-ouest au nord-est, par les 47 à 48° de latit. N., et entre les 10 à 12° de longit. E. La principale de ces montagnes est le *Gros-Glockner*.

Dans la partie des états d'Autriche situés hors de l'Allemagne, se trouve la grande chaîne des *Monts-Cra-*

packs, partant de la Silésie, où elle se rattache aux monts Sudètes, et se terminent non loin du Danube, courant du nord-ouest au sud, et formant la ligne de séparation de la Gallicie et de la Moldavie (à l'Autriche) avec la Hongrie et la Transylvanie (Turquie), entre les 46 et 50° de latit. N., et les 17 et 24° de longit. E. Les points les plus élevés de cette longue chaîne sont le *Lomnitz*, le *Krivan* et le *Trojuska*.

De cette chaîne se détache une branche courant du nord-est au sud-est, séparant la Transylvanie de la Valachie (Turquie), par les 45 et 49° de latit. N., et les 20 à 24° de longit., se terminant aussi non loin du Danube. Ses points les plus élevés sont le *Szemenik*, *Montye-le-Mare* et *Montye-le-Mick*. Partant du Danube, près du Raab, entre les 47 et 48° de latit. N., et les 15° de longit. E., et se dirigeant du nord-est au sud-ouest vers le Tyrol, par les 46 à 48° de latit. N., et les 11 à 15° de longit. E., on rencontre deux chaînes de montagnes qui traversent, de l'est à l'ouest, la Styrie, la Carinthie et la Carniole (à l'Autriche), et se joignant à celles du Tyrol. Les principales sont : le *Kalenberg*, le *Rhunberg*, le *Karst*, l'*Oetscher*, le *Gravan* et le *Grimin*. Enfin, pour terminer la désignation de cette chaîne, connue sous le nom d'Alpes tyroliennes, et pour n'y plus revenir lorsqu'on en sera à l'article des Alpes proprement dites, on indiquera les montagnes du Tyrol courant de l'est à l'ouest, entre les 46 et 47° de latit. N., et les 8 à 10° de long. E., dont les principales sont l'*Ortelos*, le *Brenner* et le *Klockner*.

Les montagnes du Tyrol se rattachant aux Alpes, nous entrerons dans cette chaîne de montagnes, dont la hauteur ne le cède qu'à celles de l'Amérique méridionale, par la Suisse, qui en est comme le centre, d'où ses ramifications se portent sur les états limitrophes.

La Suisse proprement dite est un plateau très-élevé, duquel percent plusieurs montagnes, en différentes branches, courant de l'est à l'ouest, par les 46 à 48° de latit. N., et les 4 à 8° de longit. E. Les plus hautes de ces montagnes sont :

La *Dent-de-Jaman*, le *Rublihorn*, le *Moléson*, le *Jorat*, le *Stochborn*, le *Niesen*, le *Mont-Titlis*, le *Mont-Pilate*, le *Saint-Gothard*, le *Crispalt*, le *Todiberg*, le *Mont-Albis*, le *Mont-Righi*, l'*Albula*, la *Scaletta*, la *Selvretta*, et le *Mont-Rœticon*.

Pour suivre sans interruption la description de la chaîne des Alpes, nous la continuerons par l'indication des principales montagnes de la Savoie, du Piémont et de la France, qui en sont la continuation, en courant du nord au sud, par les 44 à 46° de latit. N., et les 4 à 6° de longit. E.

Les principales montagnes de la chaîne des Alpes, en Savoie et en Piémont, sont le *Mont-Viso*, le *Mont-Cenis*, le *Mont-Genève*, le *Mont-Iseran*, le *Roc-Michel*, le *Mont-Blanc*, le *Grand-Saint-Bernard*, le *Mont-Maudit*, le *Combin*, le *Servin*, le *Mont-Rosa*; et en France, le *Col-de-Lanière* et le *Mont-Ozon*.

Quoique la France soit traversée par une chaîne de montagnes continues, courant du nord-ouest au sud, prenant naissance non loin de la Manche, par le 51° de latit. N. et le 1ᵉ de longit. occid., et se terminant au sud à la Méditerrannée, par le 43° de latit. N. et le 4° de longit. orient., et quoique cette chaîne de montagnes offre les plateaux les plus élevés de la France, puisque les eaux qui en découlent courent dans un sens opposé, néanmoins, comme les cimes, notamment depuis sa naissance jusqu'au 47° de latit. N., ne sont que d'une médiocre hauteur, je me bornerai à indiquer la partie méridionale de cette chaîne, et les autres montagnes qui méritent vraiment ce nom.

A l'est, par les 48 et 49° de latit. N., et le 5° de long. orient., on trouve la chaîne des Vosges ; le point le plus élevé de cette montagne est le *Balon-d'Alsace*.

Le *Mont-Jura*, qui forme la limite entre la France et la Suisse, s'étend du nord-est au sud-est, par les 46 à 48° de latit. N., et les 3 et 4° de longit. orient. Ses cimes les plus élevées sont le mont *Dole*, le mont *Tendre*, le *Chasseron*, le *Hasennat* et le *Giesly-Flue*.

La grande chaîne des *Cevennes* court du nord au sud, par les 42 à 46° de latit. nord, et les 1 et 2° de longit. orientale, jetant des branches vers l'est et l'ouest; la partie nord de la chaîne est appelée *Puy-de-Dôme*, et on a donné le nom de *Cantal* à la partie sud.

Les principales montagnes de la partie nord sont le *Puy-de-Dôme* et le *Mont-d'Or*.

Et celles de la seconde partie, le *Plomb-du-Cantal*, le *Puy-de-Sancy*, l'*Ango*, l'*Écorchade*, le *Puy-de-Grieu*, le *Col-de-Cabre*, le *Violent* et le *Puy-Mary*.

Pyrénées. Cette vaste chaîne doit être regardée

comme appartenant également à la France et à l'Espagne ; mais comme sa partie la plus intéressante est du côté de la France, et que, d'ailleurs, les géographes espagnols se sont, jusqu'ici, donné peu de soin d'en présenter des descriptions exactes, je crois devoir les considérer comme montagnes de France.

Cette chaîne s'étend presque parallèlement de l'ouest à l'est, sous les 42 à 43° de latitude nord, entre le 1° de longitude orientale, et le 4° de longitude occidentale, s'abaissant sensiblement vers les extrémités, c'est-à-dire, vers l'Océan et vers la Méditerranée, et formant exactement la limite de la France avec l'Espagne.

Les monts les plus élevés de cette chaîne sont le *Mont-Perdu*, le *Mont-Vignemale*, la *Maladetta*, le *Mont-Marboré*, le *Pic-du-Midi de Pau*, le *Canigou* et la montagne *Saint-Barthelemy*.

En franchissant la chaîne des Pyrénées, et entrant en Espagne par Fontarabie, on trouve une autre chaîne de montagnes courant dans la même direction, c'est-à-dire, de l'est à l'ouest, qui, quoiqu'elle ne soit qu'une prolongation de la grande chaîne des Pyrénées, est néanmoins désignée, par les géographes espagnols, sous le nom de *Cordillère septentrionale*, qui traverse la Navarre, les provinces basques, la Vieille-Castille, l'Aragon et la Galice, par le 43° de latitude nord, et entre les 4 et 11° de longit. occidentale. Les plus hautes montagnes de la Cordillère septentrionale sont celles surnommées *Pics d'Europe*, sur les limites des Asturies et de la Vieille-Castille.

Quelques montagnes, quoiqu'en apparence séparées, semblent aussi se détacher de la grande chaîne des Pyrénées : tel est le *Mont-Serrat*, dans la Catalogne, courant du nord au sud, entre les 41 et 42° de latitude nord, et les 1 et 2° de longit. occidentale ; et le *Higa-de-Montréal*, dans la Navarre, courant dans la même direction, entre les 42 et 43° de latit. nord, et sous le 4° de longit. occidentale.

A l'ouest des sources de l'Ebre (fleuve), commence une vaste chaîne de montagnes, connue sous le nom de *Cordillère ibérique*, courant du nord-est au sud-ouest, entre les 32 et 42° de latit. nord, et les 2 et 5° de longit. occidentale.

Les principales de ces montagnes sont : l'*Oca*, l'*Urbion*, le *Moncayo*, le *Molina*, l'*Albarracin*, *Cuença-de-Sagra*, *Sierra-del-Modero*, *Sierra-Ministra*, *Collado-della-Plata*, *il Pico*, et le *Casueleta*.

Plusieurs chaînes secondaires se détachent de la Cordillère ibérique : la première, courant de l'est à l'ouest, entre le Douero et le Tage (deux rivières), par le 41° de latit. nord, et les 5 à 8° de longit. occidentale, présente les montagnes de *Sierras-de-Paredes*, *Baroana*, *Somo-Sierra*, *Guadarama*, le *Pegnalara*, *Pegna-di-Francia*, et la *Sierra-Gata*.

La seconde, courant dans la même direction, par les 39 et 40° de latit. nord, et les mêmes degrés de longit. que la précédente, offre les montagnes de *Yévenes* et *Sierra-de-Marchal*.

La troisième, courant aussi dans la même direction,

vers le 38° de latit. nord, et aussi sous la même longitude, est connue sous le nom de *Sierra-Morena*. ses principales montagnes sont : le *Caldeiraon*, le *Monchique*, *Guadalcanal* et *Cordaba*; le plus haut sommet du *Monchique* s'appelle *Picota*, et celui de *Caldeiraon*, *Montefigo*.

Enfin, la dernière et la plus élevée de toutes, courant d'orient à l'occident, par les 36 et 37° de latitude nord, et les 5 à 8° de longitude ouest, prend successivement les noms de *Sierra-de-Cador*, de *Sierra-de-Nevada*, de *Sierra-Bermeja* et de *Ronda*, et se termine au rocher de *Gibraltar*; ses cimes les plus élevées, sont : le *Muthacen*, le *Picacho-de-Veleta*, le *Gador*, le *Filabrès*, le *Luxar*, le *Cerrajon-de-Murtas* et le *Serro de Xolucar*.

Le Portugal est un pays couvert de montagnes, mais dont le plus grand nombre n'est que la prolongation de celles dont nous avons parlé à l'article de l'Espagne, et qui vont, en s'abaissant à l'ouest, vers la mer. Cependant deux des chaines de ces montagnes méritent une mention particulière : la première est celle connue sous le nom de monts *Estrella*, qui traverse tout le Portugal, par les 39 et 40° de latit. nord, et les 9 et 11° de longit. occidentale. Ses principales montagnes sont : le *Cantaro-d'Elgado* (la plus haute de tout le Portugal), la *Sierra-Brava*, et la *Sierra-de-Lousao*; la seconde, courant du nord-est au sud, par les 37 à 39° de latit. nord, et les 10 à 11° de longitude occidentale, se terminant au cap Saint-Vincent, offre pour montagnes principales la *Sierra-d'Ossa* et la *Sierra-de-Foja*.

Les deux chaînes des montagnes qui traversent l'Italie sont les *Alpes* et les *Apennins*: nous avons parlé des premières, comme ayant leur centre en Suisse, et comme formant les limites de la France, de l'Italie et du Piémont.

La chaîne des Apennins prend sa naissance par le 45° de latit. nord, et le 6° de longit. orientale, courant du nord-ouest au sud-est, dans une seule branche, jusqu'au 41° de latit. nord, et les 13 à 14° de longitude orientale, où elle se sépare en deux branches, dont la première, courant au sud, se termine au détroit de Messine, par le 38° de latit. nord, et le 14° de longit. orientale; et la seconde, courant au sud-est, finit au cap de Leuca (royaume de Naples), par le 40° de latit. nord, et entre les 16 et 17° de longit. orientale.

Les principales montagnes de cette chaîne sont le monte *Velino*, le monte *della Sybila* le monte di *San-Genaro*, le monte *Gavo*, et le monte *Socrato*.

A l'ouest, le *Vésuve*, espèce de pic isolé, par les 41° de latit. N., et les 12° de long. E., remarquable comme volcan.

De toutes les îles d'Italie, il n'y a que celles de Sicile et de Corse qui présentent des montagnes d'une grande élévation, savoir: dans la première, le mont *Etna*, volcan, et le mont *Eryx*, par le 38° de latit. N., et 12 à 13° de long. or. Dans l'île de Corse, on trouve le mont *Rotondo*, le mont *Doro* et le mont *Cinto*, par le 42° de latit. N., et le 7° de long. or.

La Turquie d'Europe a plusieurs longues chaînes de montagnes. Dans la Bosnie, par les 44 à 45° de latit. N., et les 14 à 15° de long. or., la grande chaîne du mont *Hoëmus*, courant du nord-ouest au sud-est, jusques par le 19° de latit. N., et le 42° de long or., De ce point, se détache une première branche courant du nord au sud, par les 38 à 42° de latit. N., et le 19° de long. or., qui forme les montagnes de l'Albanie. Les principales montagnes de cette branche sont connues sous les noms de *Colonias*, *Orajaha* et monts *Mozzovo*.

En reprenant la grande chaîne du mont Hoëmus à l'endroit de sa première bifurcation, dans la direction de l'ouest à l'est, sur le 42° de latit. N., et les 19 à 21° de latit. orient., on la suit sous le nom de *Despoto-Dagh*, jusqu'à sa seconde bifurcation, dont la première branche prend le nom de mont *Balkan* ou *Eminez-Dagh*, courant de l'ouest à l'est, par les 42 à 43° de latit. N., et les 21 à 26° de long. orient., et se termine à la Mer-Noire, non loin du golfe de Bourgas ; et la seconde, le nom de mont *Rhodope*, courant de l'ouest au sud-est, par les 41 à 42° de latit. N., et les 21 à 25° de long. orient., se termine à la mer de Marmara.

A l'ouest de la Turquie, dans les provinces nommées la *Romélie* et la *Morée*, sont encore plusieurs montagnes isolées, d'une grande élévation : telles sont, dans la Romélie, le mont *Athos*, ou monte *Santo*, par les 40° de latit. N., et le 22° de long. : et dans la Morée, le monts *Palæo-Voussi*, *Tricana*, *Vodia*, *Aleno*, *Sophiko*, *Xiria*, *Dimitzana*, *Mintha* et *Penta-Dakthlon*, par les 37 à 38° de latit. N., et les 19 à 21° de long. est.

Au nord-ouest de la Romélie, en remontant au nord-ouest de la Morée, une chaîne de montagnes sépare la Turquie des états autrichiens, notamment du royaume d'Illyrie; les montagnes se lient, dans la même direction, par 47° de latit. N., et les 12 et 16° de long. E., par la Styrie aux Alpes tyroliennes, dont j'ai parlé plus haut. Les principales sont le mont *Ishoderi* et *Monte-Nero*.

La Russie d'Europe est, en général, un pays plat, où se trouvent de vastes plaines; cependant il s'y trouve aussi plusieurs chaînes de montagnes dont nous allons indiquer les positions.

La première est celle des *Monts-Olonetz*, au nord de Pétersbourg, courant du nord au sud, entre les 6s et 70° de latitude N., et les 18 à 26° de long. orient.

A l'est, les géographes russes ont marqué sur les nouvelles cartes une chaîne de montagnes, à laquelle ils ont donné le nom de *Scheinockonskie*, courant du nord au sud, par les 66 à 68° de latit. N., et les 43 à 45° de long. orient.; mais cette chaîne n'a pas encore été bien observée, à cause de l'extrême intensité du froid.

Plus à l'est encore, on trouve la grande chaîne des monts *Oural* ou *Poyas*, que les Russes ont pompeusement appelés la *Ceinture du monde*, qui sépare l'Europe d'avec l'Asie. Cette chaîne commence à la mer Glaciale, au détroit de Vaigatch, et se termine dans le steppe des Kirghis, courant du nord au sud, entre les 51 et 68° de latit. N., et les 54 à 56° de long. orient. Les plus hautes montagnes de la grande chaîne des monts Ourals se trouvent dans le gouvernement d'Orenbourg, par les

52 et 54° de latit. N., et les 54 à 56° de latit. orient. : telles, par exemple, le *Vostroi-Camen*, le *Conques-Chefs-Koi-Camen*, le *Pavdins-Koi*, le *Covins-Koi-Camel*, l'*Iramel*, le *Pselak*, le *Taganaï*, le *Dchigalgo*, l'*Aychourdyk* et l'*Imen*, dont la plupart sont éternellement couvertes de neige.

Enfin, sur les frontières de la Turquie, province de Valachie, par les 45 à 46° de latit. N., et les 21 à 22° de longit. orient., on trouve une chaîne de montagnes qui n'est qu'une branche des monts Crapacks, dont nous avons parlé plus haut. Les principales de ces montagnes sont le *Graystor*, le *Pietrotza* et le *Semeneck*.

ASIE.

Si nous entrons dans l'Asie par la Russie asiatique, d'abord nous trouvons les montagnes de *Ututa* qui, traversant le steppe des Kirghis, et séparant la Russie de la Tartarie indépendante, lient les monts Ourals avec la grande chaîne des monts Atlaïques, par les 49 à 52° de latit. N., et les 55 à 70° de longit. orient.

Ici commence la grande chaîne des monts Atlaïques qui, après avoir couru sous ce nom, et ensuite sous ceux de monts Sayans, monts Yabelonne, du sud-ouest au nord-est, séparant la Russie de la Chine et des monts de Stanovoy, rentrant dans le pays des Koriaikes qui dépend de la Russie, se termine au Cap oriental, dans le détroit de Bhéring. Son étendue se trouve placée entre les 49 et 65° de latit. N., les 70° de longit. occid. et le 180° de longit orient.

De cette chaîne, se détachent plusieurs branches, dont les premières s'avancent dans la Sibérie, courant du sud au nord, dans le pays des Tungouses, par les 55 à 60° de latit. N., et le 115° de longit. orient.; ensuite, dans le pays des Koriakes, par les 62 à 65° de latit. N. et les 140° de longit. orientale; et enfin la dernière, par les 53 à 65° de latit. N. et le 160° de longit. orient., courant du nord au sud, traverse dans toute sa longueur la presqu'île des Kamtchatdales, sous le nom de montagnes de Kamchatka.

Pour terminer l'indication des principales montagnes de la Russie asiatique, nous parlerons du *Caucase*, qui forme une partie de la limite qui sépare la Russie de la Turquie et de la Perse; cette chaîne s'étend, entre la Mer-Noire et la mer Caspienne, de l'est à l'ouest, par les 45° de latitude nord, et les 38 à 48° de longit. orientale : ses sommets les plus élevés sont l'*Ellborus* et le *Kasbeck*.

L'empire de la Chine, dans l'étendue duquel on comprend la *Mantchourie*, la *Mongolie*, la *Songarie*, la *Kalmoukie*, la petite *Bucharie*, le *Thibet* et *Boutan*, offre peu de montagnes, relativement à la grandeur de son étendue; cependant il y en existe plusieurs qui, par l'élévation du sol sur lequel elles reposent, passent, dans l'opinion des plus célèbres géographes, pour les plus hautes montagnes du monde. Nous allons les indiquer, autant que le permet le peu de connaissances qu'on a jusqu'à ce jour de la géographie physique de la Chine.

En se dirigeant de l'est à l'ouest, on trouve, dans le

pays des Mongols, la double chaîne des monts *Siolki*, courant du nord au sud, par les 42 à 52° de latitude nord, et les 110 à 115° de longit. orientale.

Le pays des Mongols est séparé de celui des *Kalmouks* par la chaîne des monts *Bogdou* et des monts *Musart*, courant du nord au sud, par les 40 à 50° de latit. nord, et les 91 à 92° de longit. orientale.

Le grand désert de Shamo est traversé par une large chaîne de montagnes, connue sous les noms de monts *Thangai*, et de monts *Unganday*, courant du nord-ouest au sud-est, par les 40 à 45° de latitude nord, et les 95 à 105° de longit. orientale.

La Kalmoukie est traversée, de l'est à l'ouest, par une autre chaîne, nommée *Alakoula*, par le 44° de latit. nord, et les 72 à 90° de longit. orientale.

Le petit Thibet est aussi traversé, du nord-ouest au sud-est, par la chaîne des monts *Mustag*, entre les 34 à 40° de latitude nord, et les 70 à 75° de longitude orientale.

Enfin, le grand Thibet est traversé, de l'est à l'ouest, par une chaîne de montagnes, courant de l'est à l'ouest, sous le nom de monts *Kantal* ou *Himmala*, qui est l'*Immaüs* des anciens, par les 33 à 34° de latit. nord, et les 75 à 95° de longit. orientale.

La Turquie d'Asie offre plusieurs montagnes célèbres dans l'antiquité.

Le mont *Taurus*, courant de l'ouest à l'est, en se recourbant au sud, vers son centre, se ramifie en plusieurs branches, entre l'archipel et les frontières de la

Perse, par les 40° de latitude nord, et les 25 à 40° de longit. orientale.

Le *Liban* et sa double chaîne l'*Anti-Liban*, en Syrie, s'étendent, du nord au midi, le long de la Méditerranée, par les 30 à 35° de latit. nord, et le 35° de longitude orientale : une des cimes les plus élevées du Liban est *Tummel-Mézereb*.

La côte orientale de l'Archipel offre plusieurs montagnes très-élevées, telles que l'*Olympe*, aujourd'hui *Kéhik-Dag*, et le mont *Ida* ou *Garganes*, par le 39° de latit. nord, et le 25° de longit. orientale.

La principale chaîne des montagnes de l'Arabie semble suivre la direction de la Mer-Rouge, par les 12 à 25° de latit. nord, et le 40° de longit. orientale : cette chaîne est appelée les montagnes d'*Oman*; et sa cime la plus remarquable est le mont *Sinaï*.

La Perse, quoiqu'en général un pays assez uni, présente néanmoins plusieurs chaînes de hautes montagnes.

Celle qui se trouve le plus au nord est connue sous le nom de monts *Gaour*, qui prend sa naissance au sud-ouest de la mer Caspienne, par le 38° de latit. nord, et le 45° de longit. orientale, et courant du nord-ouest au sud-est, se termine non loin du fleuve de l'Indus, par le 35° de latit. nord, et le 60° de longitude est : la cime la plus élevée de cette chaîne est le pic de *Démavend*.

Une autre chaîne, connue sous le nom d'*Hetzardara* (ou les Mille-Montagnes), commence vers les frontières de l'Arménie, par les 41° de latit. nord, et le 40°

de longit. est, et courant aussi du nord-ouest au sud-est, suit les côtes orientales du golfe Persique, et se termine par le 25° de latit. nord, et le 50° de longitude est : une de ses parties les plus élevées est appelée *Koh-Zerdeh* (ou montagne *Jaune.*)

A l'est du Sedjestan, sur la limite du Kandahar, toujours en Perse, on trouve le *Soliman-Koh* (ou montagne de *Soliman*), par les 30 à 34° de latitude nord, et les 62 à 63° de longit. orientale.

Enfin, sur les frontières de l'Arménie, par le 39° de latit. nord, et le 41° de longit. orientale, on trouve une chaîne de montagnes, dont les principales sont le mont *Ararat*, et le *Kohi-Seiban*.

Tout ce que je puis dire de la Tartarie indépendante, c'est qu'elle est entourée, au nord, à l'est et au sud, de grandes chaînes de montagnes, que j'ai décrites, en parlant de la Russie, de la Chine et de la Perse : cependant l'intérieur de cette contrée est elle-même traversée par une chaîne qui, se détachant des monts Ouraliens, par le 52° de latit. nord, et le 55° de longit. orientale, court du nord au sud, et se termine sur le haut plateau de l'Asie, entre la mer Caspienne et la mer ou lac d'Arral, par le 40° de latitude nord, et le 55° de longitude orientale. Cette chaîne est désignée par les géographes modernes, sous le nom de monts *Karaa-diers*.

L'Indostan, ou les Indes-Orientales, proprement dit, ne présente de montagnes importantes que les monts *Alideck*, *Greniers* et *Shatpourta*, dans le Guzurate, courant de l'est à l'ouest, par le 22° de latit. nord, et les 70 à 85° de longit. orientale, et ensuite, la chaîne des *Gauts* ou monts *Suckiens*, qui longe la presqu'île, du nord au sud, entre la côte du Malabar et celle de Coromandel, mais plus rapprochée de cette dernière, entre les 8 et 20° de latit. nord, et le 71 à 72° de longit. orientale.

L'empire des Birmans, dans lequel nous plaçons les royaumes de Pégu, de Siam, et la presqu'île de Malaya ou Malacca, est traversé, dans toute sa longueur, par une chaîne de montagnes qui, se détachant de celles de la Chine, et courant du nord au sud, s'étend de la ligne équinoxiale au 26° de latit. nord, par les 95 à 100° de longit. orientale. L'intérieur de ce pays n'est pas assez connu, pour qu'on puisse entrer dans de plus grands détails.

Le Tonquin et la Cochinchine sont traversés par une chaîne de montagnes qui, partant des frontières de la Chine, court du nord au sud jusqu'à la mer, par les 10 à 22° de latit. N., et les 104 à 105° de longit. est.

Passant aux îles asiatiques, connues pour renfermer quelques montagnes dignes de ce nom, nous trouvons d'abord les îles du Japon; celle qui, la première, peut fixer l'attention, est Jesso, traversée par une chaîne de montagnes courant de l'est à l'ouest, par les 43 à 45° de latit. N., et les 139 à 141° de longit. Vient ensuite la grande île de Niphon, la principale de l'empire du Japon. Cette île est aussi traversée de l'est à l'ouest par une chaîne de montagnes gisant entre les 35 à 40° de latit. N., et les 130 à 139° de longit. est.

Tout ce que l'on sait de l'île Formose ou de Tayoan,

appartenant à la Chine, c'est que la côte orientale de cette île est bordée d'une haute montagne courant du nord au sud par le 25° de latit. orient., et le 119° de longit.

Iles Philippines : les îles de ce groupe, dont la position s'étend par les 7 à 19° de latit. N., entre les 115 à 125° de longit., offrent des montagnes assez élevées, qui toutes présentent des produits volcaniques.

En entrant dans l'archipel connu sous le nom d'îles de la Sonde, nous trouvons d'abord l'île de Sumatra : cette grande île qui gît sous l'équateur, entre les 92 et 102° de longit. orient., est traversée dans toute sa longueur par une chaîne de montagnes, dans le centre de laquelle est le mont *Ophir*, qui ne le cède en élévation qu'aux plus hautes montagnes de l'Europe.

L'île de Java, placée sous le 8° de lat. S., entre les 102 à 112° de longit. est, est divisée de l'est à l'ouest par une chaîne de montagnes, dont les principales sont appelées le *Prau*, le *Panangouno* et le *Passervan*.

L'île de Bornéo, gisant sous l'équateur, par les 107 à 115° de longit. est, est traversée du nord au sud par une chaîne de montagnes, dans laquelle se trouve le *Kénibalon* ou mont *Saint-Pierre*.

Toutes les autres îles de l'archipel indien, telles que celles désignées sous les noms de Célébeziennes et de Moluques, sont généralement montueuses, principalement dans le centre; mais comme l'on n'en connaît que les côtes, que l'intérieur n'a pas été bien visité, on est forcé de garder le silence sur la description des montagnes qu'elles renferment : on se bornera donc à dire que l'île Célèbes, la plus grande de toutes celles désignées sous le nom de Célébeziennes, placée aussi sous l'équateur, entre les 116 à 122° de longit. orient., laisse apercevoir de loin, dans son centre, plusieurs monts très-élevés et des volcans en éruption.

Enfin, l'île de *Ceylan*, placée entre les 6 et 9° de latit. N., et les 79 et 80° de longit., est traversée par une chaîne de montagnes courant du nord au sud : la cime la plus élevée de cette chaîne est le *Pic-d'Adam* ou le *Salmala*.

AFRIQUE.

Nos connaissances en géographie politique et physique sur l'Afrique ne s'étendant presque exclusivement qu'aux côtes, et au plus à la longue vallée du Nil, ignorant, par conséquent, encore l'étendue et les limites des différens états de cette troisième partie du monde, dont le centre n'a été fréquenté que par quelques hardis naturalistes, nous nous trouvons dans la nécessité d'indiquer les principales montagnes de cette immense contrée, sans désignation des états qu'elles traversent ou limitent, et en prenant pour guides les cartes faites d'après les relations et les mémoires les plus récens.

L'Afrique septentrionale est traversée de l'est à l'ouest par la grande chaîne du mont *Atlas*, courant de l'est à l'ouest de la Méditerranée à l'Océan atlantique, par les 30 à 33° de latit. N., le 10° de longit. orient. au 10° de longit. occid. La chaîne du Mont-Atlas forme au S. la limite des États barbaresques.

De cette chaîne semble se détacher une branche courant du sud-ouest à l'est, sous les noms des monts *Aroudjé*, par les 23 à 33° de latit. N., et par les 10 à 25° de longit. orient.

La côte occidentale de la Mer-Rouge est bordée dans toute sa longueur d'une haute chaîne de montagnes, courant du nord-ouest au sud, par les 10 à 30° de latit. N., et les 30 à 40° de longit. orient.

L'Abissinie est coupée par plusieurs montagnes très-élevées, dont la principale branche courant de l'est à l'ouest, sous le nom de *Mont-al-Quamar* ou montagnes de la *Lune*, par le 6° de latit. N. et les 20 à 40° de longit. est, se recourbe en angle, et suit la direction du N. au S., jusqu'au cap de Bonne-Espérance, depuis le 6° de latit. N. jusqu'au 35° de latit. S., par le 20° de longitude.

Les géographes ont encore placé entre le Sénégal et la Guinée une chaîne de montagnes, sous le nom de montagnes de *Kong*, courant de l'est à l'ouest par le 11° de latit. N., entre le 5° de longit. orient. et le 15° de longit. occid.

Enfin, non loin de la côte Mozambique, par les 7 à 20° de latit. S., et les 30 à 35° de longit. orient., on voit une autre chaîne de montagnes appelée monts *Lupata* ou *Épine-du-Monde* : cette chaîne qui court du nord-est au sud-ouest, semble se ramifier avec les montagnes de la Lune.

Plusieurs des îles de l'Afrique offrent des montagnes d'une grande élévation.

Si nous commençons par le septentrion, nous trouvons le groupe des îles Açores.

Saint-Michel, la plus grande des îles de ce groupe après Tercère, gisant par les 37 à 38° de latit. N., et le 28° de longit. ouest, offre plusieurs montagnes qui bordent la côte de l'est à l'ouest, et qui toutes portent des traces d'éruptions volcaniques.

L'île de Ténériffe, l'une des Canaries, située par le 19° de latit. N. et le 20° de longit. O. : cette île est célèbre par la fameuse montagne nommée le *Pic-de-Ténériffe*.

Les autres îles qui dépendent de l'Afrique ne présentant pas de ces montagnes faites pour fixer l'attention, nous terminerons par l'île de Madagascar. Elle est traversée dans toute sa longueur, du nord au midi, par une chaîne de montagnes, dont les deux principales portent le nom de montagnes d'*Ambatismnes* et de monts *Anguiripy*.

AMÉRIQUE.

L'Amérique septentrionale présente des plaines immenses, séparées néanmoins par des chaînes de montagnes d'une grande étendue et très-élevées.

Au nord, non loin de la mer Glaciale, par les 60 à 70° de latit. N., et le 150° de longit. occid., commence, autant qu'on peut en juger d'après l'état d'imperfection où se trouve la géographie physique de l'Amérique septentrionale, la grande chaîne de *Stronay Mountains* ou montagnes *Pierreuses*, qui courant du nord-nord-ouest au sud-sud-est, à travers l'Amérique russe, la Nouvelle-Hanovre, la Nouvelle-Géorgie, le Nouveau-Mexique, sous le nom de *Siera-Verde* et de *Siera-de-las-Grutas*; le Mexique, sous le nom de *Siera-*

de-las-Mimbrenos, se termine à l'isthme de Panama, par le 8° de latit. N., et le 80° de longit. O.

De cette grande chaîne, se détache une branche courant de l'est à l'ouest, à travers la Nouvelle-Bretagne, et se terminant à la terre de Labrador, par les 48° de latit. N., et les 70 à 120° de longit. O.

Plus loin, en tirant au sud, on trouve une autre branche courant dans la même direction, depuis la chaîne principale jusqu'au lac supérieur dans le Haut-Canada, sous le 50° de latit. N., et entre les 90 et 115° de long. O.

Sous le même parallèle, à l'ouest de la grande chaîne, se détache une autre branche qui, courant du nord au sud, traverse la nouvelle et l'ancienne Californie, entre les 25 et 40° de latit. N., et les 110 à 115° de longit. O.

Les montagnes les mieux connues de l'Amérique septentrionale sont les *Apalaches ;* elles traversent les États-Unis du nord-est au sud-ouest, par les 25 à 45° de latit. N., et les 65 à 90° de longit. O.

Dans l'Amérique méridionale, la grande chaîne de *la Cordillère-des-Andes* forme un des plus importans objets de la géographie naturelle, tant parce que plusieurs de ces montagnes sont les plus élevées du globe, que parce qu'elles recèlent un grand nombre de volcans et les plus riches mines du monde. Cette chaîne, qui se lie vers l'isthme de Panama aux montagnes de l'Amérique septentrionale, par le 8° de latit. N., et le 80° de longit. O., court du nord au midi à travers le continent de l'Amérique méridionale, jusqu'au détroit de Magellan, par le 54° de latit. sud, et le 75° de longit. O., dans une position assez rapprochée de la mer du Sud ou

Océan Pacifique. Ses cimes les plus élevées sont dans le Pérou, où l'on trouve le *Chimborazo*, le *Cayambé* et l'*Antisana*, qui surpassent de beaucoup en élévation les plus hautes montagnes de l'ancien continent.

On a long-temps dépeint, comme absolument plat, l'immense espace qui est à l'est de la Cordillière-des-Andes, et qui se prolonge vers le Brésil et la Guiane; mais les découvertes faites depuis un siècle ont fait reconnaître que cette partie du continent américain est traversée par trois autres chaînes de montagnes qui se détachent de la Cordillière-des-Andes.

La première est celle qui part de la grande chaîne par le 2° de latit. nord, et le 82° de longit. O., et se termine, à la côte de Vénézuela, par le 12° de latitude nord, et le 70° de longitude O., courant ainsi du sud-ouest au nord-est : ses cimes les plus élevées sont la montagne *Sainte-Marthe* et celle de *Mérida*.

La deuxième, connue sous le nom de *Parinie* ou des *Cataractes de l'Orénoque*, se sépare de la grande Cordillière-des-Andes par les 5 à 6° de latit. boréale, et le 76° de longit. ouest, courant de l'est à l'ouest entre la rivière de l'Orénoque; et celle des Amazones se termine dans la Guiane par les 6 à 7° de latitude boréale, et les 55 à 65° de longit. O. Sa plus haute montagne est la *Duida* ou *El-Cerro-de-la-Esmeralda*.

Enfin, la troisième de ces branches, ou celle des *Chiquitos*, réunit les andes du Pérou et du Chily avec les montagnes du Brésil et du Paraguay, courant de l'ouest à l'est, entre la rivière des Amazônes et celle de la Plata, par les 15 à 20° de latit. boréale, et les 40 à 65° de longit. O. Ses plus grandes élévations sont par les 15 à 16° de latit. sud, et les 60 à 61° de longit. O.

Nous bornerons l'indication des montagnes des îles de l'Amérique à celles des Antilles; et encore je ne m'arrêterai qu'aux principales, dans lesquelles se trouvent les cimes les plus élevées.

L'île de Cuba, située entre les 20 et 23° de latitude nord, et les 76 à 87° de longit. O., est traversée par une grande chaîne de montagnes, courant de l'est à l'ouest. Les *Paps de Managa* sont les plus hauts sommets de cette chaîne.

La Jamaïque, située entre les 17 à 19° de latitude nord, et les 78 à 83° de longit. O. Une chaîne de montagnes courant de l'est à l'ouest, la divise en deux parties : le pic de la *Montagne-Bleue* est le point le plus élevé.

Saint-Domingue, placée entre les 10 et 22° de latit. nord, et les 69 à 77° de longit. O., est traversée par plusieurs montagnes, se détachant de celle du centre qui est la plus haute, et est connue sous le nom de *Cibao*.

Porto-Rico, située par le 18° de latit. nord, et les 70 à 71° de longit. O., est traversée par une chaîne de montagnes courant de l'est à l'ouest, dont les principales cimes sont le *Layvonito* et le *Lopello*.

OCÉANIQUE.

La géographie des terres et îles océaniques se bornant à la description des côtes reconnues par les navigateurs, ou à des relations fournies par les agens des gouvernemens, qui y ont fondé quelques colonies encore dans l'enfance, on ne doit pas s'attendre qu'on puisse entrer dans des détails que le temps, de nouveaux voyages, de nouvelles découvertes, et un état plus prospère de ces colonies peuvent seuls procurer.

Dans la Nouvelle-Hollande, considérée long-temps comme tenant à un continent, et maintenant reconnue pour être isolée, on n'a encore remarqué que la chaîne de montagnes qui, courant du nord au sud, entre les 20 à 40° de latit. sud, et les 145 à 148° de long. est, est appelée : *Montagne - Bleue* de *Camarthen* et de *Lansdown*.

La Nouvelle-Guinée ou terre des Papoux : cette île, séparée de la précédente par le détroit de Torres, est hérissée de hautes montagnes, dont le mont *Arsuk*, dans la péninsule occidentale, est le plus élevé.

La terre de Van-Diémen, autre île, séparée de la Nouvelle-Hollande par le détroit de Bass, est située par les 41 à 44° de latit. nord, et les 144 à 146° de longitude orientale ; elle est traversée du nord-est au sud-ouest par une haute chaîne de montagnes.

La Nouvelle-Zélande, placée entre les 35 et 47° de latitude sud, et entre les 164 et 177° de longitude or., est séparée en deux par le détroit ou canal de Cook, et renferme une chaîne de montagnes très-élevées, dans la partie nord de laquelle se trouve le mont *Egmont*.

CHAPITRE X.

Lacs.

On appelle lac un amas d'eau donnant naissance à des rivières qui communiquent aux mers, soit directement, soit par leurs affluents, ou qui sont traversés par ces rivières.

Commençons la désignation des principaux par le nord de l'Europe.

Le lac *Enare*, dans la Laponie, par le 65° de latit. N., et les 72 à 73° de longit. orientale.

Le lac *Imandra*, par le 75° de latit. N., et le 30° de longit. orientale.

Les lacs *Kandorero*, *Piavexero* et *Tapoxero*, qui communiquent de l'un à l'autre, toujours dans la Laponie, entre les 64 à 66° de latit. N., et le 29° de longit. orientale.

Kounto, par le 65° de latit. N., et le 28° de longit. orientale.

Le *Kajana*, dans la Finlande (Russie), par le 64° de lat. N., et les 22 à 25° de longit. orientale.

Piélis, par le 63° de latit. N., et le 26° de longit. orient.

Onéga, par le 62° de latit. N., et le 34° de longit. orient.

Le lac *Bieloi* ou lac *Blanc*, par le 60° de latit. N., et le 35° de longit. orient.

Le lac *Koubinskoé*, par le 59° de latit. N., et le 37° de longit. orient.

Le *Ladoga*, par les 60 à 62° de latit. N., et les 29 à 30° de longit. orient.

Ilmen, par le 58° de latit. N., et le 29° de longit. orient.

Peypus, par les 58 à 59° de latit. N., et le 25° de longit. orient.

Allant à l'ouest, dans la presqu'île de la Scandinavie, (Suède), on trouve le lac *Wener*, par les 58 à 59° de latit. N., et le 10° de longit. orient.

Wettern, par le 57° de latit. N., et le 11° de longit. orient.

Enfin, le lac *Méler*, par le 58° de latit. N., et les 14 et 15° de longit. orient.

Passant aux Iles britanniques, nous n'y trouvons d'autres lacs méritant une désignation particulière, que ceux qui existent en Irlande, savoir :

Le lac *Néagh*, par les 53 à 54° de latit. N., et le 9° de longit. etc.

Erne, par les 54 à 55° de latit. N., et le 10° de longit. occ.

Et le lac *Corrib*, par les 53 à 54° de latit. N., et le 12° de longit. occidentale.

Au milieu de l'Europe, on distingue les lacs ci-après, savoir :

En Hongrie, empire d'Autriche, le lac *Balaton*, par le 47° de latit. N., et les 15 à 16° de longit. orient.

En Suisse, et sur les frontières de l'Autriche, le lac

de *Constance*, par le 49° de latit. N., et les 6 à 8° de longit. orient.

De *Zurich*, par le 48° de latit. N., et les 6 à 7° de longit. orient.

De *Lucerne* ou des 4 *Cantons*, par le 47° de latit. N., et le 6° de longit. orient.

De *Bienne*, par le 47° de latit. N., et le 5° de longit. orient.

De *Neufchâtel*, aussi par le 47° de latit. N., et les 4 à 5° de longit. orient.

De *Thun* et de *Brientz*, par les 46 à 47° de latit. N., et les 5 à 6° de longit. orient.

Et le lac *Léman* ou de *Genève*, par le 46° de latit. N., et les 4 à 5° de longit. orient.

Enfin, au midi de l'Europe, on trouve le lac *Majeur*, sur les frontières de la Suisse et de l'Italie, par le 46° de latit. N., et le 6° de longit. orient.

De *Lugano*, par la même latit., et les 46 à 47° de longit. orient.

De *Côme*, aussi par la même latit., et le 47° de longit. orient.

De la *Garde*, en Italie, par les 45 à 46° de latit. N., et les 8 à 9° de longit. orient.

De *Commachio*, près de l'embouchure du Pô, par les 45° de latit. N., et les 9 à 10° de longit. orient.

Le lac de *Pérouse* ou *Trasimène*, par le 43° de lat. orient., et les 9 à 10° de longit. orient.

Balsena, par le 41° de latit. N., et les 9 à 10° de longit. orient.

(95)

De *Célano*, dans le royaume de Naples, par le 42° de latit. N., et les 11 à 12° de longit. orient.

Et le lac de *Zante*, près la côte de Scutari, dans la Turquie d'Europe, par le 42° de latit. N., et le 17° de longit. orient.

En entrant en Asie par le nord, dans le pays des Samoyèdes, Russie d'Asie, non loin de la mer Glaciale, on trouve le lac de *Taimerskaia*, par les 74 à 75° de latit. N., et le 97° de longit. orient.

Allant au sud, on trouve le lac *Piasida*, par le 70° de latit. N, et les 91 à 92° de longit. orient.

Dans la Sibérie, le lac *Kafu*, par le 59° de latit. N., et le 69° de longit. orient.

Kixilsak, par la même latit., et le 71°. de longit. orient.

Tchany, encore par la même latitude, et les 75 à 77° de longit. orient.

Tenis, par le 54° de latit. N., et le 71° de longit. orient.

Karg - Algidim, par les 52 à 55° de latit. N., et le 69° de longit. orient.

Et le lac *Baikal*, par les 52 à 55° de latit. N., et les 102 à 108° de longit. orient.

Dans les contrées dépendantes ou tributaires de l'empire de la Chine, le *Tenghis* ou *Balktach*, par les 45 à 47° de latit. N., et les 69 à 70° de longit. E.

Le lac *Alakougoul*, par le 47° de latit. N., et le 71° de longit. orient.

Le lac *Kurgha*, par la même latit. N., et le 72° de longit. est.

Zaizan, par les 46 à 48° de latit. N., et les 81 à 84° de longit. orient.

Oubsa, par le 50° de latit. N., et le 92° de longit. orient.

Kinkin-Tala, par le 52° de latit. N., et le 96° de longit. orient.

Hinka, par le 42° de latit. N., et le 131° de longit. orient.

Le lac *Pauca*, par le 36° de latit. N., et le 98° de longit. orient.

Terkiri, par le 32° de latit. nord, et les 86 à 88° de longit. orientale.

Patte ou *Jandre*, par les 28 à 29° de latit. nord, et le 88° de longit. orientale.

Tonkiin, par le 29° de latit. nord, et les 110 à 111° de longit. orientale.

Et le lac *Poyan*, par les 29 à 30° de latit. nord, et les 113 à 114° de longit. orientale.

Dans la Perse, le lac de *Zerch*, par le 39° de latit. nord, et le 42° de longit. orientale.

Et le lac *Ormiah*, par les 37 à 38° de latit. nord, et le 43° de longit. orientale.

Dans la Turquie d'Asie, le lac *Van*, par les 38 à 39° de latit. nord, et les 40 à 42° de longitude orientale.

Et le lac *Asphaltite*, ou Mer-Morte, par les 31 à 32° de latitude nord, et les 33 à 34° de longitude orientale.

Dans l'Afrique, les seuls lacs qu'on connaisse jusqu'à présent, et encore d'une manière très-imparfaite, sont :

Le lac du *Soudan*, dans la Nigritie, par le 16° de latit. nord, et les 1 à 2° de longit. orient.

Le *Grand-Lac*, ou mer de *Nigritie*, par les 12 à 15° de latit. nord, et les 12 à 15° de longitude orientale.

Le lac *Dambea*, dans l'Abissinie, par les 12 à 13° de latit. nord, et le 35° de longit. orientale.

Et le lac *Maravi*, dans la Cafrerie, par les 10 à 13° de latit. sud, et les 32 à 35° de longit. orientale.

L'Amérique, et particulièrement la partie dite septentrionale, offre une grande quantité de lacs, et les plus considérables par leur étendue, comparée à celle des lacs de l'ancien continent.

Nous allons, autant que le peu de connaissance que l'on a du centre de l'Amérique septentrionale peut le permettre, indiquer les principaux de ces lacs.

Le grand lac de l'*Esclave*, par les 61 à 65° de latit. nord, et les 113 à 122° de longit. occidentale.

Le lac *Athapeskow*, par les 58 à 60° de latit. nord, et les 108 à 112° de longit. occidentale.

De *Wollaston*, par les 47 à 58° de latit. nord, et les 105 à 106° de longit. occidentale.

Des *Rennes*, par les 55 à 57° de latitude nord, et le 105° de longit. occidentale.

Winipic, par les 50 à 55° de latit. nord, et les 99 à 100° de longit. occidentale.

Le lac *Supérieur*, par les 46 à 48° de latit. nord, et les 86 à 94° de longit. occidentale.

Le lac *Michigan*, par les 42 à 45° de latit. nord, et les 87 à 88° de longit. occidentale.

Huron, par les 44 à 47° de latit. nord, et les 82 à 86° de longit. occidentale.

Erie, par les 42 à 43° de latit. nord, et les 83 à 85° de longit. occidentale.

Ontario, par le 44° de latitude nord, et les 79 à 81° de longit. occidentale.

Et le lac *Champlain*, par le 45° de latit. nord, et les 78 à 81° de longit. occidentale.

Dans la nouvelle Albion, le lac *Timpanagos*, par les 40 à 42° de latit. nord, et le 114° de longit. occidentale.

Le lac *Salé*, par les 38 et 39° de latit. nord, et le 115° de longit. occidentale.

Dans le Mexique, le lac *Chapata*, par le 20° de lat. nord, et les 105 et 106° de longit. occidentale.

Le lac *Nicaragua*, par les 11 à 13° de latit. nord, et les 87 à 89° de longit. occidentale.

Dans l'Amérique méridionale, au nouveau royaume de Grenade :

Le lac de *Maracaïbo*, par les 9 à 11° de latitude nord, et les 72 à 75° de longit. occidentale.

Le lac de *Zapatoza*, par le 9° de latit. nord, et le 76° de longit. occidentale.

Le lac *Negro*, par le 2° de latit. nord, et le 73° de longit. occidentale.

Dans los Guianes, le lac *Amucu*, par le 3° de latit. nord, et le 61° de longit. occidentale.

Le lac *Parime*, par les 2 et 3° de latit. nord, et les 62 à 64° de longit. occidentale.

Dans le Pérou, le lac *Titicaca* ou *Chicuyto*, par les 15 à 17° de latit. sud, et les 72 à 75° de longit. occidentale.

Dans la province de Buénos-Ayres, le lac d'*Ybera*, par les 27 à 28° de latit. sud, et les 59 à 61° de longit. occidentale.

Et dans la Pantagonie, le grand lac de *Bésaguadero*, par les 38 à 39° de latit. sud, et le 70° de longit. occidentale.

Il existe encore au centre de l'Amérique méridionale une infinité d'autres lacs; mais leur position et même leurs noms ne sont pas assez exactement indiqués sur les cartes les plus nouvelles, pour qu'on puisse se hasarder d'en donner la description.

Quant aux grandes terres de l'Océanie, telles que la Nouvelle-Guinée et la Nouvelle-Hollande, les découvertes dans l'intérieur n'ont pas encore été poussées assez loin, pour qu'on puisse savoir s'il y existe des lacs.

CHAPITRE XI.

Fleuves et principales Rivières.

Nota. Il sera toujours facile de trouver des fleuves, en les prenant, par leur embouchure, dans les différentes mers : on remontera ainsi à leurs affluens et à leurs sources.

En commençant par le nord de l'Europe et par les côtes de la mer Glaciale, la première rivière qu'on rencontre est :

La Petchora, qui prend sa source aux monts Ourals, dans la Russie d'Europe, par le 61° de latitude nord, et le 58° de longit. orientale, courant du sud au nord, jusqu'à ce qu'elle reçoive la rivière de *Oussa*, par le 65° de latit. nord, et le 55° de longit. orientale; de là, courant de l'est à l'ouest, jusqu'à ce qu'elle reçoive l'*Ickma*, par le 65° de latit. nord, et le 50° de longitude orientale, d'où, courant de nouveau du sud au nord, elle entre dans la mer Glaciale par une large embouchure semée d'une multitude de petites îles, sous le 68° de latit. nord, et les 51 à 52° de longitude orientale.

La Dwina du nord (pour la distinguer d'une autre Dwina dont j'aurai occasion de parler plus loin) se forme de la réunion de plusieurs petites rivières, dans le gouvernement d'Archangel (Russie d'Europe), par le 61° de latit. nord, et le 44° de longit. orientale, court du sud-est au nord-est, et se perd dans la Mer-Blanche, proche la ville d'Archangel, par le 65° de latitude nord, et le 38° de longit. orientale.

La *Dwina* du nord reçoit dans son cours plusieurs autres rivières, dont les principales sont :

La *Witchega*, à l'est, par le 62° de latit. nord, et le 43° de longit. orientale.

La *Waga*, à l'ouest, par le 65° de latit. nord, et le 41° de longit. occidentale.

Et la *Pinéga*, à l'est, par le 64° de latit. nord, et le 39° de longit. occidentale.

Le Glommen, la plus considérable des rivières de la Norwège, prend sa source dans les montagnes de cette contrée, par le 65° de latit. nord, et le 10° de longitude orientale, court du nord au sud, et se jette dans la mer du Nord, par le 59° de latit. nord, et le 9° de longitude orientale.

En général, la presqu'île Scandinave, dans laquelle se trouvent la Laponie, la Norwège et la Suède, est arrosée par une multitude de rivières qui, prenant naissance dans la chaîne de montagnes qui coupe cette presqu'île, portent leurs eaux, les unes dans l'Océan, et les autres dans la Baltique; mais le peu d'importance de ces rivières, et leur inutilité pour la navigation, à cause des cataractes et des rochers qui s'y rencontrent, semblent devoir nous dispenser d'en donner une description plus détaillée : ainsi, en nous portant à l'est de la mer Baltique, nous trouvons :

La Neva, en Russie, n'est, à proprement parler, qu'un canal par lequel le lac de Ladoga communique à la mer Baltique par le golfe de Finlande, coulant de l'est à l'ouest dans le gouvernement de Saint-Pétersbourg, dont elle baigne la capitale, par les 52 à 55° de latit. nord, et le 60° de longit. occidentale.

La *Dwina* occidentale, qui prend sa source aux monts Walday, dans le gouvernement de Tver, en Russie, par le 58° de latit. nord, et le 30° de longitude orientale, courant du nord-est au sud-ouest jusqu'à Vitepsk, par le 55° de latit. nord, et le 28° de longit. orientale; et de là, se portant au nord-ouest, à travers la Courlande, entre dans la Baltique, sous le 67° de latit. nord, et le 22° de longit. orientale.

Le Niemen prend sa source dans la Russie, par le 52° de latit. nord, et le 25° de longit. orientale, courant d'abord du sud-est au nord-ouest entre la Russie et la Pologne, jusqu'à sa jonction avec la rivière de *Vileika*, par le 55° de latitude nord, et le 22° de longit. orientale; il coule ensuite de l'est à l'ouest, séparant la Courlande de la Pologne, et se jette dans la Baltique, par le 55° de latit. nord, et le 18° de longit. orientale.

La Vistule prend sa source dans la Galicie autrichienne (en Autriche), par le 50° de latit. nord, et le 17° de longitude orientale; courant du sud-ouest au nord-ouest, entre la Galicie et la Pologne, elle entre dans ce dernier état par le 51° de latit. nord, et le 19° de longitude orientale, d'où elle se dirige du sud au nord, jusqu'à sa jonction avec le *Bug*, par le 53° de latit. nord, et le 19° de longitude orientale; ensuite elle se dirige du sud-est au nord-ouest, jusqu'aux frontières de la Prusse orientale, par le 53° de latitude nord, et le 16° de longit. orientale, d'où, se portant directement du sud au nord, elle se jette dans la Baltique par deux embouchures, entre les 54 à 55° de latit. nord, et les 16 à 17° de longit. orientale.

Les principales rivières qui viennent grossir la Vistule sont : à l'ouest, la *Polica*, par le 52° de latit. nord, et le 19° de longit. orientale.

Et à l'est, le *Boug* ou *Bug*, qui, courant du sud-est au nord-est, après avoir reçu, par les 52 à 53° de latit. nord, et le 17° de longit. orientale, les eaux de la *Narew*, devient une rivière considérable, et se joint à la *Vistule* par la même latitude de 52° à 53°, et sous le 19° de longit. orientale.

L'ODER prend sa source dans la Galicie (en Autriche), par les 49° de latit. nord, et le 16° de longit. orientale, courant du sud-est au nord-ouest; après avoir arrosé, en Prusse, la Silésie, la Prusse ducale et la Poméranie, il se jette dans la Baltique, par le 54° de latit. nord, et le 12° de longit. orientale.

Les principales rivières qui portent leurs eaux à celles de l'Oder, sont : le *Bober*, à l'ouest, par le 52° de latit. nord, et le 14° de longit. orientale.

La *Neisse*, aussi à l'ouest, par la même latit., et le 13° de longit. orientale.

Et à l'est, la *Netze*, par le 53° de latit. nord, et le 13° de longit. orientale.

Dans les îles britanniques, comme, en général, dans toutes les îles, les rivières n'ont pas un long cours, et ne sont de quelqu'importance pour la navigation, qu'à raison de ce que les marées y remontent plus ou moins haut : c'est le motif pour lequel j'en parlerai.

LA TAMISE, en Angleterre, prend sa source dans le comté de Glocester, par le 52° de latit. nord, et le 4° de longit. occidentale; coule de l'ouest à l'est; traverse la ville de Londres, dont elle forme le port, et se jette dans la mer du Nord par le 51 à 52° de latit. nord, et les 1 à 2° de longit. occidentale.

L'Humber n'est, à proprement parler, qu'une vaste embouchure, placée dans la mer du Nord, par les 53 à 54° de latit. nord, et les 2 à 3° de longit. occidentale, où aboutissent en même temps plusieurs rivières qui arrosent le centre de l'Angleterre, et dont la principale est le *Trent*, qui prend sa source dans le Straffordshire, par les 51 à 52° de latit. nord, et les 4 à 5° de longitude occidentale ; coule du sud au nord, jusqu'à son entrée dans l'Humber, par les 53 à 54° de latit. nord, et le 3° de longit. occidentale.

Le Severn sort des montagnes de la partie septentrionale de la principauté de Galles, par le 53° de latit. nord, et le 5° de longit. occidentale ; coule du sud au nord, et se jette dans le canal de Bristol, par les 51 à 52° de latit. nord, et le 5° de longit. occidentale.

Le Snannon, en Irlande, prend sa source aux marais d'Allen, au comté de Leitrim, par le 54° de latitude nord, et le 10° de longit. occidentale ; courant du nord-est au sud-ouest, se jette dans l'Océan atlantique, par les 52 à 53° de latitude nord, et le 12° de longit. occidentale.

L'Elbe prend sa source dans les monts Sudètes, de la Silésie, en Prusse, par le 50° de latit. nord, et le 15° de longit. orientale ; coulant du sud-est au nord-ouest, cette rivière arrose la Bohème ; en Allemagne, la Saxe, le Hanovre ; sépare le Holstein, en Danemarck, du territoire de Hambourg, et se jette dans la mer du Nord, sous le 54° de latitude nord, et le 7° de longit. orientale.

L'Elbe reçoit dans son cours plusieurs rivières, dont les principales sont :

A l'ouest, la *Saale*, par le 52° de latit. nord, et les 9 à 10° de longit. orientale.

Et à l'est, le *Havel*, par les 52 à 53° de latit. nord, et les 9 à 10° de longit. orientale.

Le Weser se forme de la réunion des deux rivières de la *Werra* et de *Fulde*, venant de la Haute-Franconie, en Allemagne, par le 51° de latit. nord, et le 7° de longit. orientale; courant du sud au nord, sépare la Basse-Saxe de la Westphalie; arrose le territoire de Bremen, et tombe dans la mer du Nord, par les 53 à 54° de latit. nord, et le 7° de longit. orientale; après avoir été grossi des eaux de l'*Aller* et de la *Leine*, qui, venant du Hanovre, se réunissent ensemble, sous le nom de *Aller*, par les 52 à 53° de latit. nord, et le 8° de longit. orientale, et entre dans le Weser, par sa rive orientale, sous le 53° de latit. orientale, et le 7° de longit. est.

L'Ems a sa source dans la Westphalie, par le 52° de latit. nord, et le 5° de longit. orientale, courant du sud au nord. Cette rivière a son embouchure dans la mer du Nord, par le 54° de latit. nord, et le 7° de longitude orientale.

Le Rhin se forme de trois rivières du Haut-Rhin, du Rhin du milieu, et du Bas-Rhin, qui, toutes trois, prennent leurs sources dans le pays des Grisons, au pied du mont Saint-Gothard, par les 46 à 47° de latit.

nord, et le 7° de longit. orientale, et qui, bientôt réunies, forment ce fleuve, courant d'abord du sud au nord, jusqu'au lac de Constance, qu'il traverse, par le 48° de latit. nord, et le 7° de longit. est; de là, coule de l'est à l'ouest, jusqu'à Bâle, par la même latit. et les 5 à 6° de longit. est, où, séparant le territoire français de l'Allemagne, il reprend sa première direction du sud au nord, jusqu'à Mayence, par le 50° de latitude nord, et le 6° de longit. est; il poursuit ensuite son cours du sud-est au nord-ouest, jusqu'à son embouchure, dans la mer du Nord, par trois branches nommées: le *Wahal*, l'*Yssel* et le *Leck*, par le 52° de latitude nord, et le 2° de longit. occidentale.

Les principales rivières que le Rhin reçoit dans son cours sont:

Sur sa rive gauche, l'*Aar*, qui, sortant des lacs de Brientz et de Thun, en Suisse, réunie à la *Limatz*, qui sort du lac de Zurich, et à la *Russ*, qui sort du lac de Zug, se jette dans le Rhin, au-dessus de Bâle, par les 47 à 48° de latitude nord, et le 6° de longit. orientale.

Sur sa rive droite, le *Necker*, vis-à-vis Manheim, par les 49 à 50° de latitude nord, et le 6° de longitude orientale.

Sur la même rive, vis-à-vis de Mayence, le *Mein*, par le 50° de latitude nord, et le 6° de longit. orientale.

Sur la même rive, vis-à-vis de Coblentz, la *Lahn*, par les 50 à 51° de latitude nord, et le 5° de longitude est.

Sur la rive gauche, par les mêmes latit. et longit. la *Moselle*, qui, prenant sa source en France dans le département des Vosges, par le 48° de latit. nord, et les 4 à 5° de longit. est, a été grossie des eaux de la *Meurthe* et de la *Sarre :* la première, en France, et la seconde, dans le grand duché du Bas-Rhin (à la Prusse).

Sur la rive droite, la *Ruhr*, par les 51 à 52° de lat. nord, et les 4 à 5° de longit. orientale.

Enfin, à quelques lieues plus bas, sur la même rive, auprès de Wesel, la *Lippe*.

LA MEUSE prend sa source en France, dans le département de la Haute-Marne, non loin de la petite ville de Montigny-le-Roi, par le 48° de latit. nord, et le 3° de longit. orientale; courant du sud au nord, jusqu'aux frontières de la France, par le département des Ardennes, elle entre ensuite dans le royaume des Pays-Bas, qu'elle traverse, dans la même direction, jusqu'aux environs de Clèves, par le 52° de latit. nord, et les 3 à 4° de longit. est, où, tournant brusquement à l'ouest, elle se jette dans la mer du Nord, par le 52° de latit. nord, et le 2° de longit. est.

La Meuse reçoit dans son cours plusieurs autres rivières, dont j'indiquerai les principales, savoir :

Par la rive gauche, la *Sambre*, sous le 50° de latit. nord, et les 2 à 3° de longit. orientale.

Par sa rive droite, l'*Ourthe*, entre les 50 à 51° de latit. nord, et le 5° de longit orientale.

Et par la même rive, la *Roër*, vers le 51° de latit. nord, et les 3 à 4° de longit. orientale.

L'ESCAUT naît dans les environs de Saint-Quentin,

département de l'Aisne, par le 50° de latit. nord, et le 1° de longit. orientale; coule du sud au nord, à travers la Flandre française et les Pays-Bas; se divise en deux bras au-dessous d'Anvers : l'un, nommé *Escaut oriental*, et l'autre, *Escaut occidental*, qui, l'un et l'autre, tombent dans la mer du Nord, par les 51 à 52° de latit. nord, et le 1° de longit. occidentale.

Trois rivières assez fortes viennent s'emboucher dans l'Escaut, savoir : par sa rive gauche, la *Scarpe*, au-dessus de Tournay.

Par sa rive droite, la *Dyle*, par le 51° de latit. nord, et le 2° de longit. est.

Et par sa rive gauche, la *Lys*, par le 51° de latit. nord, et les 1 à 2° de longit. orientale.

La Somme prend sa source dans le département de l'Aisne, non loin de celle de l'Escaut ; traverse par sa plus grande longueur le département de la Somme, et se jette dans la Manche, par le 50° de latit. nord, et le 1° de longit. occid.

La Seine commence dans le département de la Côte-d'Or, entre les villages de Saint-Seine et de Chanceaux, par les 47 à 48° de latit. N., et les 2 à 3° de longit. orient. ; coule du sud-est au nord-ouest, jusqu'à la Manche, où elle s'embouche entre le Havre et Honfleur, par les 49 à 50° de latit. N., et le 2° de longit. occid.

Les principales rivières qui affluent dans la Seine sont :

L'*Aube*, qui se jette dans la Seine, à l'est, au-dessus de Nogent, par les 48 à 49° de latit. N., et le 1° de longit. orient.

L'*Yonne*, qui s'embouche dans la Seine, à l'ouest, à Montereau, par la même latit., et le 0° de longit. orient.

Le *Loing*, aussi à l'ouest, par la même rive, et à 4 lieues au-dessous de l'Yonne.

La *Marne*, qui prend sa source dans le département de la Haute-Marne, non loin de celle de la Meuse, se jette dans la Seine par sa rive droite, au-dessus de Paris, vers le 49° de latit. N., et le 0° de longit.

L'*Oise*, qui prend sa source dans le département de l'Aisne, après avoir reçu à Compiègne l'*Aisne*; se jette dans la Seine aussi par sa rive droite, sous le 49° de latit. N., et le 0 à 1° de longit. occid.

Et enfin l'*Eure*, qui entre dans la Seine par sa rive gauche, au pont de l'Arche, par les 49 à 50° de latit. N., et le 1° de longit. occid.

L'ORNE naît près d'Alençon, par les 48 à 49° de latit. N., et le 2° de longit. occid.; coule du sud-sud-est au nord-nord-ouest, et se jette dans la mer, au nord de Caen, par les 49 à 50° de latit. N., et le 3° de longit. occid.

LA VILAINE prend sa source dans le département de l'Ile-et-Vilaine, par les 48 à 49° de latit. N., courant du nord-est au sud-ouest, entre dans l'Océan au-dessous de Redon, par les 47 à 48° de latit. N., et le 5° de longit. occid.; elle reçoit la petite rivière d'Ile immédiatement au-dessous de Rennes.

La LOIRE prend sa source dans les montagnes des Cévennes, en France, par le 45° de latit. N., et le 2° de longit. orient., coule du sud au nord, jusques vers le 47° de latit. N., d'où elle se dirige du sud-est au nord-ouest, jusqu'aux environs d'Orléans, par le 48° de latit.

N., et le 0° de longit. ; d'où, enfin, courant de l'est à l'ouest, elle se jette dans l'Océan, au-dessous de Paimbeuf, entre les 47 et 48° de latit. N., et les 4 à 5° de longit. occid.

La Loire reçoit dans son cours plusieurs rivières, dont les plus importantes sont :

L'*Allier*, qui a sa source non loin de celle de la Loire, coule du sud au nord, et se réunit à cette dernière par sa rive gauche, à une lieue au-dessous de Nevers, sous le 47° de latit. N, et le 1° de longit. orient.

La *Nièvre* entre dans la Loire par la droite à Nevers, par le 47° de latit. N., et le 1° de longit. orient.

Le *Loiret*, qui se jette dans la Loire, au-dessous d'Orléans, par le 48° de latit. N., et le 0 à 1° de longit. occidentale.

Le *Cher*, qui se joint à la Loire aussi par sa rive gauche, entre les 47 et 48° de latit. N., et le 2° de longit. occidentale.

La *Vienne*, encore par la rive gauche, sous la même latit., et les 2 à 3° de longit. occid., après avoir été augmentée des eaux de la *Creuze*.

La *Mayenne*, qui, après avoir reçu la *Sarthe*, grossie elle-même des eaux de la *Mayne* et du *Loir*, entre dans la Loire par sa rive droite, sous la même latit. que dessus, et le 3° de long. occid.

L'*Indre*, qui se jette dans la Loire, au-dessous de Saumur, par la même latit., et le 2° de longit. occid.

La *Sèvre* prend sa source dans l'ancienne province du Poitou, au-dessus de Niort, entre les 46 à 47° de lat. N., et les 2 à 3° de longit. occid.; coule de l'est à l'ouest;

reçoit la *Vendée* par sa rive droite, et se jette dans l'Océan, vis-à-vis l'île de Ré, par les 46 à 47° de latit. N., et les 3 à 4° de longit. occid.

La Charente prend sa source dans le département de ce nom, coule du sud-est au nord-ouest, et entre dans la mer à Rochefort, par le 46° de latit. N., et les 3 à 4° de longit. occid.

La Garonne prend sa source au bas des Pyrénées, par le 43° de latit. N., et le 2° de longit. occid.; coule du sud-ouest au nord-est, jusqu'à Toulouse, d'où, se dirigeant du sud-est au nord-ouest, elle entre dans l'Océan, sous le nom de Gironde, par le 46° de latit. N., et les 3 à 4° de longit. occid.

Les principales rivières qui portent leurs eaux à la Garonne sont :

L'*Arriége*, qui, naissant au bas des Pyrénées, coule du sud au nord, se joint à la Garonne par sa rive droite, au-dessus de Toulouse, entre les 43 à 44° de latit. N., et le 1° de longit. occid.

Le *Tarn*, aussi par la rive droite, au-dessous de Moissac, par le 44° de latit. N., et le 1° de longit. occ., après avoir été grossi par l'*Aveyron*.

Le *Gers*, qui prend sa source dans les Pyrénées, coule du sud au nord, et se jette, par la gauche, dans la Garonne, entre les 44 à 45° de latit. N., et le 2° de longit. occid.

Le *Lot*, qui naît aux monts Cantal, court de l'est à l'ouest, entre dans la Garonne par sa rive droite, par les 44 à 45° de latit. N., et le 2° de longit. occid.

Enfin, la *Dordogne*, qui, naissant au bas des montagnes du Puy-de-Dôme, entre dans la Garonne encore par sa rive droite, sous le 45° de latit. N., et le 3° de longit. occid., après avoir reçu la *Vézère*, qui elle-même a reçu la *Corrèze*. C'est de ce point que la Garonne prend le nom de Gironde, qu'elle conserve jusqu'à son embouchure.

L'Adour, formée de plusieurs petites rivières qui naissent au pied des Pyrénées, par le 43° de latit. N., et le 2° de longit. occid., coule du sud-est au nord-ouest, jusqu'à Mont-de-Marsan, d'où, prenant sa direction du nord-est au sud-ouest, elle se jette dans l'Océan, à Bayonne, par les 43 à 44° de latit. N., et le 4° de longit. occid.

Passant aux côtes d'Espagne et de Portugal, les rivières importantes qu'on y trouve sont :

Le *Minho*, qui prend sa source en Espagne, dans la Galicie, par le 44° de latit. N., et le 10° de longit. occ., traverse cette province, la sépare au sud du Portugal, et, courant du nord-nord-est au sud-sud-ouest, entre dans l'Océan, par le 42° de latit. N., et le 11° de longit. occid.

Le Douro, qui a sa source dans la Vieille-Castille, en Espagne, par les 41 à 42° de latit. N., et le 4° de longit. occid.; courant de l'est à l'ouest, en traversant l'Espagne et le Portugal, se jette dans l'Océan, au-dessous de Porto, par le 41° de latit. N., et le 11° de longit. occid.

Le Mondéco naît dans les monts Estrella, qui séparent l'Espagne du Portugal, par le 40° de latit. N., et le 10° de longit. occidentale; coulant de l'est à l'ouest, cette rivière entre dans l'Océan, au dessous de Coïmbre, par le 40° de latit. N., et le 11° de longit. occident.

Le Tage a sa source dans les montagnes qui séparent l'Aragon de la Nouvelle-Castille, en Espagne, par le 41° de latit. N., et le 4° de longit. occident.; coulant du nord-est au sud-ouest, il traverse l'Espagne et le Portugal, et se jette dans l'Océan, à 2 lieues au-dessous de Lisbonne, par les 38 à 39° de latit. N., et le 12° de longit. occident.

La Guadiana prend sa source dans la Nouvelle-Castille, par le 40° de latit. N., et le 5° de longit. occident.; coule du nord-est au sud-ouest, jusqu'à Badajoz, où, prenant son cours directement au sud, et séparant l'Espagne du Portugal, elle entre dans l'Océan, entre les villes de Ayamonte et de Castro-Marino : la première, espagnole, et la seconde, portugaise, par le 37° de latit. N., et les 9 à 10° de longit. occident.

Le Guadalquivir, en Espagne, prend sa source dans la Manche, par le 39° de latit. N., et le 5° de longit. occident.; coule du N.-E. au S.-O., sans quitter l'Espagne, et après avoir reçu le *Genil*, qui naît à l'est, dans les environs de Grenade, tombe dans l'Océan, à St.-Lucar-de-Barameda, par le 37° de latit. N., et le 9° de longit. occident.

La Guadalaviar prend sa source dans les montagnes du sud de l'Aragon, par le 41° de latit. N., et le 3° de longit. occident.; courant du nord au sud, cette rivière se perd dans la Méditerranée, auprès de Valence, où ses diverses embouchures forment l'*Albuféra* ou les lagunes de Valence, par le 39° de latit. N., et le 2° de longit. occident.

L'Ebre, le premier des fleuves de l'Espagne, et le

seul qui offre une navigation de quelqu'étendue, prend sa source sur les confins de la Nouvelle-Castille, par le 43° de latit. N., et le 6° de longit. occident.; courant du N.-O. au S.-E., et grossi des eaux de la *Ségré*, qui, naissant au bas des Pyrénées, entre dans l'Èbre par la rive gauche, se perd dans la Méditerranée, par le 41° de latit. N., et les 1 à 2° de longit. occident.

Passant aux côtes de France, sur la Méditerranée :

L'Aude prend sa source dans les Pyrénées, par les 42 à 43° de latit. N., et le 0° de longit., coule du sud-ouest au nord-est, et se jette dans la Méditerranée, au-dessous de Narbonne, par le 43° de latit. N., et le 1° de longit. orient.

L'Hérault prend sa source dans les Cévennes, par le 44° de latit. N., et le 1° de longit. occident.; traverse du nord au sud le département de ce nom, et se jette dans la Méditerranée, par les 43 à 44° de latit. N., et le 1° de longit. orient.

Le Rhône prend sa source à l'extrémité orientale du Valais, en Suisse, par les 46 à 47° de latit. N., et le 6° de longit. orient.; courant d'abord du nord-est au sud-ouest, jusqu'aux montagnes qui séparent le Valais de la Savoie, il se dirige du sud-est au nord-ouest, jusqu'au lac de Genève, qu'il traverse par sa plus grande longueur, et, à sa sortie, prend la direction du nord-est au sud-ouest, jusqu'à Lyon, où, recevant la Saône, il se porte à travers les départemens méridionaux de la France, en suivant une ligne droite, du nord au sud, dans la Méditerranée, où il se perd par plusieurs em-

)bouchures, vers le 43° de latit. N., et le 2° de longit. orient.

Les principales rivières qui se perdent dans le Rhône sont :

L'*Ain*, qui naît dans les montagnes du Jura, et se jette dans le Rhône par sa rive droite, entre les 45 à 46° de latit. N., et le 3° de longit. orient.

La *Saône*, qui, naissant dans les montagnes des Vosges, par le 48° de lat. N., et le 4° de longit. orient., courant du nord-nord-est au sud-sud-ouest, après avoir été grossie des eaux du Doubs, qu'elle reçoit par sa rive gauche, vers le 47° de latit. N., et le 3° de longit. orient., entre dans le Rhône, au-dessous de Lyon, par sa rive droite, vers le 46° de latit. N., et le 3° de longit. orient.

L'*Isère*, qui, prenant sa source en Savoie, coulant de l'est à l'ouest, entre dans le Rhône par sa rive gauche, au-dessus de Valence, par le 45° de latit. N., et le 3° de longit. orientale.

A quelques lieues au-dessous de Valence, le Rhône reçoit aussi par sa rive gauche *la Drôme*, qui prend sa source dans le département de ce nom, sur la limite de celui des Hautes-Alpes.

L'*Ardèche*, qui, traversant le département de ce nom, entre dans le Rhône par la droite, auprès du Pont-Saint-Esprit, entre les 2 à 3° de longt. orient.

La *Durance*, qui a sa source dans le département des Basses-Alpes, et qui, coulant aussi de l'est à l'ouest, entre dans le Rhône par sa rive gauche, au-dessous d'Avignon, vers le 44° de latit. N., et les 2 à 3° de longit. orient.

Le *Gard*, qui prend sa source dans les Cévennes, et entre dans le Rhône par sa rive droite, par le 44° de latit. N., et les 2 à 3° de longit. orient.

Le Var a sa source dans les Alpes, par les 44 à 45° de latit. N., et les 4 à 5° de longit. orient.; coulant du nord au sud, et réuni à la *Tinéa*, qui traverse le comté de Nice, il en sépare le territoire de celui de la France, et se perd dans la Méditerranée, entre les 43 à 44° de latit. N., et le 5° de longit. orient.

L'Arno, en Italie, prend sa source dans les Apennins, par le 44° de latit. N., et les 9 à 10° de longit. orient.; coulant de l'est à l'ouest, et traversant la Toscane, il se jette dans la Méditerranée, par le 44° de latit. N., et le 8° de longit. orient.

Le Tibre prend aussi sa source dans les Apennins, à l'orient de la Toscane, non loin des sources de l'Arno; coule du nord-ouest au sud-est, et entre dans la Méditerranée, à Ostie, par le 42° de latit. N., et le 10° de longit. occident.

Le Pô, le plus considérable des fleuves de l'Italie, prend naissance dans le Piémont, par le 44° de latit. N., et le 5° de longit. orient.; courant de l'ouest à l'est, il se jette dans la mer Adriatique par plusieurs embouchures, sous le 45° de latit. N., et le 10° de longit. E.

Plusieurs rivières portent leurs eaux dans le Pô; les principales sont :

La *Stura*, par sa rive droite, par le 45° de latitude nord, et le 5° de longit. orientale.

Le *Tanaro*, sur la même rive, par la même latit., et le 6° de longitude orientale.

Le *Tessin*, sur la rive gauche, par la même latit., et vers le 7° de longit. orientale.

Et l'*Adda*, aussi sur la rive gauche, par la même latit., et le 7 à 8° de longit. orientale.

L'Adige a sa source aux montagnes du Tyrol, par le 47° de latit. nord, et le 9° de longit. orientale; courant du nord-ouest au sud-est, il se jette dans la mer Adriatique, à peu de distance, au nord, des bouches du Pô, c'est-à-dire, vers le 45° de latit. nord, et le 10° de longit. orientale.

La Piave sort des montagnes du Tyrol, par les 46 à 47° de latit. nord, et le 10° de longit. orientale; courant du nord-nord-ouest au sud-sud-est, se perd dans la mer Adriatique, par les 45 à 46° de latitude, et les 10 à 11° de longit. orientale.

Le Drin-noir prend sa source sur les frontières de la Macédoine (Turquie d'Europe), par le 41° de latitude nord, et le 18° de longitude orientale; coule du sud au nord, jusqu'au 42° de latit. nord, et de là, se dirigeant de l'est à l'ouest, entre dans la mer Adriatique, par le 42° de latit. nord, et le 17° de longit. orientale.

Le Rouzia (l'*Alphée*) prend sa source dans la Morée (Turquie d'Europe); traverse cette province du nord-est au sud-ouest, et se jette dans la Méditerranée, par les 37 à 38° de latit. nord, et le 19° de longitude orientale.

Le Vasili - Potamo (l'*Eurotas* de Sparte) prend aussi sa source dans la Morée; courant du nord au sud, tombe dans la Méditerranée, par le 37° de latit. nord, et le 20° de longit. orientale.

La Varda naît sur la frontière de la Servie (Turquie), par le 42° de latit. nord, et le 19° de longitude orientale; coule du nord-nord-ouest au sud-sud-est, et se jette dans l'Archipel, par les 41 à 42° de latit. nord, et les 20 à 21° de longit. orientale.

Le Danube, le plus grand fleuve de l'Europe, prend sa source dans la Souabe (Allemagne), par le 48° de latit. nord, et le 7° de longit. orientale; il coule à travers l'Allemagne et l'Autriche: d'abord, du sud-ouest au nord-est, depuis sa source jusqu'aux environs de Ratisbonne, par le 49° de latit. nord, et le 10° de longitude orientale; de là, il coule du nord-nord-ouest au sud-sud-est, jusque vers le 48° de latit. nord, et le 17° de longit. orientale, d'où il se dirige, à travers la Hongrie, du nord au sud, jusqu'à l'embouchure de la Drave, entre les 45° et 46° de latit. nord, et sous le 17° de longitude orientale; d'où enfin, courant à travers la Turquie d'Europe, de l'ouest à l'est, il se jette dans la Mer-Noire, par les 45 à 46° de latitude nord, et le 27° de longit. occidentale.

Dans son long cours, le Danube reçoit une infinité de rivières, dont j'indiquerai seulement les principales, savoir :

L'*Iser*, qui prend sa source sur les confins du Tyrol, par les 47 à 48° de latit. nord, et les 7 à 8° de longitude orientale; courant du sud-ouest au nord-est, entre dans le Danube par sa rive droite, au-dessous de Ratisbonne, sous le 49° de latitude nord, et les 10 à 11° de longit. orientale.

L'*Inn* prend sa source dans les Grisons, par les 46 à 47° de latit. nord, et les 6 à 7° de longit. orientale; courant du sud-ouest au nord-est, après avoir reçu la *Saltz*, à Braunaw, en Bavière, entre dans le Danube par sa rive droite, à Passau, par les 48 à 49° de latit. nord, et le 11° de longitude orientale.

La *March*, qui commence dans les montagnes de la Silésie, coule du nord au sud, et entre dans le Danube par sa rive gauche, à Presbourg, en Hongrie, par le 48° de latitude nord, et le 15° de longit. orientale.

Le *Wag*, qui prend sa source sur les confins de la Galicie, coule aussi du nord au sud, et se jette dans le Danube par sa rive gauche, à Comorn, vers le 48° de latit. nord, et le 16° de longit. orientale.

La *Drave*, qui a sa source dans les montagnes du Tyrol, coule du nord-ouest au sud-est, et entre dans le Danube par sa rive droite, au-dessous d'Esseck, par les 45 à 46° de latit. nord, et les 16 à 17° de longitude orientale.

La *Theiss*, qui prend sa source dans les monts Crapacks, par les 48 à 49° de latit. nord, et le 21° de longitude orientale; courant du nord-est au sud-ouest, après avoir reçu beaucoup d'autres rivières, dont plusieurs, par sa rive gauche, assez considérables, telles que le *Scher-Kores*, le *Maros*, l'*Alt-Béga* et la *Temess*, se perd dans le Danube, à Belgrade, par le 45° de latit. nord, et le 18° de longit. orientale.

La *Save*, qui prend sa source dans la Carniole, par le 46° de latit. nord, et le 12° de longit. orientale; coule du nord-nord-ouest au sud-sud-est; sépare l'empire turc de celui d'Autriche, et se jette dans le Danube, près de Belgrade, par le 45° de latitude nord, et le 18° de longit. orientale.

Le *Sereth*, qui prend sa source sur les frontières de la Galicie et de la Moldavie; coule du nord-nord-ouest au sud-sud-est; entre dans le Danube par sa rive gauche, proche d'Ibraylow, par les 45 à 46° de latitude nord, et les 25 à 26° de longit. orientale.

Et le *Pruth*, qui, prenant sa source dans les monts Crapacks, coulant du nord-ouest au sud-est, traverse le palatinat de Lemberg, en Galicie, et la Moldavie; entre dans le Danube par sa rive gauche, un peu au-dessous de l'embouchure de la Sereth, c'est-à-dire, par les 45 à 46° de latit. nord, et vers le 26° de longit, orientale.

Le Niester ou Dnister prend sa source dans la Russie, par le 50° de latitude sud, et les 20 à 21° de longit. orientale; courant du nord-ouest au sud-est, il se perd dans la Mer-Noire, à Bialogrod, par le 46° de latit. nord, et le 28° de longit. orientale.

Le Dnieper ou Borysthène prend sa source dans la Russie moscovite, par le 56° de latitude nord, et le 50° de longit. orientale; ce fleuve, malgré plusieurs courbures considérables, traverse la Russie et la Crimée, dans la direction du nord au sud, et se jette dans la Mer-Noire, au-dessous de Kerson, par le 47° de latit, nord, et le 29° de longit. orientale

Les principales rivières que le Borysthène reçoit dans son cours sont :

Le *Pripet*, qui, sortant des marais de Pinsk, Russie, par le 52° de latit. N., et le 24° de longit. orient., courant de l'ouest à l'est, entre dans le Borysthène par sa rive droite, à quelques lieues au-dessus de Kiev, par les 50 à 51° de latit. N., et le 28° de longit. orient.

La *Desna*, qui, prenant sa source auprès de Kalonga, court du nord au sud, et s'embouche dans le Borysthène à Kiev, par le 50° de latit. N., et la même longitude que dessus.

Et le *Boug*, qui, prenant sa source dans la Podolie, Pologne, par le 50° de latit. N., et le 24° de longit. orient., coule du nord-ouest au sud-est, et se jette dans le Borysthène, à son embouchure dans la Mer-Noire, au-dessous de Kerson, par les 47° de latit. N., et les 29 à 30° de longit. orient.

Le Don prend sa source en Russie, au-dessus de Toula, par le 54° de latit. N., et le 34° de longit. orient. ; courant du nord au sud, à travers le pays des cosaques du Don, il se jette dans la mer d'Azof, par les 47 à 48° de latit. N., et le 37° de longit. orient.

La principale rivière qui tombe dans le Don est le *Donetz*, qui naît en Russie, dans les environs de Kharkou, coule du nord au sud, et se joint au Don, à son embouchure dans la mer d'Azof.

Avant de décrire les fleuves et rivières qui se jettent dans la Mer-Noire et dans la Méditerranée, par la côte orientale, nous nous porterons à la mer Caspienne, qui, comme nous l'avons dit plus haut, ne communiquant avec aucune autre mer, absorbe néanmoins l'un des plus grands fleuves de l'Europe.

Le Volga, qui prend sa source dans les monts Valdaïc, en Russie, par le 57° de latit. N., et le 30° de longit. orient., coule de l'est à l'ouest, jusqu'à ce qu'il reçoive la Kama, par le 55° de latit. N., et le 45° de longit. est; de là, courant du nord au sud, se jette dans la mer Caspienne par plusieurs embouchures, sous le 44° de latit. N., et entre les 46 et 47° de longit. orient.

Les principales rivières qui portent leurs eaux au Volga sont :

La *Kama*, dont la source prend dans les monts Ourals, par le 62° de latit. N., et le 56° de longit. orient., courant du nord-est au sud-ouest, jusqu'à sa jonction avec le Volga, par les latit. et longit. indiquées ci-dessus.

Et l'*Oka*, dont la source se trouve par le 60° de lat. N., et le 41° de longit. orient.; coulant du nord au sud, se perd dans le Volga, par les 57 à 58° de latit. N., et les 41 à 42° de longit. orient.

La mer Caspienne reçoit encore beaucoup d'autres rivières, dont les principales sont à l'est des embouchures du Volga.

Le Jemba ou Emba prend sa source dans la Tartarie, par les 49 à 50° de latit. N., et le 54° de longit. orient., coule du nord-est au sud-ouest, et se jette dans la mer Caspienne, par le 47° de latit. N., et le 52° de long. orient.

L'Oural, qui, sortant des monts Ouraliens, par le 53° de latit. N., et le 53° de longit. orient., coule du nord-est au sud-ouest, et se perd dans la mer Caspienne, à

Gouricr, par le 47° de latit. N., et les 49 à 50° de longit. orientale.

La Kouma, qui prend sa source dans la Circassie, par le 44° de latit. N., et le 39° de long. orient., coule de l'ouest à l'est, et se perd dans la mer Caspienne, par les 44 à 45 de latit. N., et le 44° de longit. orient.

Le Térek prend sa source au mont Caucase, par les 43 à 44° de latit. N., et le 40° de longit orient., et coulant aussi de l'ouest à l'est, se jette dans la mer Caspienne, au-dessous de Kiliar, par les 44° de latit. N., et le 45° de longit. orient.

Et la Kour ou Kisil-Ozen, qui prend sa source dans la Géorgie, Russie en Asie, par le 42° de latit. N., et le 40° de longit. orient., courant du nord-ouest au sud-est, se jette dans la mer Caspienne, par le 39° de latit. N., et le 46° de longit. orient.

Reprenant la description des fleuves et rivières qui se jettent dans la Mer-Noire, le long de la côte d'Asie, on trouve :

Le Kouban, qui prend sa source au mont Caucase, par le 43° de latit. N., et le 40° de longit. orient., coule d'abord du sud-est au nord-ouest, jusque vers les 45° de latit. N., et le 38° de longit. orient., d'où, coulant ensuite de l'est à l'ouest, il se jette dans le détroit d'Enikale ou de Taman, entre la Mer-Noire et celle d'Azof, par le 45° de latit. N., et le 34° de longitude orient.

Le Phase ou Rion prend aussi sa source dans le Caucase, par les 42 à 43° de latit. N., et le 41° de longit. orient.; courant de l'est à l'ouest, traverse la Mingrelie,

Turquie d'Asie, et se jette dans la Mer-Noire, par les 42 à 43° de latit. N., et le 39° de longit. orient.

Le Kizil-Irma prend sa source dans la Karamanie, province de la Turquie d'Asie, par le 38° de latit. N., et le 31° de longit. orient.; courant du sud-sud-ouest au nord-nord-est, il se jette dans la Mer-Noire, par les 41 à 42° de latit. N., et le 34° de longit. orient.

La Sankara prend sa source dans la Natolie, Turquie d'Asie, par les 39 à 40° de latit. N., et le 28° de long. orient.; courant du sud au nord, se jette aussi dans la Mer-Noire, par le 41° de latit. N., et le 28° de longit. or.

L'*Oronte* prend sa source dans la Syrie, Turquie d'Asie, par le 36° de latit. N., et le 34° de longit. orient.; coulant du nord au sud, il se jette dans la Méditerranée, à Sour (l'ancienne Tyr), vers le 35° de latit. N., et le 33° de longit. orient.

En Afrique :

Le Nil, le plus grand fleuve de l'Afrique, et l'un des plus célèbres du monde, doit sa naissance, d'après l'opinion la plus commune, à la réunion de plusieurs sources abondantes sortant des monts Dyre et Tégla, qui font partie des montagnes d'Al-Quamar ou de la Lune, par le 7° de latitude nord, et les 29 à 31° de long. orient.; courant du sud-sud-ouest au nord-nord-est, jusque vers le 14° de latit. N., et le 30° de longit. orient., il se trouve grossi des eaux de la *Maleg* et du fleuve *Bleu*; de là, courant dans la même direction jusqu'à Goôs, ville de la Nubie, par le 18° de latit. N., et le 31° de longit. orient., il reçoit la *Tacaze*, grande rivière qui descend du plateau septentrional de l'Abissinie; il poursuit de là son cours du sud au nord, à travers la Nubie et l'Egypte, jusqu'à l'endroit nommé Batu-el-Bakara, au-dessous du Caire, par le 30° de latit. N., et le 29° de longit. orient., où, se divisant en deux branches qui forment le Delta, il entre dans la Méditerranée par cette double embouchure, sous le 31° de latit. N., et les 29 à 30° de longit. orient.

Le Nil est trois fois arrêté dans son cours supérieur par des rochers qu'il est obligé de franchir, et qu'on appelle les Cataractes; deux de ces cataractes se trouvent dans la Nubie, et la troisième à l'entrée du fleuve en Egypte, au-dessus de Syène ou Assouan, par le 24° de latit. N., et le 30° de longit. orient.

Le Niger prend sa source dans la Sierra-Leone, par les 12 à 13° de latit. N., et le 7° de longit. occid., coule du sud-ouest au nord-est, en s'avançant dans la Nigritie, à travers le lac du Soudan, par le 17° de latit. N., et les 2 à 3° de longit. orient. ; de ce point, tout ce qu'on sait de sa direction ultérieure se réduit à de simples conjectures, ou aux récits des naturels du pays, qui prétendent que le Niger se perd dans le grand lac de Nigritie ou de Ouangara, au centre de l'Afrique, et dont quelques-uns même assurent que, traversant le grand lac de Nigritie, le Niger va se jeter dans le Nil. Comme il n'entre point dans notre plan de discuter un point qui, jusqu'à présent, a été l'écueil de nos géographes modernes, nous ne donnons ces observations que pour démontrer l'impossibilité de dire quelque chose de certain sur le cours inférieur et la fin du Niger.

Le Sénégal prend sa source dans la Sierra-Leone, sur les confins de la Nigritie, par le 11° de latit. N., et e 9ᵉ de long. occid., coule du sud-est au nord-ouest, et se jette dans l'Océan atlantique, par le 17° de latit. N., et le 19° de longit. occid.

La Gambie prend aussi sa source dans la Sierra-Leone, par le 12° de latit. N., et le 8° de longit. occid.; arrosant la Guinée de l'est à l'ouest, elle se jette dans l'Océan atlantique, par les 12 à 13° de latit. N., et les 18 à 19° de longit. occid.

Le Zaïre commence dans la Nigritie, par le 3° de latit. S., et le 18° de longit. orient.; coulant du nord-est au sud-ouest, à travers le royaume du Congo, il se jette dans l'Océan atlantique, par le 7° de latit. S., et le 10° de longit. orient.

Le Gariep ou Rivière-d'Orange prend sa source dans la Cafrerie, par le 22° de latit. N., et le 24° de longit. orient.; coulant du nord-est au sud-ouest, à travers le pays des hottentots et des namaquois, se jette dans l'Océan atlantique, par le 27° de latit. S., et le 12° de longit. orient.

La Manica ou *Rivière du Saint-Esprit* a aussi sa source dans la Cafrerie, par le 20° de latit. S., et le 29° de longit. orient.; coulant du nord au sud, à travers le pays d'Inhamban, elle se jette dans le canal de Mozambique, par le 26° de latit. N., et le 29° de longitude orient.

La Chingoma prend sa source dans le pays des Barralons, par le 19° de latit. sud, et le 25° de longitude orientale; courant de l'ouest à l'est, elle se jette dans le canal Mozambique, par les 25 à 26° de latit. sud, et le 35° de longit. orientale.

Les côtes de la Mer-Rouge ne nous présentant aucun fleuve important, nous nous portons aux côtes d'Asie, où nous trouvons :

L'Euphrate, qui prend sa source au mont Ararat, en Arménie (Turquie asiatique), au-dessus d'Erzéroum, par le 40° de latit. nord, et le 39° de longitude orientale, coule du nord-ouest au sud-est, à travers l'Arménie, et séparant la Perse de l'Arabie, se jette dans le golfe Persique, au-dessous de Bassora, par le 30° de latit. nord, et le 47° de longitude orientale.

La principale des nombreuses rivières que l'Euphrate reçoit dans son cours, est le *Tigre*, qui commence en Arménie, par le 37° de latit. nord, et le 38° de longitude orientale ; suit, à travers la Perse, à peu près la même direction que l'Euphrate ; se jette dans ce fleuve, au-dessus de Bassora, par le 31° de latitude nord, et le 45° de longit. orientale.

Le Sinde ou Indus prend sa source au mont Imaüs, dans le petit Thibet (Chine), par le 40° de latit. nord, et le 69° de longit. orientale ; courant du nord-nord-est au sud-sud-ouest, à travers le Thibet, le royaume de Candahar et l'Hindoustan, il se jette, par un grand nombre d'embouchures, dans la mer des Indes, vers le 24° de latit. nord, et entre les 63 à 65° de longitude orientale.

Le Gange prend aussi sa source dans les montagnes du petit Thibet, par le 35° de latit. nord, et le 75° de longit. orientale ; coule du nord-ouest au sud-est, en parcourant l'Inde, et débouche dans le golfe du Bengale, par une multitude d'embouchures, par le 22° de latit. nord, et entre les 86 et 88° de longit. orientale.

La Camboge ou *Rivière-Japonaise* prend sa source dans les montagnes de la Tartarie chinoise, par le 34° de latit. nord, et le 91° de longit. orientale; coule du nord-nord-ouest au sud-sud-est, à travers la Chine et l'empire de Tunkin, et se débouche dans la mer de Chine, par le 10° de latit. nord, et le 104° de longit. orientale.

La Chine offre beaucoup de rivières; mais le peu de connaissance qu'on a de l'intérieur de l'empire, ne permet de donner que l'indication des principales, qui sont:

Le Kiang-Keou ou *Yang-tsé-Kiang*, qui prend sa source sur les frontières de la Bucharie (Grande-Tartarie), par le 35° de latit. nord, et le 85° de longitude orientale, coule, en serpentant du nord-ouest au sud-est, jusque vers le 26° de latitude nord, et le 100° de longit. orientale, d'où, prenant la direction au nord-nord-est, il se jette dans la Mer-Jaune, par le 32° de latit. nord, et le 118° de longit. orientale.

L'Hokan-ho ou *Rivière-Jaune* prend sa source dans les montagnes de la partie de la Tartarie nommée Kokonor, au 35° de latit. nord, et au 95° de longitude orientale; coule presque directement de l'ouest à l'est, et se décharge dans la Mer-Jaune, à laquelle il donne ce nom, à raison de l'abondance et de la couleur du limon qu'il y porte, par le 36° de latit. nord, et le 117° de longitude orientale.

L'Amour, Amou ou *Saghalien*, prend sa source

dans la Mongolie russe, par le 48° de latit. nord, et le 108° de longit. orientale; courant presque de l'ouest à l'est, et serpentant à travers la Mongolie et la Mantchourie chinoise, ce long fleuve se jette dans la Manche de Tartarie, par le 53° de latit. nord, et le 140° de longitude orientale.

La *Lena* prend sa source dans la Sibérie russe, au nord du lac Baikal, par le 53° de latit. nord, et le 105° de longit. orientale; traverse la Sibérie, d'abord du sud-ouest au nord-est, jusqu'au 62° de latit. nord, et le 127° de longit. orientale, où, prenant son cours du sud au nord, il se jette dans la mer Glaciale par plusieurs bras au 72° de latitude nord, et 125 à 127° de longit. orientale.

Le *Jénissey* prend sa source aux monts Altaïques (Russie), par le 52° de latit. nord, et le 89° de longit. orientale; coulant presque du sud au nord, à travers la Sibérie, il entre dans la mer Glaciale, par une large embouchure semée d'une multitude de petites îles, sous le 73° de latit. nord, et le 80° de longitude orientale.

L'*Oby* prend sa source dans les mêmes contrées, par le 50° de latit. nord, et le 85° de longit. orientale; courant du sud-est au nord-ouest, jusqu'à sa jonction avec l'*Irtish*, qui coule dans la même direction, par le 60° de latit. nord, et le 75° de longitude orientale, après avoir aussi traversé la Sibérie, il se jette dans la mer Glaciale, au golfe de l'Oby, sous le 66° de latitude nord, et le 75° de longit. orientale.

AMÉRIQUE.

Les cartes modernes indiquent plusieurs rivières dans les latitudes nord de l'Amérique septentrionale, et dans le Groënland ; mais, autant par la raison que la position de ces rivières et le gisement de leurs sources ne sont pas assez exactement connues, que parce qu'elles ne sont d'aucun avantage réel pour la navigation et le commerce, étant presque continuellement couvertes de glaces stagnantes ou roulantes, qui en interceptent le cours, je laisserai toutes celles de ces rivières dont les embouchures se trouvent marquées depuis le 50° de latit. nord jusqu'au cercle polaire arctique.

Le Saint-Laurent, grand fleuve du Canada, qui prend son nom à la sortie du lac Ontario, mais dont on croit devoir faire remonter l'origine à la source de la rivière *Saint-Louis*, au-dessus du lac Supérieur, dans le Haut-Canada, par le 49° de latit. nord, et le 100° de longit. occidentale ; coule de l'ouest à l'est, à travers les grandes lacs du Canada ; franchit une chaîne de rochers, entre le lac Érié et celui d'Ontario, qui forme la chute ou saut de Niagara, par le 45° de latit. nord, et le 79° de longit. occidentale, et se jette dans le golfe de Saint-Laurent, par le 49° de latit. nord, et le 68° de longit. occidentale.

Parmi les nombreuses rivières qui se déchargent dans le fleuve Saint-Laurent, nous distinguerons le *Utavas*, qui prend sa source sur les limites de la Nouvelle-Bretagne, par le 48° de latit. nord, et le 85° de longitude occidentale ; courant du nord-ouest au sud-est, se décharge dans le Saint-Laurent, vis-à-vis de la ville de Montréal, par le 45° de latit. nord, et le 75° de longit. occidentale.

Le Connecticut a sa source dans la chaîne des monts Apalaches, par le 45° de latit. nord, et le 75° de longit. occidentale ; coulant du nord au sud, il traverse le Connecticut, l'état le plus nord de l'Amérique septentrionale ou Etats-Unis, et se jette dans l'Océan atlantique, par le 42° de latit. nord, et le 75° de longitude occidentale.

L'Hudson ou *Rivière du Nord* prend sa source dans les mêmes montagnes que la précédente, par le 41° de latitude nord, et le 75° de longitude occidentale ; courant également du nord au sud, elle se jette, après avoir traversé la Nouvelle-Yorck (Etats-Unis), dans l'Océan atlantique, par le 40° de latitude nord, et le 76° de longit. occidentale.

La Delaware prend sa source dans la Nouvelle-Yorck, par le 42° de latit. nord, et le 78° de longit. occidentale ; coule du nord au sud, séparant la Pensylvanie de l'état du Jersey, et entre dans la mer, par le 39° de latit. nord, et le 78° de longitude occidentale.

Le Susquehannah a sa source aussi dans la Nouvelle-Yorck, par le 43° de latit. nord, et le 79° de longitude occidentale, traverse la Pensylvanie, et forme, à son embouchure dans l'Océan atlantique, la baie de Chésapeack, par le 39° de latit. nord, et le 79° de longit. occidentale.

Le Potowmac prend sa source au mont Alleghamis,

dans les Apalaches, par les 37 à 38° de latit. nord, et le 82° de longit. occidentale; courant du sud-ouest au nord-est, jusque vers le 40° de latitude nord, et le 80° de longit. occidentale, il prend son cours au sud-est, jusqu'à son embouchure dans l'Océan atlantique, dans la baie de Chésapeack, sous le 37° de latit. nord, et le 78° de longit. occidentale; il arrose le centre des Etats-Unis, et particulièrement l'état de Massachusset.

La Savannah prend sa source dans la chaîne des Apalaches, par le 35° de latit. nord, et le 86° de longitude occidentale; coulant du nord-ouest au sud-est, séparant la Géorgie de la Caroline du sud, elle se jette dans l'Océan atlantique, au-dessous de la ville de Savannah, par le 32° de latit. nord, et le 84° de longitude occidentale.

L'Alatamah prend sa source au sud, et non loin de la précédente, arrose la Géorgie, dans le midi des Etats-Unis; courant du nord-nord-ouest ou sud-sud-est, se jette dans l'Océan atlantique, par le 31° de latit. nord, et le 84° de longit. occidentale.

La Mobile a sa source au pays des Natchez, par le 35° de latit. N., et le 91° de longit. occid.; coule du nord au sud, en formant la limite de l'état de Mississipi, et se jette dans le golfe du Mexique, auprès de Pensacola, dans la Floride occidentale, par le 30° de latit. N., et le 91° de longit. occid.

Le Mississipi: la source la plus élevée de cet immense fleuve peut être prise au petit lac du *Cèdre-rouge*, par le 47° de latit. N., et le 98° de longit. occid.; coulant du nord-nord-ouest au sud-sud-est, jusqu'à la cataracte appelée la *Chute-de-Saint-Antoine*, par le 45° de lat. N., et le 96° de longit. occid., il se dirige du nord-nord-est au sud-sud-est, en serpentant à travers la Louisiane, vers le golfe du Mexique, où il se jette par plusieurs embouchures, sous le 29° de latit. N., et entre les 92° à 94° de longit. occid.

Le fleuve du Mississipi se grossit d'une multitude de rivières, dont nous nous bornerons à indiquer les principales et les mieux connues.

La rivière des *Illinois*, qui a sa source au nord, et près du lac Michigan, par le 43° de latit. N., et le 89° de longit. occid., coule du nord-est au sud-ouest, entre dans le Mississipi par sa rive gauche, sous le 39° de latit. N., et le 93° de longit. occid.

Le *Missouri*, dont la source se forme de plusieurs petites rivières, par le 46° de latit. N., et le 112° de longit. occid., courant d'abord de l'ouest à l'est jusque vers les 46 à 47° de latit. N., et le 104° de longit. occid., prend ensuite sa direction au sud-est, grossi lui-même d'une infinité de rivières, entre dans le Mississipi par sa rive droite, au Port-Louis, vis-à-vis l'embouchure de l'Illinois, par le 39° de latit. N., et le 93° de longit. occid.

L'*Ohio*, qui prend sa source non loin du lac Érié, par le 43° de latit. N., et le 81° de longit. occid., coule du nord-est au sud-ouest, et se jette dans le Mississipi par sa rive gauche, sous le 36° de latit. N., et le 92° de longit. occid.

L'*Arkansas*, qui a sa source dans les montagnes du Nouveau-Mexique, par le 42° de latit. N., et le 111°

de longit. occid., coule du nord-ouest au sud-est, et entre dans le Mississipi par sa rive droite, sous le 32° de latit. N., et le 94° de longit. occid.

Et le *Colorado* ou *Rivière-Rouge*, qui prend aussi sa source aux confins du Nouveau-Mexique, par le 38° de latit. N., et le 108° de longit. occid., coule dans la même direction que la précédente, et entre aussi dans le Mississipi par sa rive droite, sous le 31° de latit. N., et le 49° de longit. occid.

Le Rio-Grande-del-Norte a sa source dans la Sierra-de-las-Grutas, au Nouveau-Mexique, par le 42° de lat. N., et le 112° de longit. occid., coule du nord-ouest au sud-est, et se jette dans le golfe du Mexique, à la côte du Potosi, par le 25° de latit. N., et le 100° de longit. occid.

La Magdelaine prend sa source dans le Popayan, par le 2° de latit. N., et le 78° de longit. occid.; courant du sud au nord, et arrosant le royaume de la Nouvelle-Grenade, elle se jette dans la mer des Antilles, par le 11° de latit. N., et le 77° de longit. occid.

L'Orénoque : les géographes les plus modernes ont placé sa source à l'ouest du lac Parime, dans la partie sud du gouvernement de Caraccas, par le 5° de latit. N., et le 64° de longit. occid. Ce fleuve coule du sud-est au nord-ouest, jusqu'à Saint-Fernando-de-Atabapo, à l'embouchure de la *Guiaviare*, rivière qui prend sa source sur les limites du Popayan; de l'embouchure de la Guiaviare, par les 4 à 5° de latit. N., et les 70 à 71° de longit. occid., l'Orénoque coule du sud au nord, jusqu'à l'embouchure de l'*Apurée*, par les 7 à 8° de latit. N., et le 70° de longit. occid., d'où, coulant presque de l'ouest à l'est, il se jette dans l'Océan atlantique, par une multitude d'embouchures, entre les 8 à 10° de latit. N., et sous le 63° de longit. occid.

L'Esséquébé prend sa source dans la Guiane française, par le 2° de latit. N., et le 59° de longit. occid., coule du sud-sud-est au nord-nord-ouest, arrose les possessions hollandaises dans la Guiane, et se jette dans la mer, par le 7° de latit. N., et le 61° de longit. occid.

Le Surinam prend sa source sur les limites de la Guiane du N., par le 2° de latit. N., et le 58° de longit. occid., coulant du sud au nord. Cette rivière arrose aussi les possessions hollandaises, et se jette dans l'Océan atlantique, à Paramaribo, par le 6° de latit. N., et le 58° de longit. occid.

L'Amazône ou le Maragnon, le plus grand des fleuves de l'Amérique, naît de la réunion de plusieurs rivières, qui sortent de la grande Cordillère-des-Andes, au royaume de Quito, par le 0 à 1° de latit. S., et le 81° de longit. occid.; coule dans toute sa longueur de l'ouest à l'est, presque parallèlement à la ligne équinoxiale, et se jette dans l'Océan atlantique, par deux embouchures formées par l'île de Marajo, par les 0 à 2° de latit. S., et les 50 à 52° de longit. occid.

Des nombreuses rivières qui, au nord et au sud, viennent grossir l'Amazône, et dont les sources sont en général peu connues, nous ne citerons que les suivantes :

La *Madeira*, qui, formée de la réunion de plusieurs

autres rivières, dans le pays des Moxos, par le 15° de latit. S., et le 66° de longit. occid., coule du sud-sud-ouest au nord-nord-est, se jette dans l'Amazône par sa rive droite, vers le 2° de latit. S., et le 61° de long. occid.

Nous indiquons cette rivière, parce qu'elle est considérée comme une grande source de l'Amazône.

Le *Rio-Negro*, d'après l'opinion la plus commune, prend sa source dans le nouveau royaume de Grenade, par le 3° de latit. N., et le 76° de longit occid., coule du nord-ouest au sud-est, et se jette dans l'Amazône, par le 3° de latit. S., et le 62° de longit occid.

La rivière de Rio-Negro offre l'exemple unique de la communication de deux grands fleuves sans moyens artificiels; cette communication a lieu par un canal naturel, nommé la rivière de *Cassinquiare*, qui, sortant de l'Orénoque, sous le 3° de latit. N., et le 69° de latit. occ., se jette dans le Rio-Negro, par le 2° de latit. N., et le 70° de longit. occid., et établit ainsi le passage d'une partie des eaux de l'Orénoque dans l'Amazône.

Et le *Rio-Grande* ou *rivière d'Araguay*, qui prend sa source dans le Guyaras, au Brésil, par le 19° de latit. S., et le 52° de longit. occid., coule du sud au nord, et se décharge dans l'embouchure méridionale de l'Amazône, sous le 1° de latit. S., et le 50° de longit. occ.

Rio-de-Saint-Francisco : cette rivière a sa source dans le Brésil, par le 20° de latit. sud, et le 46° de long. occid., coule du sud au nord, jusque vers le 10° de lat. S., et se portant ensuite de l'ouest à l'est, se jette dans l'Océan atlantique, à Pénédo, par le 10° de latit. S., et le 38° de longit. occid.

Le Parana naît dans le Brésil, par les 17 à 18° de latit. S., et le 48° de longit. orient., coulant du nord-est au sud-ouest, jusqu'au 27° de latit. N., et le 58° de longit. occid.; ce fleuve coule ensuite du sud à l'ouest, jusqu'au confluent du *Paraguay*, par le 27° de latit. sud, et le 60° de longit. occid., d'où il court du nord au sud, jusqu'à l'embouchure de la *Salado*, par le 32° de latit. sud, et les 62 à 63° de longit. occid., où, prenant le nom de Rio-de-la-Plata, il suit la direction du nord-ouest au sud-est, et se jette dans la Mer atlantique, au-dessous de Buénos-Ayres, par le 35° de latit. S., et le 59° de longit. occid.

Les principales rivières qui se déchargent dans le Parana ou la Plata sont:

Le *Paraguay*, qui prend sa source au 13° de latit. sud, et le 60° de longit. occid., dans la Sierra-del-Paraguay, contrée appartenant aux Portugais, coule constamment au sud, et se jette dans le Parana, au 27° de latit. S., et le 60° de longit. occid.

L'*Uraguay* prend sa source sur les confins du gouvernement de Saint-Paul, par le 28° de latit. S., et le 52° de longit. occid., coule d'abord à l'ouest jusque vers le 56° de longit. occid., se dirige ensuite au sud-ouest, et se jette dans la Plata, vis-à-vis Buénos-Ayres, par le 34° de latit. S., et le 61° de longit. occid.

La côte de la Patagonie n'offrant aucune rivière de quelqu'importance, et le rapprochement de la grande chaîne de la Cordillière-des-Andes des côtes du Chili et du Pérou étant un empêchement naturel à l'existence de fortes rivières dans toute la longueur de ces côtes, nous la suivons, sans nous arrêter, jusqu'à la Nouvelle-Albion, dans le grand Océan boréal, où nous trouvons :

La Columbia, qui se forme de la réunion de plusieurs autres rivières qui prennent leur source dans les montagnes de Pierre, par les 45 à 46° de latit. N., et le 115° de longit. occid. ; cette rivière, coulant de l'est à l'ouest, se jette dans le grand Océan boréal, par le 45° de latit. N., et le 126° de longit. occid.

Ce qui donne de l'importance à la Columbia, est la possibilité de faire communiquer l'Océan atlantique avec le grand Océan boréal, à travers l'Amérique septentrionale, au moyen d'un canal ou portage, dans les montagnes de Pierre, au point où le *Staptin-Sud*, l'un des affluens à la Columbia, se rapproche de la *Madisson*. qui afflue dans le *Missoury*, vers le 44° de latit. N., et le 114° de longit. occid.

De toutes les terres et îles connues sous le nom de Océaniques ou Australes, comme il n'y a jusqu'à ce jour que les côtes qui ont été visitées, les géographes ont gardé le silence le plus absolu sur les rivières dont elles peuvent être arrosées ; je dois donc, faute de renseignemens certains, imiter leur exemple : ainsi, je ne note ni fleuve, ni rivière dans ces terres, dont la géographie moderne forme une cinquième partie du monde.

CHAPITRE XI.

Caps.

Un *cap* ou *promontoire* est une éminence de terre qui s'avance dans la mer. Nous ne nous attacherons qu'à décrire les principaux, c'est-à-dire, ceux qui sont des points de remarque pour les navigateurs, en suivant pour leur description le même ordre que pour les embouchures de rivières, et commençant par le nord de l'Europe.

Les caps *Viénodnoï*, *Narsouskoi* et *Mituchev*, sur les côtes de la Nouvelle-Zemble, dans la mer Glaciale, situés entre les 73 à 76° de latit. nord, et les 52 à 60° de longit. orientale.

Le cap *Sud*, au Spitzberg, dans la mer Glaciale, par le 76° de latit. nord, et le 11° de longitude orientale.

Les caps *Canin* et *Sviatoi*, dans la mer Glaciale, à l'entrée et opposés l'un à l'autre sur les deux rives de la Mer-Blanche, entre le 68° de latit. nord, et les 40 à 42° de longitude orientale.

Le cap *Carlsgammen*, dans la mer Glaciale, au nord de la Laponie, par le 70° de latit. nord, et le 30° de longit. orientale.

Le cap *Nord*, dans l'île de Margeroé, au nord de la Laponie, s'avance dans la mer Glaciale, par le 72° de latit. nord, et le 22° de longit. orientale.

(140)

Le cap *Naze* ou *Lindsness*, au midi de la Norwège, dans la mer du Nord, par le 58° de latit. nord, et le 5° de longit. orientale.

Le cap *Kullen*, sur les côtes de la Scanie, en Suède, à l'entrée du Sund, entre les 56 et 57° de lat. nord, et le 10° de longit. orientale.

Le cap *Hoburg*, à l'extrémité sud de l'île de Gothland, dans la mer Baltique, et dans la dépendance de la Suède, par le 57° de latit. nord, et le 16° de longit. orientale.

Le cap *Scagen*, dans la mer du Nord, à l'extrémité nord du Jutland, en Danemarck, par le 58° de latit. nord, et le 8° de longit. orientale.

Les caps *Bovberd* et de *Horn*, sur la côte occidentale du Jutland, dans la mer du Nord, entre les 55 à 57° de latit. nord, et le 6° de longit. orientale.

Quittant les côtes du continent, et passant aux Iles britanniques :

Le cap *Wrath*, à la pointe occidentale de l'Ecosse, dans l'Océan atlantique, par le 59° de latit. nord, et le 7° de longit. occidentale.

Le cap *Duncansby*, à la pointe orientale de l'Ecosse, dans la mer du Nord, par le 59° de latit. nord, et le 5° de longit. occidentale.

Le cap *Flamboroug*, à la côte occidentale de l'Angleterre, dans la mer du Nord, par le 54° de latitude nord, et les 2 à 3° de longit. occidentale.

Les caps *Béachy* et de *Saint-Alban*, à la côte sud de l'Angleterre, dans la Manche, entre le 51° de latit. nord, et les 2 à 5° de longit. occidentale.

Les caps *Lézard* et de *Land-End*, à la pointe méridionale de l'Angleterre, dans l'Océan atlantique, entre le 50° de latitude nord, et les 7 à 8° de longitude orientale.

Le cap *Strumble*, à la côte occidentale de l'Angleterre, dans le canal Saint-Georges, par le 52° de latit. nord, et les 7 à 8° de longit. occidentale.

Le cap *Matin*, à l'extrémité nord de l'Irlande, dans l'Océan atlantique, par les 55 à 56° de latit. nord, et le 10° de longit. occidentale.

Les caps *Wicklow* et de *Carnisore*, à la côte orientale de l'Irlande, dans le canal Saint-Georges, entre les 52 à 53° de latit. nord, et les 8 à 9° de longit. occidentale.

Le cap *Cléar*, à la pointe sud de l'Irlande, dans l'Océan atlantique, par les 51 à 52° de latit. nord, et les 11 à 12° de longit. occidentale.

Les caps *Léan*, de *Styne*, *Urris* et de *Tiellen*, à la côte occidentale de l'Irlande, dans l'Océan atlantique, entre les 52 à 55° de latit. nord, et les 11 à 13° de longit. occidentale.

Revenant aux côtes du continent :

Les caps d'*Antifer*, de *Gatteville*, de la *Hogue* et de *Frehel* sur la côte septentrionale de la France, dans la Manche, entre les 48 à 50° de latit. nord, et les 2 à 5° de longit. occidentale. Le cap d'Antifer est au nord de l'embouchure de la Seine, entre le Havre et Fécamp.

Le plus célèbre de ces caps est celui de la Hogue.

Le cap *de la pointe de Penmark*, sur la côte méridionale du Finistère, toujours en suivant les côtes de France, par le 48° de latit. nord, et le 7° de longitude occidentale.

Le cap de *Horet*, sur les mêmes côtes, dans l'Océan atlantique, par les 44 à 45° de latit. nord, et les 3 à 4° de longit. occidentale.

Le cap *Breton*, même côte, dans le golfe de Gascogne, par les 43 à 44° de latit. nord, et le 4° de longit. occidentale.

Le cap *Machicaco*, sur les côtes de la Biscaye, dans le golfe de Gascogne, en Espagne, par les 43 à 44° de latit. nord, et le 5° de longit. occidentale.

Le cap de *Lenas*, sur la côte des Asturies, en Espagne, dans l'Océan atlantique, par le 44° de latitude nord, et le 8° de longit. occidentale.

Les caps *Ortégal*, *Prior*, *Saint-Adrien*, *Finistère*, *Corrobédo*, aussi en Espagne, sur la côte septentrionale de la Galicie, dans l'Océan atlantique, entre les 42 à 44° de latit. nord, et les 10 à 12° de longitude occidentale.

Les plus célèbres de ces caps sont ceux d'Ortégal et du Finistère.

Les caps *Mondego*, de la *Roque* et de *Spichel*, sur la côte de Portugal, dans l'Océan atlantique, entre les 38 et 40° de latitude nord, et le 12° de longitude occidentale.

Le cap *Saint-Vincent*, à la pointe occidentale de l'Algarve, province du Portugal, dans l'Océan atlantique, par le 37° de latit. nord, et les 11 à 12° de longitude occidentale.

Le cap *Sainte-Marie*, à la pointe méridionale de la même province, aussi dans l'Océan atlantique, par le 37° de latitude nord, et le 10° de longitude occidentale.

Le cap de *Trafalgar*, sur la côte de l'Andalousie, en Espagne, à l'entrée du détroit de Gibraltar, par le 36° de latitude nord, et le 8° de longitude occidentale.

Les caps *Sacratif* et de *Gote*, sur les côtes du royaume de Grenade, en Espagne, et dans la Méditerranée, entre les 36 et 37° de latitude nord, et les 4 à 6° de longit. occidentale.

Le cap *Palos*, sur les côtes de Murcie, en Espagne, dans la Méditerranée, par les 37 à 38° de latit. nord, et le 3° de longit. occidentale.

Le cap *Saint-Martin*, sur la côte du royaume de Valence, dans la Méditerranée, par le 39° de latitude nord, et le 2° de longit. occidentale.

Iles Baléares.

Les caps *Calafiguera* et de *Formenton*, aux extrémités sud-ouest et nord-est de l'île Majorque, dans la Méditerranée, entre les 39 à 40° de latit. nord, et les 0 à 1° de longit. orientale.

Le cap *Minorque*, à l'ouest de l'île Minorque, dans la Méditerranée, par le 40° de latit. nord, et les 1 à 2° de longit. orientale.

Revenant au continent, sur la côte d'Espagne :

Les caps *Saint-Sébastien* et de *Creux*, sur la côte

de Catalogne, dans la Méditerranée, par les 42 à 43° de latit. nord, et le 1° de longit. orientale.

Le cap de *Cette*, sur les côtes de France, et dans la Méditerranée, entre les 43 à 44° de latit. nord, et les 1 à 2° de longit. orientale.

Les caps de la *Croisette*, de *Sisiat*, de *Bavat*, de *Lardier* et d'*Antibes*, sur les mêmes côtes, par les 43 à 44° de latit. nord, et les 3 à 5° de longit. orientale.

Le cap ou pointe de *Saint-Maurice*, sur la côte du Piémont, dans la Méditerranée, par le 44° de latitude nord, et les 5 à 6° de longit. orientale.

Le cap ou pointe de *Burano*, sur la côte de la Toscane, dans la Méditerranée, à l'entrée du canal de Corse, par le 43° de latit. nord, et le 8° de longitude orientale.

Iles de Corse et de Sardaigne.

Le cap *Corse*, à la pointe septentrionale de l'île de Corse, dans la Méditerranée, par le 43° de latit. nord, et le 7° de longit. orientale.

Les caps *Libaro* et *Teulada*, aux extrémités nord et sud de l'île de Sardaigne, dans la Méditerranée, entre les 39 et 41° de latitude nord, et le 7° de longit. orientale.

Revenant à la côte d'Italie,

Le cap *Circetto*, sur la côte de l'Etat romain, dans la mer Tyrrénienne, par le 41° de latit. nord, et les 10 à 11° de longit. orientale

Le cap ou pointe de la *Licosa*, sur les côtes de la

principauté citérieure, dans le royaume de Naples, par le 40° de latit. nord, et le 15° de longitude orientale.

Le cap de *Vatican*, dans la Calabre ultérieure, sur la mer Tyrrénienne, par les 38 à 39° de latit. nord, et le 14° de longit. orientale.

Les caps *Bianco*, *Vito* et *Passaro*, aux extrémités est, ouest et sud, de l'île de Sicile, dans la mer Tyrrénienne, entre les 36 à 39° de latit. N., et les 11 à 15° de longit. orient.

Le cap de l'*Armi*, à l'extrémité de la Calabre ultérieure, royaume de Naples, dans la mer Ionienne, par le 58° de latit. N., et le 14° de longit. orient.

Le cap *Colonne*, à l'extrémité de la Calabre citérieure, aussi dans la mer Ionienne, par le 39° de latit. N., et le 15° de longit. orient.

Le cap de *Leuca*, à la pointe de la terre d'Otrante, au royaume de Naples, et à l'entrée de la mer adriatique, par le 40° de latit. N., et les 16 à 17° de longit. orient.

Le cap *Penna*, sur la côte de l'Abruzze citérieure, au royaume de Naples, dans la mer Adriatique, par le 42° de latit. N., et les 12 à 13° de longit. orient.

Le cap ou promontoire de *Pola*, à la pointe sud de l'Istrie, province d'Autriche, dans la mer Adriatique, par le 45 de latit. N., et le 12° de longit. orient.

Le cap *Palo*, sur les côtes de l'Albanie turque, dans la mer Adriatique, par le 41° de latit. N., et le 17° de longit. orient.

Les caps *Papas*, *Tornèse*, *Conetto*, *Gallo*, *Ma*-

tapan ou de *Maina*, *Malco* ou de *Saint-Ange*, et de *Scylleo*, le long des côtes de la Morée, province turque : les six premiers dans la Méditerranée, et les deux autres dans l'Archipel, entre les 36 à 38° de latit. N., et les 19 à 21° de longit. orient. Le plus remarquable de ces différens caps est celui de Matapan ou de Maina.

Les caps *Buso*, *Spada*, *Maleca*, *Sassoxo*, *Saint-Jean*, *Gianissades*, *Sidero* et *Salomon*, sur la côte septentrionale de l'île de Candie, dans la Méditerranée : et les caps *Xaero*, *Lionda*, *Matala* et *Crio*, sur la côte méridionale de la même île, entre les 35 à 36° de latit. N., et les 21 à 26° de longit. orient.

Les caps *Skylleo* et de *Calonne*, sur les côtes du pachalik de Négrepont (Turquie), dans l'Archipel, par les 37 à 38° de latit. N., et les 21 à 22° de long. orient.

Les caps *Gereste*, *Doro* et *Huno*, à la pointe sud-ouest de l'île de Négrepont, par le 38° de latit. N., et le 22° de longit. orient.

Les caps *Sainte-Catherine*, *Cassandre*, *Paillouri* et *Drépano*, sur les côtes de la Romélie (Turquie), dans l'Archipel, vers le 40° de latit. N., et entre les 20 à 22° de longit. orient.

Le cap *Blava*, dans l'île de Lemnos, dans l'Archipel, par le 40° de latit. N., et le 23° de longit. orient.

Le cap *Doro*, dans l'île d'Imbro, aussi dans l'Archipel, par le 40° de latit. N., et entre les 23 à 24° de longit. orient.

La mer de Marmara et les côtes septentrionales de la

Mer-Noire ne présentant aucuns caps, nous entrons dans la mer d'Azof, où nous trouvons :

Les caps *Berdianskaïa* et *Dolgaïa*, entre les 46 à 47° de latit. N., et les 34 à 35° de longit. orient.

Rentrant dans la Mer-Noire, nous trouvons à la côte sud de cette mer, dans la Turquie d'Asie :

Les caps *Joros, Indjé, Stephanos, Kérempé, Kitmoli, Baba* et *Kirpé*, entre les 41 à 42° de latit. N., et les 28 à 57° de longit. orient.

Sortant de la Mer-Noire, rentrant dans l'Archipel, et suivant les côtes de la Turquie d'Asie, nous trouvons :

Les caps *Baba, Blanc, Courco, Saint-Marc, Angeli* et *Aris*, entre les 37 et 40° de latit. N., et sous les 24 à 25° de longit. orient.

Les caps de *Saint-Nicolas* et de *Mastico*, aux extrémités nord et sud de l'île de Scio, dans la mer de l'Archipel, par les 38 à 39° de latit. N., et les 23 à 24° de longit. orient.

Les caps *Saint-Miglano, Saint-Jean, Satanine* et *Tranquille*, à la côte orientale de l'île de Rhodes, par le 36° de latit. N., et les 25 à 26° de longit. orient.

Le cap *Chélidonic*, à la côte sud de la Natolie, Turquie d'Asie, dans la Méditerranée, par le 36° de latit. N., et le 28° de longit. orient.

Les caps *Salizano, Cormachiti, Saint-André* et de *Gate*, sur les côtes de l'île de Chypre, dans la Méditerranée, par le 35 de latit. N., et entre les 30 à 32° de longit. orient.

Le cap de *Ziaret*, sur la côte de la Syrie, en Asie,

entre les 35 à 36° de latit. orient., et les 33 à 34° de longit. orient.

Côtes d'Afrique.

Dans la Méditerranée :

Les caps de *Rameda* et de *Razat*, sur la côte du désert de Barca, en Afrique, sous le 33° de latit. nord, et entre les 18 et 23° de longitude orientale.

Les caps de *Mésurat* et de *Zaara*, sur les côtes de la république ou régence de Tripoli, sous les 32 à 33° de latit. nord, entre les 10 et 14° de longit. orientale.

Le cap *Bon*, sur la côte du royaume de Tunis, par le 37° de latit. nord, et le 10° de longit. orientale.

Les caps *Tédeles* et *Ténez*, sur la côte du royaume d'Alger, par le 37° de latit. nord, entre le 2° de longitude orientale, et le 2° de longit. occidentale.

Le cap de *Ceuta*, sur la côte du royaume de Fez, dans le détroit de Gibraltar, par le 36° de latit. nord, et le 8° de longit. occidentale.

Sur l'Océan atlantique :

Les caps *Blanc*, *Cantin* et de *Gar*, sur les côtes du royaume de Maroc, entre les 31 et 33° de latit. nord, et les 11 à 13° de longit. occidentale.

Les caps de *Nun*, de *Badajor*, *das Barbas*, *Cerverie*, *Blanc* et *Mirie*, sur la côte du grand désert de Zahara, entre les 20 et 30° de latit. nord, et les 13 à 19° de longit. occidentale.

Le plus renommé de ces caps est le cap *Blanc*.

Les caps *Verd*, *Rouge*, *Tagrim* et *Mesurada*, sur les côtes du Sénégal, entre les 7 et 15° de latit. nord, et les 15 à 20° de longitude occidentale.

Celui de ces caps qui présente le plus d'importance est le cap *Verd*.

Les caps des *Palmes*, *Lahou*, des *Trois-Pointes*, *Corse*, *Formose*, *Saint-Jean* et *Sainte-Claire*, sur les côtes de Guinée, entre les 1 et 5° de latit. nord, et entre le 5° de longit. orientale et le 10° de longit. occidentale.

Du nombre de ces caps, les plus célèbres sont ceux des *Palmes* et de *Formose*.

En suivant la côte occidentale de l'Afrique, dans l'Océan atlantique, depuis la ligne équinoxiale jusqu'au tropique du Capricorne, on trouve :

Les caps *Lopo*, *Sainte-Catherine*, *Euspe*, *Négro*, *Ruy-Pirès* et *Fria*, entre les 1 et 19° de latit. sud, et les 7 à 10° de longit. orientale.

En longeant la même côte, depuis le tropique du Capricorne jusqu'à la pointe méridionale de l'Afrique, on trouve :

Les caps *Voltas*, de *Bonne-Espérance*, *False* et des *Anguilles*, entre les 29 et 35° de latit. sud, et les 13 à 17° de longit. orientale.

Le plus fameux de ces caps, et même de toute l'Afrique, est celui de *Bonne-Espérance*.

Si, en partant de la pointe méridionale de l'Afrique, on se porte à la côte orientale jusqu'au tropique du Capricorne, on trouve :

Le cap des *Trois-Courans*, à l'entrée du canal Mozambique, par le 23° de latit. sud, et le 35° de longitude orientale.

Les caps d'*Ambre*, *Saint-Sébastien*, *Saint-André*, *Saint-Vincent*, *Saint-Félix* et *Sainte-Marie*, à la pointe nord et le long de la côte occidentale de l'île de Madagascar, en Afrique, et dans le canal Mozambique, entre les 12 et 26° de latit. sud, et les 42 à 47° de longit. orientale.

Le cap *Saint-Sébastien*, sur la côte du Monomotapa, dans le canal de Mozambique, par le 22° de latit. sud, et le 35° de longit. orientale.

Le cap *Delgado*, sur la côte de Mongallo, à la sortie du canal de Mozambique, par les 9 à 10° de latit. sud, et le 40° de longit. orientale.

De ce dernier point jusqu'à la ligne équinoxiale, la côte de Zanguebar ne présente aucun cap.

Les caps de *Bassas*, *Delgada*, *Dorfuï* et de *Guardafuï*, à la côte d'Ajan, dans la mer des Indes, entre les 5 à 12° de latit. nord, et les 46 à 48° de longitude orientale.

Le cap *Calmez*, dans la Mer-Rouge, toujours sur la côte d'Afrique, par le 21° de latit. nord, et le 54° de longit. orientale.

Asie.

Les caps *Bab-el-Mandel*, *Pointe-Noire*, *Boga-*

shua, *Fartash*, *Mahrak* ou *Mairaca* et *Rasatgate*, sur les côtes de l'Arabie-Heureuse, dans la mer des Indes, entre les 13 à 22° de latit. nord, et les 41 à 56° de longit. orientale.

Le plus avancé de ces caps est celui appelé *Rasatgate*.

Les caps *Jask*, *Kaelat*, *Cuiza*, *Guadar* et *Malan*, sur les côtes de la Perse, dans la mer des Indes, par le 25° de latit. nord, et entre les 54 à 62° de longit. orientale.

Le cap *Monze*, proche des bouches de l'Indus, sur la côte de l'Indoustan, dans la mer des Indes, par le 24° de latit. nord, et le 64° de longit. orientale.

Les caps *Ram*, *Manapar* et *Comorin*, dans l'Indoustan, à la côte du Malabar, sur la mer des Indes, entre les 8 et 15° de latit. nord, et les 72 à 75° de long. orientale.

Par sa position, le cap *Comorin* est un des plus célèbres du monde.

Le cap ou pointe de *Galle* et le cap *Dondra*, à l'extrémité sud de l'île de Ceylan, dans la mer des Indes, par le 6° de latit. nord, et les 77 à 78° de longit. orientale.

Le cap ou pointe de *Calymère* et le cap *Godawery*, à la côte de Coromandel, dans l'Indoustan, sur la mer des Indes, entre les 10 et 15° de latit. nord, et le 78° de longit. orientale.

Le cap de *Négrais*, proche de l'embouchure de la rivière d'Ava, dans l'empire des Birmans, sur la mer des Indes, par le 16° de latit. nord, et le 92° de longit. orientale.

Les caps *Romania*, *Patani* et *Cint*, sur la côte orientale de la presqu'île de Malaca, dans la mer de la Chine, entre les 1 et 13° de latit. nord, et les 98 à 102° de longit. orientale.

Le cap *Malheur*, à la pointe orientale de l'île de Bornéo, sur la côte de la mer de Mindanao, par le 5° de latit. nord, et le 117° de longit. orientale.

Les caps *Saint-Jacques*, *Varette*, *Fangan* et *Nord*, sur la côte de la Cochinchine, dans la mer de la Chine, entre les 10 et 17° de latitude nord, et les 105 à 107° de longit. orientale.

Les caps *Bolniac*, *Bojador* et *Engano*, à la côte orientale et à l'extrémité nord de l'île de Luçon, dans la mer de la Chine, entre les 17 et 19° de latit. nord, et les 118 à 120° de longit. orientale.

Le cap *d'Est*, dans l'île Formose, sur le Grand-Océan ou mer du Sud, par le 25° de latit. nord, et le 119° de longit. orientale.

Le cap de *Danville*, à la pointe sud de l'île de Kiû-siû, au Japon, dans la mer du Sud, par le 29° de latit. nord, et le 31° de longit. orientale.

Les caps *Diun*, *Siria-Saki*, des *Russes* et *Nodo*, sur les côtes de l'île de Niphon, la principale de celles qui forment l'empire du Japon, entre les 34 et 41° de latit. nord, et les 134 à 139° de longit. orientale.

Les caps *Schischkoff*, *Romanoff* et *Esane*, sur les côtes de l'île Jesso ou Matsmaï, au Japon, entre les

41 et 45° de latit. nord, et les 139 à 141° de longitude orientale.

Les caps *Maria*, *Elizabeth*, *Golomatscheff*, *Ratmanoff*, *Patience*, *Dalrymple*, *Aniva* et *Trition*, sur les côtes de l'île de Saghalien, entre la Manche de Tatarie et la mer de Saghalien, par les 46 à 54° de latit. nord, et les 139 à 141° de longit. orientale.

Les caps *Lessips*, *Monti*, *Vaujuis*, *Romberg*, à la côte des Mantchoux, dans la Manche de Tatarie, entre les 50 et 54° de latit. nord, et les 141 à 145° de longit. orientale.

Les caps *Outkototskoï*, *Kurilskaia*, *Kronotskoï*, *Kamtchatskoï*, *Hienskoï*, *Pakhatchinskoï*, *Apoupinskoï* et *Saint-Thadé*, sur les côtes de la presqu'île de Kamchatka, dans la mer de Bhéring, entre les 50 à 65° de latit. nord, et les 170 à 177° de longitude orientale.

Le cap *Tetschoukotskoï* et le cap *Oriental*, à la côte des Keriaikes, dans le détroit de Bhéring, par les 64 à 65° de latit. nord, et les 76 à 77° de longitude orientale.

Le second de ces caps est célèbre, parce qu'il est le point où l'Asie se rapproche le plus de l'Amérique.

Les caps *Chataskoï*, *Petschanie*, *Sviatoï*, *Bykouskoï*, *Nordoïk*, *Préobragénia*, *Ceverovostocknoï*, *Ceverozapatnoï*, *Cencrovostotchnoï*, *Ceveravostotchnoï* et *Oleni*, sur les côtes de la Russie d'Asie, dans la mer Glaciale, entre les 70 à 76° de latit. nord, et les 70 à 170° de longit. orientale.

De tous ces caps, le plus remarquable est celui de

Cevcrovostocknoï, comme étant le point de l'Asie qui s'avance le plus dans la mer Glaciale.

Amérique.

Abordant l'Amérique par le nord et par ses côtes orientales, nous trouvons :

Les caps *Childlis*, *Anne*, *Britt*, *de la Désolation* et *Farewel*, sur la côte occid. du Groënland, dans le détroit de Davis, entre les 60 à 68° de latit. N., et les 49 à 54° de longit. occid.

Les caps *Bedfort*, *Dyers* et *Watsingham*, à la côte orientale de l'île de Cumberland, dans le détroit de Davis, entre les 64 et 66° de latit. N., et sous le 69° de longit. occid.

Les caps *Churchill*, *des Esquimaux*, *Tatnam*, *Loukout*, *Smith* et *Diggs*, dans la baie d'Hudson, entre les 55 à 62° de latit. N., et les 80 à 95° de longit. occid.

Les caps *Chidley*, *Grimington*, *Buffle* et *Charles*, sur la côte du Labrador, entre les 52 et 60° de latit N., et les 58 à 66° de longit. occid.

Les caps *Saint-Jean*, *Fréel*, *Racé* et *l'Anguille*, sur les côtes de l'île de Terre-Neuve, dans l'Océan atlantique, entre les 43 à 51° de latit. N., et les 55 à 61° de longit. occid.

Le cap *Rozier*, à l'embouchure du fleuve Saint-Laurent, dans le golfe de ce nom, à la côte du Nouveau-Brunswick, par le 48° de latit. N., et le 66° de longit. occid.

Le cap *Breton*, à la côte orientale de l'île de ce nom, dans le golfe Saint-Laurent, par le 45° de latit. N., et le 62° de longit. occid.

Le cap de *Sable*, à l'extrémité sud de la Nouvelle-Ecosse, dans l'Océan atlantique, par le 43° de latit. N., et le 68° de longit. occid.

Les caps *Cod*, *Hatteras*, *Loukout* et *Féar*, le long des côtes des États-Unis de l'Amérique septentrionale, dans l'Océan atlantique, entre les 34 à 42° de latit. N., et les 72 à 80° de longit. occid.

Les caps *Carnaveral*, *de la Floride*, *Largo*, *Agy* et *Anclote*, sur les côtes de la Floride orientale, dans l'Atlantique et dans le golfe du Mexique, entre les 25 et 28° de latit. N., et les 83 et 85° de longit. occid.

Le cap *Saint-Blaise*, sur la côte de la Floride occidentale, dans le golfe du Mexique, par le 30° de latit. N., et le 88° de longit. occid.

Le cap *Roxo*, sur les côtes de la province de la Vera-Cruz, dans le golfe du Mexique, par le 21° de latit. N., et le 100° de longit. occid.

Le cap *Catoche*, à la pointe orientale de la presqu'île de l'Yucatan, dans le golfe du Mexique, par le 22° de latit. N., et le 89° de longit. occid.

Les caps *Saint-Antoine* et *Crux*, sur les côtes de l'île de Cuba, dans le golfe du Mexique, entre les 20 et 22° de latit. N., et les 80 à 87° de longit. occid.

Les caps *Français*, *Samana*, *Engano*, *Mongon* et *Sainte-Marie*, sur les côtes de l'île de Saint-Domingue, dans le golfe du Mexique, entre les 18 à 20° de latit. N., et les 72 à 77° de long. occid.

Le cap *Pedro*, à la côte sud de l'île de la Jamaïque, dans la mer des Antilles, par le 18e de latit. N., et le 81e de long. occid.

Revenant au continent :

Le cap de *Gracias-à-Dios*, sur la côte des Mosquitos, appartenant à l'Angleterre, quoique dans la Nouvelle-Espagne, dans la mer des Antilles, par le 15e de latit. nord, et le 85e de longit. occidentale.

Les caps de la *Vela*, de *Chichibacoa* et de *Codéra*, sur les côtes des provinces de Maracaïbo et de Vénézuéla, à l'Espagne, dans la mer des Antilles, entre les 11 à 12e de latitude nord, et les 68 à 74e de longitude occidentale.

Les caps *Spruyt* et *Nassau*, sur les côtes de la Guiane hollandaise, dans l'Océan atlantique, par le 8e de latit. nord, et le 61e de longit. occidentale.

Le cap *Nord*, dans la Guiane française, sur l'Océan atlantique, par le 2e de latit. nord, et le 52e de longit. occidentale.

Le cap *Saint-Roch*, à la côte la plus avancée du Brésil, à l'est, sur l'Océan atlantique, par le 5e de latitude sud, et le 32e de longit. occidentale.

Les caps de *Saint-Thomas* et de *Frio*, à la côte du Brésil, dans l'Océan atlantique, près de Rio-Janeiro, par les 22 à 23e de latit. sud, et le 47e de longit. occidentale.

Les caps *Saint-Maria*, *Saint-Félipe*, *Saint-Antoine*, *Labos* et *Saint-André*, à la côte du gouvernement de Buénos-Ayres, sur l'Océan atlantique, entre les 35 à 38° de latit. sud, et les 57 à 60° de longitude occidentale.

Les caps *Blanco*, *Watchman*, *Loukout*, *Faurweather* et *de las Vergenes*, à la côte des Patagons, dans l'Océan atlantique, entre les 47 et 53° de latitude sud, et les 68 à 71° de longit. occidentale.

Les caps *Espiritu-Sancto*, *Saint-Sébastien*, *St.-Inès*, *Saint-Jotin*, *Saint-Diègue*, *de Horn*, *de la Désolation*, *Noir*, *Gloucester*, et *de los Pitares*, sur les côtes de la Terre-de-Feu, à l'extrémité de l'Amérique méridionale, entre l'Atlantique et la mer Pacifique, par les 53 à 56° de latit. sud, et les 63 à 76° de longit. occidentale.

Celui de ces caps qui a acquis le plus de célébrité est le cap de *Horn*.

Sur la côte occidentale de l'Amérique méridionale, depuis le détroit de Magellan jusqu'à l'île de Chiloé, on trouve :

Les caps *Isabel*, *Saint-Gaspard*, *Saint-Marco*, *Saint-Antonio*, *Sant-Yago*, de *Très-Montés*, entre les 47 et 52° de latit. sud, et les 77 à 78° de longit. occidentale.

Les caps *Lengua-de-Baca*, la *Pointe* ou *Cap-de-Choros*, et le cap *Copiapo*, sur la côte de l'ancien Chili, dans la mer du Sud, par les 27 à 50° de latitude sud, et les 73 à 74° de longit. occidentale.

Les caps *Saint-Georges*, *Mexillones* et *Salinas*, sur les côtes du Pérou, dans la mer du Sud, entre les 11 à 23° de latitude sud, et les 74 à 80° de long. occidentale.

Les caps *Blanc*, *Francisca*, *Saint-Laurenzo*, *Pasado*, *Saint-Francisco* et de *Corientes*, au pays de Quito, dans l'Amérique espagnole, sur les côtes de la mer du Sud, entre les 1 et 5° de latitude nord, et les 80 à 83° de longit. occidentale.

Les caps *Mariato* et *Mala*, à l'entrée de la baie de Panama, dans la Nouvelle-Espagne, sur la mer du Sud, par le 7° de latit. nord, et les 82 à 83° de longit. occidentale.

Les caps *Guatlan* et de *Corrientès*, à la côte de Guadalaxara, dans la Nouvelle-Espagne et sur la mer du Sud, entre les 20 et 21° de latit. nord, et les 113 à 114° de longit. occidentale.

Les caps *Pulmo*, *Saint-Lucar*, *Saint-Lazare* et *Saint-Quentin*, à la côte de la Californie, dans la mer du Sud, entre les 23 et 31° de latit. nord, et les 112 à 118° de longit. occidentale.

Les caps *Blanc* ou *Orford*, *Foulweather*, *Flattery*, *Jame*, *Ommancy* et *Edgecombe*, dans le Nouvel-Hanovre, sur les côtes occidentales de l'Amérique septentrionale, dans la mer du Sud, entre les 42 et 55° de latitude nord, et les 126 à 137° de longitude occidentale.

Les caps *Suckling*, *Elisabeth*, *Newenham*, *Stivens*, du *Prince-de-Galles*, *Lisburn* et des *Glaces*, dans l'Amérique russe, sur les côtes du bassin du Nord et de la mer Glaciale, entre les 59 et 71° de latit. nord, et les 149 et 170° de longit. occidentale.

De tous ces caps, celui du *Prince-de-Galles* est le plus important, parce que, se rapprochant du cap Oriental, à la côte d'Asie, dans le détroit de Bhéring, il lie, en quelque sorte, l'Asie avec l'Amérique.

OCÉANIQUE.

Sur ces nombreuses îles, découvertes dans la mer du Sud ou grand Océan Pacifique, desquelles on a fait une cinquième partie du monde, sous la dénomination d'Océanique, les navigateurs ont indiqué beaucoup de caps; mais comme les noms de ces caps ont varié au gré de ceux qui les ont fréquentés, nous ne nous attacherons qu'aux principaux, c'est-à-dire, à ceux dont les noms semblent irrévocablement fixés.

Les caps *Nord*, *Sud*, *Est* et *Ouest*, à la Nouvelle-Zélande, entre les 37 à 47° de latit. sud, et les 165 à 175° de longit. orientale.

Le cap *Sud-Ouest*, à la terre de Diémen, par le 44° de latit. sud, et le 144° de longit. orientale.

Le cap *Leuwin*, au sud de la Nouvelle-Hollande, par le 35° de latit. sud, et le 113° de longit. orientale.

Le cap *William*, à l'ouest de la même terre, par le 21° de latit. sud, et le 112° de longit. orientale.

Le cap d'*Arnheim*, au nord de la Nouvelle-Hollande, par le 12° de latitude sud, et le 149° de longitude orientale.

Le cap *Sandy*, sur la côte orientale de la même terre, par le 25° de latitude sud, et le 151° de longit. orientale.

Et le cap *Watche*, à la pointe méridionale de la Nouvelle-Guinée, par le 9° de latit. sud, et le 135° de long. orientale.

CHAPITRE XII.

Golfes et Baies.

Je commencerai, comme pour les caps, la description des golfes et baies, par le nord de l'Europe.

EUROPE.

Le golfe de *Tcheskaia*, dans la mer Glaciale, s'enfonce dans les terres de la province d'Archangel, en Russie, entre la presqu'île Kaninos et le cap Saviatoy, par les 66 à 68° de latit. N., et les 45 à 47° de longit. orient.

Le golfe *Kandalaska*, dans la Mer-Blanche, s'avance dans la Laponie russe, par les 66 à 67° de latit. N., et les 30 à 32° de longit. orient.

La baie d'*Archangel*, aussi dans la Mer-Blanche, est formée par l'embouchure de la Dwina, sous le 65° de latit. N., et entre les 36 à 38° de longit. orient.

La baie d'*Onéga*, encore dans la Mer-Blanche, dans la province d'Archangel, en Russie, par les 64 à 65° de latit. N., et les 32 à 35° de longit. orient.

La baie *Kola*, dans la Laponie russe ; les golfes de *Varanger* et de *Porsanger*, dans la Laponie suédoise, sur la mer Glaciale, par le 70° de latit. N., et les 26 à 30° de longit. orient.

Le golfe *Oriental*, à l'extrémité nord de la Norwège, sur la mer Glaciale, est formé par la côte et un groupe d'îles, à l'ouest, par les 66 à 68° de latit. N., et les 10 à 13° de longit. orient.

Les golfes de *Fens*, de *Kors*, de *Bommet* et de *Bukke*, sur la côte occidentale de la Norwège, dans la mer du Nord, entre les 59 et 61° de latit. N., et les 2 à 3° de longit. orient.

Le golfe de *Christiania*, à la pointe méridionale de la Suède, dans la mer du Nord, par les 59 à 60° de lat. N., et les 8 à 9° de longit. orient.

Le golfe de *Bothnie*, dans la mer Baltique, entre la Suède et la Finlande, s'enfonce du sud au nord, entre les 60 à 66° de latit. N., et les 15 à 22° de longit. occident.

Le golfe de *Finlande*, aussi dans la mer Baltique, s'avance dans la Russie d'Europe, de l'ouest à l'est, entre les 59 et 60° de latit. nord, et les 19 à 28° de longit. orient.

Le golfe de *Livonie*, dans la même mer, sur les côtes de la Russie, formé par l'île d'Oesel et la pointe septentrionale de la Courlande, entre les 57 à 59° de latit. N., et les 22 à 23° de longit. orient.

Le golfe de *Dantzick*, encore dans la mer Baltique, sur les côtes de la Prusse orientale, entre les 54 à 55° de latit. N., et les 16 à 18° de longit. orient.

Le golfe du *Zuiderzée*, dans la mer du Nord, qui s'étend du nord au sud, entre les provinces de Frise, Ovel-Yssel, Gueldre et Hollande, au royaume des Pays-

Bas, entre les 52 à 53° de latit. N., et vers le 3° de longit. orient.

Passant aux Iles britanniques, nous trouvons :

Les golfes de *Murray* et d'*Édimbourg*, sur la côte orientale de l'Écosse, dans la mer du Nord, entre les 56 à 58° de latit. N., et les 5 à 6° de longit. occident.

Le golfe de *Boston* et la baie de la *Tamise*, sur la côte orientale de l'Angleterre, dans la mer du Nord, entre les 51 à 53° de latit. N., et les 1 à 2° de longit. occident.

La baie d'*Exeter*, sur la côte méridionale de l'Angleterre, dans la Manche, par les 50 à 51° de latit. N., et le 5° de longit. occident.

La baie ou canal de *Bristol*, les baies de *Saint-Brigdes*, de *Cardigan* et de *Caernarvon*, sur la côte occidentale de l'Angleterre, dans le canal Saint-Georges, entre les 52 à 53° de latit. N., et les 6 à 7° de longit. occident.

Le golfe *Solway* et le golfe de *Clyde*, à la côte occidentale de l'Écosse, dans le canal du Nord, entre les 55 à 56° de latit. N., et les 6 à 7° de longit. occident.

Les baies de *Belfast*, *Dundrum*, *Dundalk*, de *Dublin* et de *Wexford*, à la côte orientale de l'Irlande, sur le canal du Nord, la mer d'Irlande et le canal Saint-Georges, entre les 52 à 55° de latit. N., et les 8 à 9° de longit. occident.

Les baies de *Dangarvan*, de *Youghal*, de *Cork*, de *Roaring* et de *Bantry*, à la côte méridionale de l'Irlande, dans l'Océan atlantique, par les 51 à 52° de latit. N., et entre les 10 à 12° de longit. occident.

Les baies de *Dingle*, de *Shannon*, de *Galway*,

de *Birterbuy*, de *Clew*, de *Killala*, de *Sligo* et de *Donnegal*, à la côte occidentale de l'Irlande, dans l'Océan atlantique, entre les 52 à 54° de latit. N., et les 11 et 13° de longit. occident.

Revenant sur le continent, on trouve :

La baie de *Caen*, sur les côtes de France, à l'embouchure de la Seine, entre les 49 à 50° de latit. N., et par le 2° de longit. occident.

La baie du *Finistère*, sur la côte du département de ce nom, dans l'Océan atlantique, par le 48° de lat. N., et les 6 à 7° de longit. occident.

Le golfe de *Gascogne*, dans l'Océan atlantique, entre la France et l'Espagne, par les 43 à 44° de latit. N., et les 4 à 5° de longit. occident.

Le golfe d'*Alméria*, sur les côtes du royaume de Grenade, en Espagne, dans la Méditerranée, par le 37° de latit. N., et le 5° de longit. occident.

Le golfe de *Valence*, dans la Méditerranée, à l'embouchure de la Guadalaviar, au royaume de Valence, en Espagne, entre les 39 et 40° de latit. N., et les 2 à 3° de longit. occident.

Le golfe de *Roses*, sur la côte de Catalogne, en Espagne, dans la Méditerranée, par le 42° de latit. N., et le 1° de longit. orient.

Le golfe de *Lion*, dans la Méditerranée, à l'embouchure du Rhône, sur les côtes de France et d'Espagne, entre les 42 et 43° de latit. N., et les 1 à 3° de longit. orient.

Le golfe de *Gênes*, sur les côtes de l'Italie, au royaume

de Sardaigne, dans la Méditerranée, par le 44° de lat. N., et les 6 à 7° de longit. orient.

Les golfes de *Porto*, *Sagono* et d'*Ajaccio*, à la côte occidentale de l'île de Corse, dans la Méditerranée, par le 42° de latit. N., et le 6° de longit. orient.

Le golfe de *Cagliari*, à l'extrémité sud de l'île de Sardaigne, dans la Méditerranée, par le 39° de latit. N., et le 6° de longit. occident.

Les golfes de *Naples*, de *Salerne*, de *Policastro* et de *Sainte-Euphémie*, sur les côtes occident. de l'Italie, au royaume de Naples, dans la mer Tyrrénienne, entre les 39 à 41° de latit. N., et les 12 à 14° de longit. orient.

Les golfes de *Tarente* et de *Squillace*, sur la côte orientale de l'Italie et du royaume de Naples, dans la mer Ionienne, entre les 38 et 40° de latit. N., et le 15° de longit. orient.

Le golfe de *Manfredonia*, à la côte orientale du royaume de Naples, dans la mer Adriatique, par les 41 à 42° de latit. N., et le 14° de longit. orient.

Les golfes de *Venise* et de *Trieste*, à l'extrémité nord de la mer Adriatique, sur les côtes d'Italie, dépendant de l'Autriche, par les 45 à 46° de latit. N., et les 10 à 11° de longit. occident.

Le golfe ou *Bouches de Cattaro*, sur la côte orientale de la mer Adriatique, dans les possessions illyriennes de l'Autriche, entre les 42 et 43° de latit. N., et par le 16° de longit. orient.

Les golfes de *Drin*, de *Durazzo* et d'*Aulona*, à la

même côte, dans l'Albanie turque, entre les 40 à 42° de latit. N., et par le 17° de longit. orient.

Les golfes de *Prevesa* et de *Lépante*, sur les côtes de l'Albanie et de la Livadie, à la Turquie, dans la mer Ionienne, par les 38 et 39° de latit. N., et les 19 à 21° de longit. orient.

Les golfes d'*Arkadia*, de *Coron* et de *Colokythia*, à la côte occidentale de la Morée, dans la Méditerranée, par le 37° de latit. N., et entre les 19 et 21° de longit. orient.

Les golfes de *Napoli* et d'*Athènes*, à la côte orient. de la Morée, dans l'Archipel, entre les 37 et 38° de latit. N., et les 20 à 21° de longit. orient.

Les golfes de *Salonique*, de *Cassandre*, de *Monte-Santo*, de *Contesso* et de *Paros*, à la côte de la Romélie, en Turquie, dans l'Archipel, entre les 40 et 41° de latit. N., et les 20 à 24° de longit. orient.

Le golfe de *Bourgas*, à la côte orient. de la Romélie, dans la Mer-Noire, entre les 42 et 43° de latit. N., et les 25 à 26° de longit. orient.

ASIE.

Les golfes d'*Adramiti*, de *Sandarii*, de *Smyrne*, de *Scala-Nova*, de *Stanco* et de *Simia*, sur la côte de l'Asie-Mineure, dans l'Archipel, en Turquie, par les 37 à 39° de latit. N., et les 24 à 25° de longit. orient.

Les golfes de *Mairi*, de *Satalie* et d'*Alexandrette*, à la côte sud de l'Asie-Mineure, dans la Méditerranée, entre les 36 et 37° de latit. N., et les 27 à 33° de longit. orient.

AFRIQUE.

Les golfes de la *Sidre* et de *Cabès*, à la côte de Tripoli, dans la Méditerranée, entre les 32 à 35° de latit. N., et les 8 à 16° de longit. orient.

Les golfes de *Hammanet* et de *Tunis*, à la côte orientale du royaume de Tunis, dans la Méditerranée, par les 36 et 37° de latit. N., et le 8° de longit. orient.

Les golfes de *Bona*, de *Store*, de *Bugia*, de *Malamuger* et de *Tremesin*, à la côte septentrionale du royaume d'Alger, entre les 36 et 37° de latit. N., et le 6° de longit. orient., au 4° de longit. occident.

Sortant de la Méditerranée, et suivant les côtes occidentales d'Afrique, dans l'Océan atlantique, on trouve :

Le golfe d'*Arguin*, à la côte du grand désert de Zahara, formé par le cap Blanc, sous le 20° de latit. N., et le 20° de longit. occident.

Les golfes de *Guinée* et de *Biafra*, sur la côte de Guinée, dans l'Océan atlantique, entre les 1 et 5° de latit. N., et le 5° de longit. orient., aux 5° de longit. occident.

Les baies de *Sainte-Hélène* et de *Saldagna*, à la côte de la colonie du cap de Bonne-Espérance, dans l'Océan atlantique, par le 33° de latit. sud, et le 16° de longit. orient.

A la côte orientale de l'Afrique :

Les baies de *Saint-Blaise*, de *Mosset* ou *Sainte-*

Catherine, de *Pettemberg* ou *Formosa*, de *Canitou* ou *Saint-François*, et d'*Algoa*, sur la côte de la colonie du cap de Bonne-Espérance, dans le grand Océan austral, par les 33 à 34° de latit. sud, et les 19 à 25° de longit. orient.

Les baies des *Dunes-d'Or* et de *Lorenzo-Marquez*, à la côte de la Cafrerie, dans la même mer, par les 23 à 24° de latit. S., et le 30° de longit. orient.

La baie de *Foulepointe*, à la côte orient. de l'île de Madagascar, dans la mer des Indes, et la baie de *Mouroundava*, à la côte occidentale de la mer Ile, entre les 17 à 19° de latit. S., et les 43 à 45° de longit. orient.

ASIE.

Les golfes de *Suez* et d'*Acabo*, à l'extrémité de la Mer-Rouge : le premier entre l'Egypte et l'Arabie, et le second s'enfonçant dans l'Arabie, entre les 28 à 30° de latit. N., et les 30 à 33° de longit. orient.

Le golfe *Curia-Muria*, à la côte orientale de l'Arabie, dans la mer des Indes, par le 18° de latit. N., et le 52° de longit. orientale.

Le golfe *Persique*, entre la Perse et l'Arabie, dans la mer d'Oman, entre les 25 et 30° de latit. N., et les 46 à 53° de longit. orient.

Les golfes de *Outh* et de *Cambaie*, formés par l'avancement du Guzarate, province de l'Indostan, dans la mer d'Oman, par les 20 à 25° de latit. N., et les 67 à 70° de longit. orient.

Le golfe du *Bengale*, entre la côte occidentale de

l'empire des Birmans et la côte orientale de l'Indostan, dans la mer des Indes, par les 15 à 22° de latit. N., et les 80 à 92° de longit. orient.

Le golfe de *Siam*, entre les provinces de Camboge et la presqu'île de Malaca, empire des Birmans, dans la mer de la Chine, par les 9 à 11° de latit. N., et les 99 à 101° de longit. orient.

Le golfe de *Tonquin*, à la côte orient. du royaume de ce nom, dans la mer de la Chine, par les 19 à 21° de latit. N., et les 104 à 106° de longit. orient.

La baie de *Tolo*, à la côte orientale de la grande île Célèbes, dans l'archipel d'Asie, par le 2° de latit. sud, et le 120° de longit. orientale.

Les golfes de *Péthehélie* et de *Hoan-Hayou*, à la côte sud de la Chine, dans la Mer-Jaune, entre les 40 et 43° de latit. nord, et les 118 à 122° de longit. orientale.

Les baies de *Taouskoï* et de *Jamskoï*; les golfes de *Guinkiurskaïa* et de *Penjensk*, dans la mer d'Okhotsk, entre la côte orientale des Koriaïkes et celle occidentale de la presqu'île de Kamchatka, dans la Russie d'Asie, par les 60 à 62° de latit. nord, et les 150 à 160° de longit. orientale.

La baie de *Saint-Pierre* et de *Saint-Paul*, à la côte orientale de la presqu'île du Kamchatka, dans le grand Océan boréal, par le 53° de latit. nord, et le 160° de longit. orientale.

Les golfes *Otioutorskaïa*, d'*Onemen*, de *Kotschen*, d'*Anadir* et d'*Abetschingmenskia*, à la côte orientale du pays des Koriaïkes, dans la Russie d'Asie, et dans le bassin du Nord, par les 60 à 65° de latit. nord, et les 170 à 180° de longit. orientale.

La baie de *Bikovskoï*, à l'embouchure de la Lena, sur la côte des Tungousses, dans la mer Glaciale, par le 74° de latit. nord, et le 130° de longit. orientale.

Les golfes de *Katanska* et de *Taimerskaïa*, à l'extrémité septentrionale de la Russie d'Asie, à la côte des Samoyèdes, dans la mer Glaciale, par le 75° de latit. nord, et les 95 à 105° de longit. orientale.

Les golfes de l'*Obi* et de *Kara*, sur la même côte, et aussi dans la mer Glaciale, par les 69 à 71° de latit. nord, et les 60 à 70° de longit. orientale.

AMÉRIQUE.

Abordant l'Amérique par le nord et la côte orientale, nous trouvons :

La baie de *Baffin*, entre le Groënland et la partie de l'Amérique septentrionale la plus avancée au nord, par les 60 à 77° de latit. nord, et les 55 à 85° de longit. occidentale.

La baie d'*Hudson*, grand golfe avancé dans la Nouvelle-Écosse, communiquant à l'Océan atlantique par les détroits de Cumberland et d'Hudson, et terminé au nord et au sud par deux baies nommées, la première, la baie de *Repulse*, et la seconde, la baie de *James*, entre les 50 et 65° de latit. nord, et les 78 à 86° de longit. occidentale.

Le golfe de *Saint-Laurent*, à l'embouchure du fleuve de ce nom, à la côte du Canada, dans l'Océan atlantique, entre les 45 à 50° de latit. nord, et les 60 à 65° de longit. occidentale.

La baie de *Funday*, entre le Nouveau-Brunswick et la Nouvelle-Ecosse, dans l'Océan atlantique, par les 44 à 45° de latitude nord, et les 70 à 72° de longitude occidentale.

Les baies de la *Delaware* et de *Chésapeak*, sur les côtes des Etats-Unis de l'Amérique septentrionale, dans l'Océan atlantique, par les 37 à 39° de latit. nord, et les 78 à 79° de longit. occidentale.

Le golfe du *Mexique*, entre les Florides, l'intendance de Saint-Louis-du-Potozi, celle de la Vera-Crux et la presqu'île de l'Yucatan, communique à l'Océan atlantique par le canal de Bahama et la mer des Antilles, et gît par les 18 à 30° de latit. nord, et les 90 à 100° de longit. occidentale.

Plusieurs baies se trouvent renfermées dans le golfe du Mexique, savoir : sur la côte de la Floride orientale, la baie de *Ponce-de-Léon* et celle du *Saint-Esprit*; sur la côte de la Floride occidentale, la baie de *Pensacola*; sur les côtes du Potozi, les baies de *Sabine*, de *Galverston* et de *Saint-Bernardo*; et sur la côte de l'Yucatan, la baie de *Campèche*.

Le golfe de *Honduras*, à la côte orientale de la Nouvelle-Espagne, dans la mer des Antilles, par le 15° de latit. nord, et le 90° de longit. occidentale.

Les golfes de *Darien* et de *Maracaïbo*, sur la côte septentrionale du nouveau royaume de Grenade, dans l'Amérique méridionale, sur la mer des Antilles, par les 9 à 10° de latit. nord, et les 74 à 79° de longitude occidentale.

La baie de *Saint-Salvador*, à la côte orientale du Brésil, dans l'Océan atlantique, par le 13° de latit. sud, et le 41° de longit. occidentale.

La baie de *la Plata*, à l'embouchure de la rivière de ce nom, sur la côte de la province de Buénos-Ayres, dans l'Océan atlantique, par le 55° de latit. sud, et le 60° de longit. occidentale.

Les baies de *Saint-Mathias* et de *Saint-Georges*, à la côte des Patagons, sur l'Océan atlantique, entre les 43 à 46° de latitude sud, et les 68 à 70° de longit. occidentale.

Sur les côtes occidentales de l'Amérique, en remontant du sud au nord :

Les golfes de la *Trinité*, de *Penas* et de *Guaiteca*, à la côte du Nouveau-Chili, dans la Mer-Pacifique, entre les 44 et 49° de latit. sud, et par le 77° de longit. occidentale.

Le golfe de *Guayaquil*, à la côte de la province de ce nom, dans le royaume de Quito, sur la Mer-Pacifique, par le 3° de latit. sud, et le 83° de longit. occidentale.

La baie de *Choco*, à la côte du nouveau royaume de Grenade, dans la Mer-Pacifique, par le 4° de latit. nord, et le 80° de longit. occidentale.

Le golfe *Saint-Miguel*, la baie de *Panama* et les golfes *Dulce*, de *Nicoya*, de *Papagayo* et de *Ponseca*, sur les côtes de la Terre-Ferme et de *Nicaragua*, dans l'Océan Pacifique, entre les 5 et 12° de latit. nord, et les 82 à 87° de longit. orientale.

Le golfe de *Californie*, à l'extrémité nord de la Mer-Vermeille, et la baie de *Tous-les-Saints*, à la côte occidentale de la presqu'île de Californie, sur la Mer-Pacifique, par les 30 à 32° de latit. nord, et les 118 à 119° de longit. occidentale.

Les baies de *Bhéring*, du *Prince-William* et de *Turnagain*, à la côte occidentale de l'Amérique russe, dans l'Océan-Pacifique, par les 60 à 61° de latit. nord, et les 142 à 151° de longit. occidentale.

Les golfes de *Cumisthatzkaia* et de *Normon*, à la côte de l'Amérique russe, dans le bassin du Nord, par les 59 à 62° de latit. nord, et les 160 à 164° de longit. occidentale.

OCÉANIQUE.

Les nouvelles découvertes ou terres Océaniques offrent plusieurs golfes et baies considérables dont nous allons indiquer les mieux connus.

La baie de *Géelvinke*, à la pointe orientale de la Nouvelle-Guinée, entre les 1 et 2° de latit. sud, et le 132° de longit. orientale.

Le golfe de *Carpentarie*, à la côte septentrionale de la Nouvelle-Hollande, dans le détroit de Torres, qui sépare la Nouvelle-Guinée de la Nouvelle-Hollande, entre les 12 et 17° de latit. sud, et les 134 à 139° de longit. orientale.

Les baies *Repulse*, d'*Hervey*, de *Glasse-House*, et *Botanique* ou *Botany-Bay*, à la côte occidentale de la Nouvelle-Hollande, dite Nouvelle-Galle du sud, entre les 21 à 35° de latit. sud, et les 148 à 150° de longit. orientale.

Les baies de *Portland*, de *Rivoli*, de *Lacépède*, les golfes de *Saint-Vincent* et de *Spenar*, et les baies de *Stréaky* et de *Fouler*, à la côte méridionale de la Nouvelle-Hollande, dans le grand Océan équinoxial, entre les 32 et 38° de latitude sud, et les 130 à 138° de longit. orientale.

La baie du *Géographe* et la baie des *Chiens-Marins*, à la côte orientale de la Nouvelle-Hollande, entre les 26 et 32° de latit. nord, et les 111 à 112° de longit. orientale.

Et la baie de *Fleurieu*, à la côte occidentale de la terre de Diémen, dans le grand Océan équinoxial, par le 42° de latitude nord, et le 146° de longitude occidentale.

CHAPITRE XIII.

Points principaux du Globe par lesquels passent les grands et petits Cercles de la Sphère.

Sur la méridienne de Paris, et sur la méridienne opposée, passant par les antipodes de Paris,
Paris : latitude nord, 48° 50′. et 14″.
En allant au midi,

Perpignan : la pointe occidentale de l'île de Majorque, dans la Méditerranée, traverse le royaume d'Alger, le grand désert de Sahara, la Nigritie, la Guinée, le grand Océan, l'Océan glacial antarctique. En remontant du pôle antarctique à l'équateur, la méridienne opposée donne l'antipode de Paris par le 48° 50′. de latitude sud; ensuite elle passe par l'île Chatam, les îles Kermudes, les îles de Wallis, dans l'archipel des Navigateurs ; au-delà de l'équateur, jusqu'au pôle arctique, l'île Barbados, l'île Kanaga, l'une des Aleutiennes, le pays des Koriaikes, à la pointe est de la Russie d'Asie.

Reprenant la méridienne de Paris au pôle arctique, et revenant du nord au midi, cette méridienne traverse la mer Glaciale, passe entre le Spitzberg et le Groënland, traverse la mer du Nord, entre la Suède, le Danemarck, et les îles Britanniques, arrive aux côtes de France, sur Dunkerque, d'où elle se continue sur Paris, en passant par Amiens.

Points principaux sous l'équateur, en partant de la méridienne de Paris, et en allant de l'ouest à l'est.

Quatre-vingt-dix premiers degrés.

Le point de départ est dans le golfe de Guinée, île Saint-Thomas; la partie méridionale de la Guinée, en Afrique, puis une vaste étendue de terre inconnue, le golfe d'Arabie, les îles Maldives, partie de la mer des Indes. Au-delà des quatre-vingt-dix premiers degrés, l'autre partie de la mer des Indes, île de Sumatra, île de Bornéo, île Célèbes, île de Gilolo, dans l'Archipel d'Asie ; dans l'Océan équinoxial, l'île Plaisance et l'île

Dunda, faisant partie du groupe des îles Mulgraves, sous le 173° de longit. orient.

Revenant à la méridienne de Paris, et allant de l'est à l'ouest, en partant du golfe de Guinée, l'Océan atlantique, les bouches et le pays des Amazônes, la Guiane portugaise, le royaume et la ville de Quito, les îles Gallapagos dans l'Océan équinoxial, puis cet Océan, jusqu'au 180°.

Le tropique du Cancer, 23° et demi de latit. N., traverse dans l'Ancien et le Nouveau-Monde, en partant de la méridienne de Paris, le désert de Sahara, en Afrique; les ruines de Bérénice, dans la Haute-Égypte; la Mer-Rouge; en Asie: l'Arabie, par Mascate; le golfe d'Arabie, l'Indostan, par la ville d'Orougabad; l'empire des Birmans, par Aracan; l'île de Hainan, la mer de la Chine; dans le grand Océan équinoxial: l'île des Volcans, dans l'archipel de Magellan; l'île d'Icierta, dans l'archipel d'Anson; l'île Neker, dans l'archipel Sandwich. En Amérique, la Californie, la Mer-Vermeille, le Mexique, le golfe du Mexique; l'île Longue dans l'archipel des îles Lucayes, l'Océan atlantique, partie du grand désert de Sahara, où se retrouve la méridienne de Paris.

Le tropique du Capricorne, 23° et demi latit. sud, toujours partant de la méridienne de Paris, qui se trouve ici dans l'Océan atlantique, allant de l'ouest à l'est, sans interruption, traverse la pointe méridionale de l'Afrique, la Cafrerie et le pays des Nihambanes, le canal Mozambique, l'île de Madagascar, la mer des Indes, la Nouvelle-Hollande, le grand Océan austral, l'archipel Dangereux au midi, l'Amérique méridionale, par le Chili; le Paraguay, la province et la ville de Saint-Paul, dans le Brésil; Rio-Janeiro, l'Océan atlantique, où se trouve le point de départ.

Arrêtons-nous ici; il faut que le lecteur, avant de passer à la géographie politique, revienne sur tout ce que nous venons de parcourir, qu'il examine toutes les positions, relativement les unes aux autres, et qu'il se les rende familières : par ce moyen, il lui sera on ne peut plus facile de mettre dans sa mémoire les détails de la géographie politique.

TROISIÈME PARTIE.

GÉOGRAPHIE POLITIQUE.

CHAPITRE PREMIER.

EUROPE.

Suède,

Gouvernée par un Roi, avec états représentatifs.

La Suède, y compris la Laponie et la Norwège, est bornée au nord par la mer Glaciale, au 72° de latit. N.; à l'est, par la Laponie russe, le golfe de Bothnie, la mer Baltique, depuis le 10 jusqu'au 20° de longit. E.; à l'ouest, par l'Océan atlantique et la mer du Nord, depuis le 4 jusqu'au 10° de longit. E.; au midi, par le Cattégat et la mer Baltique : le point le plus méridional est par le 55° de latit. N.

Nota. Règle générale. Je présenterai les divisions de chaque contrée, en descendant du nord au midi, par degrés de latitude, et en indiquant de l'ouest à l'est les divisions qui se trouvent dans les mêmes parallèles.

Norwège, entre le 69 et le 71° de latitude nord. Le *Finmarck*, autrement Laponie norwégienne ou danoise, jusqu'à ces derniers temps; lieu principal, *Wardhus*, sur une petite île, à l'est du cap Nord. Le soleil ne s'y couche point depuis le 6 mai environ jusqu'au 6 août; par contre, on ne l'y voit point pendant les 3 mois correspondans de l'hiver. *Waranger*, petit port sur la baie du même nom, au sud-ouest de Wardhus.

Nordland, entre le 66 et le 69° de latit. N. ; cette contrée est divisée en cinq districts: *Salten*, *Helgeland*, *Loffode*, *Senjen* et *Tromsoé*.

Drontheim, entre le 62 et le 66° de la latit. N., gouvernement qui comprend le Nordland et le Finmarck : capitale, *Drontheim*, ville et port de mer sur l'Océan atlantique.

Entre les 59 et 63°, *Bergen*, gouvernement dont la capitale est *Bergen*, qui le fut autrefois de toute la Norwège.

Christiania ou *Aggershuus*, gouvernement dont la capitale est *Christiania*, qui l'est aussi de toute la Norwège, au fond de la baie de Christiania.

Christiansand, entre le 58 et le 59° de latit. N., gouvernement : capitale, *Cristiansand*, dans la mer du Nord.

Suède: *Laponie* suédoise, se divise en six gouvernemens.

Entre les 67 et 68°, *Tornea-Lappmark*, au sud-est.

Entre le 64 et le 67°, en descendant du nord au midi, *Lulea-Lappmark*, *Pitea-Lappmark*, *Umea-Lappmark*, *Asele-Lappmark*; ces noms sont ceux d'autant de rivières.

A l'est de ces quatre gouvernemens, la *Westro-Bothnie*. La Bothnie donne son nom au golfe sur lequel cette province est située. *Tornéo*, au fond de ce golfe, en est la capitale.

Entre le 61 et le 65°, *Suède septentrionale* ou *Norland*, province que l'on divise en six parties, savoir: *Lamtland* ou la *Jemptie*, *Angermanlan* ou *Angermanie*, *Herjedal* ou *Herdalie*, *Medelpadlan* ou *Medelpadie*, *Heltsingeland* ou *Heltsingie*, et *Gestricland* ou *Gestricie*. *Hernosand*, capitale de ce gouvernement, a un port sur le golfe de Bothnie.

Entre le 59 à 62° de latit., la *Suède propre* ou *Suède centrale*, province divisée en six parties, qui sont: *Dalécarlie* ou *Dalécarle*, *Westmanland* ou *Westmanie*, *Warmeland* ou *Warmie*, *Nericie* ou *Nerique*, *Upland*, *Sudermanie* ou *Sudermanland*. *Stockholm*, capitale de l'Upland, l'est aussi de tout le royaume. *Upsal*, université célèbre, est également située dans l'Upland.

Entre les 55 et 59°, *Gothie* ou *Suède méridionale*, province divisée en huit parties, qui sont: *Bohusland* ou *Bahus*, *Dasland* ou *Dalie*, *Westro-Gothie*, *Halland*, *Ostro-Gothie*, *Smaland*, *Scanie* et *Blekengen*. Gothembourg, port de mer sur le Cattégat, capitale de la *Westro-Gothie*, est la seconde ville de Suède.

Les principales îles qui appartiennent à la Suède sont: sur la côte de la Laponie, celles de *Fishéroé*, de *Wardhus*, d'*Hindoen*, de *Majeroé*, d'*Inguen* et de *Soroé*; sur les côtes de la Norwège, celles de *Maggéroé*, de *Sengen*, de *Loffod*, de *Wigten* et de *Hitterin*; et dans la Baltique, l'île de *Gotland*: ville principale, *Wisby*, et les petites îles qui l'environnent; *Oland* : ville capitale, *Borgholm*, et les petites îles d'*Aoland*.

La Suède possède en Amérique, dans le golfe du Mexique, l'île de *Saint-Barthélemy* : capitale, *Gustavia*.

ANGLETERRE,

Gouvernée par un Roi, avec représentation.

Écosse, limitée au nord par les îles Orcades, au midi par l'Angleterre, à l'est par la mer du Nord, et à l'ouest par les îles Hébrides et le canal du Nord, qui la sépare de l'Irlande; elle se partage en trois divisions, savoir : du nord, du milieu et du sud.

La première de ces trois divisions, qui s'étend du 57 au 59° de latit. N, comprend cinq comtés, qui sont : *Sutherland*, capitale, *Strathey*; *Caithnesse*, capitale, *Wick*; *Rosse*, capitale, *Taine*; *Iuverness*, capitale, *Iuverness*; et *Cromarty*, capitale, *Cromarty*.

La deuxième division, qui s'étend entre les 56 à 57°, comprend quatorze comtés, qui sont : *Nairn*, capitale, *Nairn*; *Murray*, capitale, *Elgin*; *Bute*, capitale, *Rothesay*; *Bauff*, capitale, *Bauff*; *Aberden*, capitale, *Aberden*; *Kincardie*, capitale, *Bervy*, *Angus*, capitale, *Forfar*; *Perth*, capitale, *Perth*; *Argile*, capitale, *Invérari*; *Dumbarton*, capitale, *Dumbarton*; *Stirling*, capitale, *Stirling*; *Clarkmannan*, capitale, *Clarkmannan*; *Kinross*, capitale, *Kinross*; et *Fife*, capitale, *St.-Andrens*.

La troisième, qui s'étend entre les 55 et 56°, comprend treize comtés, qui sont ceux de *West-Lothiam*, capitale, *Linlithgow;* Mid-Lothiam, capitale, *Édimbourg*, qui l'est en même temps de toute l'Écosse; *Haddington*, capitale, *Dumbar;* Renfrew, capitale, *Renfrew; Lanark*, capitale, *Glascow; Péebles*, capitale, *Péebles; Berwik*, capitale, *Berwik; Ayr*, capitale, *Ayr; Selkirk*, capitale, *Selkirk; Roxboroug*, capitale, *Jedburgh; Wigton*, capitale, *Wigton; Kirkudbright*, capitale, *Kirkudbright;* et *Dumfries*, capitale, *Dumfries*.

Angleterre, proprement dite, limitée au nord par l'Écosse, au midi par la Manche, à l'est par la mer du Nord, et à l'ouest par le canal Saint-Georges, qui la sépare de l'Irlande, et par l'Océan atlantique; se partage également en trois divisions: du nord, du centre et du sud.

La première de ces trois divisions, qui s'étend du 54 au 55°, comprend dix comtés, qui sont: *Northumberland*, capitale, *Newcastle; Cumberland*, capitale, *Carlisle; Durham*, capitale, *Durham; Yorksire*, capitale, *Yorck; West-Morland*, capitale, *Appleby; Lancatshire*, capitale, *Lancaster; Cheshire*, capitale, *Chester; Derbishire*, capitale, *Derby; Nottinghamshire*, capitale, *Nottingham* et *Lincolnshire*, capitale, *Lincoln*. Les villes de *Liverpool* et de *Manchester* sont situées dans le comté de *Lancatshire*.

La deuxième, qui s'étend du 52 au 54°, comprend 29 comtés, qui sont:

Flintshire, capitale, *Flint; Caernawonshire*, capitale, *Caernawon; Denbighire*, capitale, *Den-*

bigh; Merionetshire, capitale, *Bala; Montgomerishire*, capitale, *Montgomery; Shropshire*, capitale, *Shrewsbury; Straffordshire*, capitale, *Strafford; Leicestershire*, capitale, *Leicester; Rutlandshire*, capitale, *Oaklam; Northamtonshire*, capitale, *Northamton; Bedfordshire*, capitale, *Bedford; Huntingdonshire*, capitale, *Huntingdon; Cambridgeshire*, capitale, *Cambridge; Norfolk*, capitale, *Norwich; Suffolk*, capitale, *Ipswich; Pembrokeshire*, capitale, *Pembrok; Cardiganskire*, capitale, *Cardigan; Caermanthensire*, capitale, *Caermanthen; Glamorganshire*, capitale, *Caerdiff; Radnorshire*, capitale, *Radnor; Brecknockshire*, capitale, *Breaknock; Hertfortshire*, capitale, *Hertford; Warwickshire*, capitale, *Warwick; Worcestershire*, capitale, *Worcester; Glocestershire*, capitale, *Glocester; Oxfordshire*, capitale, *Oxford; Buchingamshire*, capitale, *Buchingam; Essex*, capitale, *Chelmsford; Middlesex*, capitale, *Londres*, qui l'est aussi de toute l'Angleterre.

La 5ᵉ., qui s'étend du 50 au 52°, comprend 12 comtés, qui sont ceux de *Héréfordshire*, capitale, *Héréford; Montmouthshire*, capitale, *Monmouth; Cornwall*, capitale, *Launceston; Devonshire*, capitale, *Exeter; Sommersethshire*, capitale, *Taunton; Wiltshire*, capitale, *Salisbury; Dorsetshire*, capitale, *Dorchester; Hamphshire*, capitale, *Winchester; Berkshire*, capitale, *Readin; Lurry*, capitale, *Guildford; Kent*, capitale, *Cantorbéry;* et *Sussex*, capitale, *Chichester*.

Irlande, limitée au nord par l'Océan atlantique et le canal du Nord qui la sépare de l'Écosse; à l'est, par le canal Saint-Georges et la mer d'Irlande; au midi et à l'ouest, par l'Océan atlantique, se divise en quatre provinces, qui sont celles de l'*Ulster*, de *Connaught*, de *Leinster* et de *Munster*, lesquelles se subdivisent en plusieurs comtés, savoir:

Dans la province de l'*Ulster*, qui s'étend entre les 54 et 55° de latit. nord, neuf comtés, qui sont ceux de *Donnégal*, capitale, *Lifford*; *Londonderry*, capitale, *Londonderry*; *Autrim*, capitale, *Carrikfergus*; *Tyrone*, capitale, *Omagh*; *Fermanagh*, capitale, *Enniskillin*; *Armagh*, capitale, *Armagh*; *Down*, capitale, *Downpatrick*; *Cavan*, capitale, *Cavan*; et *Monaghan*, capitale, *Monaghan*.

Dans la province de *Connaught*, qui s'étend du 53 au 54°, cinq comtés, qui sont ceux de *Leitrun*, capitale, *Shannon*; *Sligo*, capitale, *Sligo*; *Mayo*, capitale, *Castelbar*; *Roscommon*, capitale, *Roscommon*; et *Galway*, capitale, *Galway*.

Dans la province de *Leinster*, à l'est de la précédente, et qui s'étend du 52 au 54°, douze comtés, qui sont ceux de *Louth*, capitale, *Dundalk*; *Longford*, capitale, *Longford*; *Vestméath*, capitale, *Mullingar*; *Meath*, capitale, *Trim*; *Kinscaunty*, capitale, *Philipstown*; *Kildare*, capitale, *Naas*; *Dublin*, capitale, *Dublin*, qui est en même temps celle de toute l'Irlande; *Quenns-Caunty*, capitale, *Maribouroug*; *Wicklow*, capitale, *Wicklow*; *Carlow*, capitale,

*Carlow; **Kilkenny**, capitale, **Kilkenny; Wexford**, capitale, **Wexford**.*

Dans la province de *Munster*, qui s'étend du 51 au 53°, six comtés, qui sont ceux de *Clare*, capitale, *Ennis; Tipperari*, capitale, *Clonmell; Limerick*, capitale, *Limerick; Waterford*, capitale, *Waterford; Kerry*, capitale, *Tralée*; et *Cork*, capitale, *Cork*.

Les îles qui avoisinent l'Écosse et qui en dépendent, sont, au nord-est, les îles de *Schetland*, capitale, *Larvick*; au nord, les *Orcades*, capitale, *Kirkvall* et les *Hébrides* ou *Westernes*, capitale, *Stornway*.

Les îles qui avoisinent l'Angleterre et qui en dépendent, sont, à l'ouest, l'île de *Man*, capitale, *Castletown*; l'île d'*Anglesey*, capitale, *Baumaris*; et au sud, les îles *Sorlingues* et l'île de *Wigth*, capitale, *Newport*.

Possessions anglaises, tant en Europe que dans les autres parties du Monde.

En Europe.

Dans la mer du Nord, à l'ouest de l'embouchure de l'Elbe, l'île de *Helgoland*, capitale, le *Port-du-Nord*; au sud de l'Angleterre et proche des côtes de France, l'île de *Jersey*, capitale, *Saint-Hélier*, et les îles de *Guernesey*, d'*Aurigny* et de *Sark*.

Sur la côte méridionale de l'Espagne, par le 36° de lat. nord, la ville et le port de *Gibraltar*, dans le détroit de ce nom.

Dans la Méditerranée, au sud de la Sicile, l'île de *Malte*, capitale, *Lavalette*, et l'île de *Goze* qui en dépend.

Dans la mer Ionienne, les îles de *Corfou*, capitale, *Corfou*; *Paxos*, capitale, *Paxos*; *Sainte-Maure*, capitale, *Amanichi*; *Théaki*, capitale, *Vathi*; *Céphalonie*, capitale, *Argostoli*; *Zante*, capitale, *Zante*; et *Cérigo*, capitale, *Cérigo*. Ces îles, qui appartenaient autrefois à la république de Venise, ont formé elles-mêmes, dans les derniers temps, une république, connue sous le nom de république des *Sept-Îles*.

En Afrique.

Sur la rivière de Gambie, au Sénégal, entre les 8 et 10° de latit. nord, le port de *James* et les comptoirs de *Vingtain*, de *Joukakonda* et de *Pisania*.

A la côte de la Guinée, sur la rivière de Sierra-Leone, par le 8°, les villes de *Fréétown*, d'*Adamstown* et le fort de *Bance*.

A la Côte-d'Or, aussi dans la Guinée, par le 5° de latit. N., fort de *Cabo-Corso* ou *Cap-Corse*.

A la pointe méridionale de l'Afrique, la colonie du cap de *Bonne-Espérance*, par le 35° de latit. sud; capitale, la ville du *Cap*.

Dans le groupe des îles Séchelles, dans l'Océan Indien, l'île de *Mahé*.

Aux îles Mascareignes, aussi dans la mer des Indes, l'île *Maurice* ou de *France*; capitale, *Port-Louis*, et l'île *Rodrigue*.

Dans l'Océan atlantique, l'île de *Sainte-Hélène;* capitale, *Jamestown.*

En Asie.

Sans compter les petits états de la presqu'île de l'Indoustan, entre l'Indus et le Gange, qui sont tributaires de l'Angleterre, celle-ci possède en toute souveraineté beaucoup de provinces dans cette contrée, tant sur les côtes que dans l'intérieur, qui gisent entre les 8 et 28° de latit. nord. Ces provinces, qui, la plupart, portent les noms de leurs capitales, sont : *Catubaye, Goetwara, Surate, Broach, Canora, Concan, Dindigul, Coimberore, Gandicotta, Visapour, Maduré, Carnate, Madras, Ballassor, Cattack, Bengale, Benarès, Bahar, Allahabad, Oude, Rohilcon, Agra, Delhy* et *Orixa* méridional. La ville de *Calcutta*, près l'embouchure du Gange, dans la province de Bengale, peut être considérée comme la capitale de l'immense empire des Anglais dans l'Inde.

Les anciens établissemens hollandais, dans l'île de *Ceylan;* la ville de *Colombo*, avec un port et une citadelle, au sud-ouest de l'île, est la capitale de ces établissemens.

L'île de *Banka*, à l'est de la grande île de *Sumatra*, dans l'archipel d'Asie.

En Amérique.

Les possessions anglaises, depuis le 65 jusqu'au 50° de latit. nord, dans l'Amérique septentrionale, sont les contrées connues jusqu'alors sous les noms de pays des *Esquimaux* et de terre de *Labrador*, dans lesquels sont renfermées les deux grandes baies de *Baffin* et de *Hudson*, et appelées maintenant *Nouvelle-Bretagne*. Il n'existe dans ces contrées d'autres établissemens européens que quelques fortins ou comptoirs formés sur les côtes de ces baies, pour protéger le commerce que les Anglais y font avec les naturels du pays. Le principal de ces forts est celui d'*Yorck*, sur la côte occidentale de la baie d'Hudson.

Le *Haut-Canada*, entre les 45 et 50° de latitude : *Yorck*, siége du gouvernement, est bâti à l'extrémité occidentale du lac Ontario.

Le *Bas-Canada*, à l'ouest du Haut-Canada et sous la même latitude : *Québec*, capitale, et plus haut *Montréal*, toutes deux sur le fleuve Saint-Laurent, sont les villes les plus importantes de ce gouvernement.

Le *Nouveau-Brunswick*, sur la rive sud du fleuve Saint-Laurent ; capitale, *Saint-Jean*.

La *Nouvelle-Ecosse*, à l'est du Nouveau-Brunswick : capitale, *Halifax*.

L'île de *Terre-Neuve*, à l'entrée du golfe de Saint-Laurent : capitale, *Plaisance*.

L'île du *Cap-Breton*, au nord de la Nouvelle-Ecosse : capitale, *Louisbourg*.

L'île de *Saint-Jean*, à l'ouest de la précédente : capitale, *Charlotte-Town*.

Dans l'Océan atlantique, les îles *Bermudes*. Ces îles sont au nombre de 400, extrêmement petites ; la principale est appelée *Saint-Georges*, et la ville du même nom, est la capitale de toutes les îles de ce groupe.

Dans les îles du golfe du Mexique ou Antilles :

Les îles *Lucayes* ou *Bahama* ; elles sont au nombre de 14, sans compter une quantité innombrable de petits îlots qui les entourent : la principale est la *Nouvelle-Providence*, dont la capitale est *Nassau*, qui l'est en même temps de toutes les *Lucayes*.

La *Jamaïque* ; capitale, *Kingston*.

Les îles des *Vierges*, au nombre de trois ; celles de l'*Anguille*, la *Barboude*, *Névis* et *Monserat*, n'offrent aucune ville, mais seulement des habitations éparses.

Saint-Christophe, capitale, *Basse-Terre* ; *Antigoa*, capitale, *Saint-Jean*.

La *Dominique*, capitale, *la Baie-du-Prince-Rupert*.

Sainte-Lucie, capitale, *le Carénage*.
Saint-Vincent, capitale, *Kingston*.
La *Barbade*, capitale, *Bridgetown*.
La *Grenade*, capitale, *Saint-Georges*.
Tabago, capitale, *Georges-Town*.
La *Trinité*, capitale, *Saint-Joseph-d'Oruna*.

Dans le fond du golfe du Mexique, sur la côte de la Nouvelle-Espagne, entre le 15 à 20°, l'*Yucatan* anglais, dans la presqu'île de ce nom : capitale, *Balise*.

La côte et le territoire des *Mosquitos*, dans la mer des Antilles : capitale, *Chef-Town*.

Sur la côte orientale de l'Amérique méridionale, entre les 6 à 7° de latit. N., la *Guiane anglaise* qui se compose des provinces d'*Esséquibo*, capitale, *Esséquibo*; de *Berbice*, capitale, *Nouvelle-Amsterdam*; et de *Démérari*, capitale *Strabrock*.

Dans l'Amérique septentrionale, sur les côtes de l'Océan-Pacifique;

Entre les 54 et 57° de latit. nord, le *Nouveau-Cornouaille*, qui se compose de plusieurs îles, dont les principales sont désignées sous le nom d'archipel *Pitt* et archipel du prince de *Galles*.

Entre les 50 et 54°, le *Nouvel-Hanovre* formé par la côte et l'île de *Vancouver*.

Entre les 45 et 50°, la *Nouvelle-Géorgie* : principal établissement, le fort *Astoria*.

Et du 40 au 45°, la *Nouvelle-Albion*, qui n'offre sur toute la côte d'autres établissemens que quelques factoreries anglaises.

De tous les européens qui ont visité les terres et îles nouvellement découvertes dans le grand Océan-Pacifique, et connues sous le nom de Terres australes, les seuls anglais y ont formé des établissemens.

A la côte orientale de la Nouvelle-Hollande, la *Nouvelle-Galle méridionale* ou *Botany-Bay* : capitale, port *Jackson*.

La Terre de *Van-Diémen*, au sud de la Nouvelle-Hollande ; capitale, le port *Dalrymple*.

Et l'île de *Norfolk*, au sud-ouest de la *Nouvelle-Zélande*.

États qui ont des possessions en Allemagne.

Danemarck, Prusse, Autriche, Pays-Bas.

DANEMARCK,

MONARCHIE ABSOLUE.

Possessions hors de l'Allemagne.

Jutland : cette contrée se divise en deux parties, le *Nord-Jutland* et le *Sud-Jutland*.

Le *Nord-Jutland*, entre les 55 et 58° de latit. nord, comprend quatre districts, qui sont : *Albourg*, capitale, *Albourg*; *Wibourg*, capitale, *Wibourg*; *Aarhus*, capitale, *Aarhus*; et *Ripen*, capitale, *Ribs*.

Le *Sud-Jutland*, entre les 54 et 55°, comprenant le duché de *Sleswick*, capitale, *Sleswick*; les principales villes de ce duché sont : *Hadersleben, Appenrade, Flensbourg, Tondern, Husum, Tonningen, Friedrichstadt* et *Eckernfoehrde*.

Sous la même latitude, la *Fionie*, île à l'est du Jutland; capitale, *Odensée*, située au centre. Sur les côtes, sont les villes et ports de *Nibourg*, *Fabourg* et *Swinborg*.

Aussi sous la même latitude, l'île de *Séeland*, à l'est de celle de Fionie : *Copenhague* en est la capitale, ainsi que de toutes les possessions danoises. L'île de Séeland renferme plusieurs autres villes, dont les principales sont *Roskild* et *Elseneur*.

Provinces qui dépendent de la Confédération d'Allemagne.

Sous le 54°, le *Holstein*, divisé en quatre parties,

qui sont: le *Holstein* propre, *Kiel*, capitale; *Ditmarsch*, capitale, *Meldorp*; *Stormarie*, capitale, *Gluckstadt*; et *Wagrie*, capitale, *Neustadt*. La ville d'*Altona*, sur l'Elbe, au-dessous de *Hambourg*, est dans la *Stormanie*.

Sous le 53°, *Lauenbourg*, au nord-est du Holstein; capitale, *Lauenbourg*.

ILES DANOISES.

Dans la mer Baltique:

Les îles de *Fionie* et de *Séeland*, dont nous avons parlé plus haut;

L'île de *Langeland*, capitale, *Rudkiobing*;

L'île de *Laland*, capitale, *Naxkou*;

L'île de *Falster*, capitale, *Nikiobing*;

L'île de *Moen*, capitale, *Stéige*;

L'île de *Bornholm*, capitale *Ronne*.

Dans le grand Océan atlantique:

L'île d'*Islande*, dont la capitale est *Skalhoult*;

Et le groupe des îles de *Féroé*, dont la principale est *Streme*.

Possessions danoises dans les autres parties du monde.

En Afrique, à la côte de Guinée, par le 5° de latit. N., les ports de *Christiambourg*, de *Printzensten*, et de *Komgerten*.

En Asie, dans l'Indoustan, à la côte de Coromandel, par le 10° de latit. N., la ville et territoire de *Tranquepar*.

Et en Amérique, dans le golfe du Mexique :

Les îles de *Saint-Thomas*, capitale, *Saint-Thomas* ;

De *Saint-Jean*, capitale, *Saint-Jean* ;

Et de *Sainte-Croix*, capitale, *Sainte-Croix* ;

ROYAUME DE PRUSSE,

MONARCHIE MILITAIRE.

Possessions en Allemagne.

Les possessions prussiennes en Allemagne sont divisées en six provinces principales, subdivisées en cercles ou cantons, limitées au nord par la mer Baltique, à l'est par les états prussiens hors d'Allemagne, et la Pologne, à l'ouest par le Mecklembourg et la Saxe, et au nord par la Bohême et l'Autriche, entre les 50 à 54° de latit. N.

1re. Province. *Poméranie*, savoir : entre les 53 et 55° de latit. N., 2 cercles, *Stettin* et *Custrin*.

1°. *Stettin* : villes principales, *Stettin*, capitale ; *Stargard*, *Stralsund* et *Anclan*.

2°. *Coeslin* : villes principales, *Coeslin* et *Colberg*.

2me. Province. *Brandebourg*, entre les 52 et 55°, trois cercles, *Berlin*, *Potsdam* et *Francfort*.

1°. *Berlin*, qui ne comprend que la ville de *Berlin*, capitale de toute la Prusse et sa banlieue.

2°. *Postdam* : villes principales, *Postdam*, *Neu-Ruppin*, *Prenzlow*, *Spandau* et *Brandebourg*.

3°. *Francfort* : villes principales, *Francfort sur l'Oder, Landsberg, Custrin, Zullichau* et *Guben.*

3ᵐᵉ. Province. *Saxe*, entre les 51 à 52°, trois cercles : *Magdebourg, Mersebourg* et *Erfurth.*

1°. *Magdebourg* : villes principales, *Magdebourg, Stendal, Wernigerode, Quedlinbourg* et *Ascherleben.*

2°. *Mersebourg* : villes principales, *Mersebourg, Wittenberg, Torgau, Lutzen, Hall, Naumbourg* et *Zeitz.*

3°. *Erfurth* : villes principales, *Erfurth, Nordhausen, Mulhausen* et *Langensalza.*

4ᵐᵉ. Province. *Westphalie*, sous la même latitude que la précédente, 3 cercles : *Munster, Menden* et *Hamm.*

1°. *Munster* : villes principales, *Munster* et *Warendorf.*

2°. *Menden* : villes principales, *Menden, Herford Bielefeld* et *Paderborn.*

3°. *Hamm* : villes principales, *Hamm, Soest, Iserlohn* et *Dortmund.*

5ᵐᵉ. Province. *Clèves* et *Berg*, entre les 50 et 51°, 2 cercles : *Clèves* et *Dusseldorf.*

1°. *Clèves* : villes principales, *Clèves, Wesel, Créveld*, et *Duisbourg.*

2°. *Dusseldorf* : villes principales, *Dusseldorf, Solingen, Siégen* et *Vetzlar.*

6ᵐᵉ. Province. *Bas-Rhin*, entre les 49 et 51°, 4 cercles : *Cologne, Aix-la-Chapelle, Coblentz* et *Trèves.*

1°. *Cologne:* villes principales, *Cologne* et *Bonn.*

2°. *Aix-la-Chapelle:* villes principales, *Aix-la-Chapelle, Duren, Eupen* et *Malmedy.*

3°. *Coblentz :* villes principales, *Coblentz , Neuwied* et *Creutznach.*

4°. *Trèves;* villes principales, *Trèves, Sarrebruck* et *Sarre-Louis.*

Possessions prussiennes hors de l'Allemagne.

Ces possessions, qui comprennent la Prusse proprement dite et la Silésie, sont divisées en quatre provinces, subdivisées en cercles.

1re. Province. *Prusse orientale,* entre les 53 et 56° de latit. N., deux cercles.

1°. *Kœnisberg :* villes principales , *Kœnisberg, Memel, Tilsitt, Pillau, Friedland* et *Preusch-Eylau.*

2°. *Gumbinen:* villes principales, *Gumbinen, Insterbourg* et *Angerbourg.*

2me. Province. *Prusse occidentale,* entre les 53 et 55°, 2 cercles.

1°. *Dantzick:* villes principales, *Dantzick, Elbing* et *Marienbourg.*

2°. *Marienwerder :* villes principales, *Marienwerder, Tarn* et *Culm.*

3me. Province. *Posen,* entre les 52 et 53°, 2 cercles.

1°. *Posen :* villes principales, *Posen, Lina* et *Fraustadt.*

2°. *Bromberg :* villes principales , *Bromberg* et *Inowraclaw.*

4ᵐᵉ. Province. *Silésie*, entre les 50 et 52°, 4 cercles.

1°. *Breslau* : villes principales, *Breslau*, *Oels* et *Brieg*.

2°. *Liegnitz* : villes principales, *Liegnitz*, *Glogau* et *Hirchberg*.

3°. *Reichenbach* : villes principales, *Reichenbach*, *Schmiedeberg* et *Glatz*.

4°. *Oppelin* : villes principales, *Oppelin*, *Neustadt* et *Ratibor*.

Les îles qui dépendent de la Prusse, et qui sont situées dans la mer Baltique, sur les côtes de la Poméranie, sont :

L'île de *Rugen*, capitale, *Bergen*.

L'île de *Usedon*, capitale, *Usedon*.

Et l'île de *Wollin*, capitale, *Wollin*.

La Prusse possède encore, entre la France et la Suisse, par le 47° de latit. nord, la principauté de *Neuchâtel*, capitale, *Neuchâtel*.

EMPIRE D'AUTRICHE.

MONARCHIE ABSOLUE.

Possessions en Allemagne.

La *Bohême*, entre les 49 et 51° de latit. nord, est divisée en dix-sept cercles, qui tous portent le nom de leurs villes capitales, savoir :

Prague, *Brunzlau*, *Leutméritz*, *Koëningingractz*, *Chrudim*, *Bidschow*, *Csaslau*, *Kaurzim*, *Bé-*

raun, *Rakonitz*, *Saatz*, *Ellbogen*, *Pilsen*, *Klattau*, *Prachim*, *Tabor* et *Budweis*.

La *Silésie* autrichienne, par le 50° de latitude nord, deux cercles qui portent les noms de leurs capitales, savoir : *Troppan* et *Teschen*.

La *Moravie*, entre les 49 et 50° de latit., six cercles portant aussi les noms de leurs capitales : *Brünn*, *Olmutz*, *Prerau*, *Hradisch*, *Znay* et *Inglau*.

L'*Autriche*, qui se divise en haute et basse.

La *Haute-Autriche*, sous le 49°, quatre cercles : *Hansruck*, capitale, *Linz*; *Innwiertel*, capitale, *Braunau*; *Traun*, capitale, *Steyr*; et *Mühl*, capitale, *Freystadt*.

La *Basse-Autriche*, sous le 48°, quatre cercles : au-dessus de la *Forêt-de-Vienne*, capitale, *Saint-Poelten*; au-dessous de la *Forêt-de-Vienne*, capitale de ce cercle et de tout l'empire, *Vienne*; au-dessus de *Manhartzberg*, capitale, *Krems*; au-dessous de *Manhartzberg*, capitale, *Korn-Neubourg*.

Duché de *Salzbourg*, par le 48° de latit. : capitale, *Salzbourg*.

La *Styrie*, divisée en haute et basse.

Haute-Styrie, entre les 47° et 48° de latitude N., deux cercles du nom de leurs capitales : *Judenbourg* et *Bruck*.

Basse-Styrie, sous le 47°, trois cercles, aussi du nom de leurs capitales : *Graetz*, *Marbourg* et *Silley*.

Le *Tyrol*, entre les 46 et 47° de latitude, se divise en allemand et italien.

(197)

Tyrol allemand, capitale, *Inspruck*.
Tyrol italien, capitale, *Trente*.
Le *Voralberg*, par le 47° de latitude : capitale, *Brégenz*.

Possessions hors l'Allemagne.

La *Gallicie autrichienne* ou *occidentale*, entre les 47 et 51° de latit. nord, comprend seize cercles ou cantons, du nom de leurs capitales, savoir :

Lemberg, *Zolkiew*, *Zloczow*, *Brzezany*, *Znyatin*, *Stanislawow*, *Stry*, *Sambor*, *Przmyst*, *Rzezsow*, *Sanok*, *Tarnow*, *Jaslo*, *Bochnia*, *Sandec*, *Myslenitz*.

La *Hongrie*, y compris le *Bannat*, entre les 46 et 49°, se divise en cinq cercles, qui se subdivisent en comtés, lesquels portent, pour la plupart, le nom de leurs capitales.

1er. Cercle en-deçà du Danube, divisé en treize comtés, qui sont ceux de *Presbourg*, *Neutra*, *Trentchin*, *Turotz*, *Arw*, *Liptau*, *Potth*, *Barsch*, *Hont*, *Neogrand*, *Gran*, *Pesth* et *Baatsch* ; la ville de *Bude* se trouve dans le comté de *Pesth*.

2°. Cercle au-delà du Danube : onze comtés, qui sont ceux de *Wieselbourg*, *OEdenbourg*, *Eisembourg*, *Raab*, *Comarn*, *Szalad*, *Schumegh*, *Weszprim*, *Sthulweissenbourg* ou *Albe-Royale*, *Barassia* et *Tolna*.

3°. Cercle en-deçà de la Theiss : dix comtés, qui sont ceux d'*Abaujwar*, de *Béregh*, *Borsol*, *Gomor*, *Hewesch*, *Scharosch*, *Torn*, *Unghwar*, *Zemplin* et

Zips; la ville de *Tokay,* renommée par ses vins, se trouve dans le comté de *Zemplin.*

4°. Cercle au-delà de la Theiss : douze comtés, qui sont ceux d'*Arad*, *Bekesch*, *Bihar*, *Tschanad*, *Schongrand*, *Marsnarosch*, *Szaboltsch*, *Ugotch*, *Szathmar*, *Themesch*, *Torontal* et *Craschou.*

5°. Cercle le *Bannat :* deux comtés, *Temeswar* et *Torontal* ou *Lugosch.*

La *Transylvanie*, à l'est de la Hongrie, par les 46 à 47° de latit. N., est divisée en trois cercles, qui portent le nom de leurs capitales : *Hermanstadt, Fogarasch, Klausenbourg.*

La *Bukowine*, sous le 46° de latitude, à l'est de la Transylvanie ; les deux principales villes de cette petite province sont *Tchernowitz*, capitale, et *Sutchowa.*

L'*Esclavonie*, sous le 45° de latitude. La capitale de cette province, située au sud de la Hongrie, est *Poséga;* les autres villes principales sont : *Eszeck, Carlowitz, Peter-Waradin* et *Saulim.*

Croatie septentrionale, entre les 45 et 46° de latit., à l'ouest de l'Esclavonie, trois cercles du nom de leurs capitales : *Agram, Waradin* et *Krentz.*

Royaume d'*Illyrie*, entre les 42 et 46° de latit., à l'est de l'Esclavonie et de la Croatie septentrionale, et longeant les côtes de la mer Adriatique. Ce royaume est divisé en dix cercles, qui sont :

La *Croatie méridionale*, capitale, *Carlestadt;* la *Carinthie*, capitale, *Clagenfurth;* la *Carniole*, capitale, *Leybach;* le *Frioul autrichien*, capitale, *Goritz;* l'*Istrie autrichienne*, capitale, *Trieste;* l'*Is-*

trie ex-vénitienne, capitale, Capo-d'Istria; la Dalmatie autrichienne, capitale, Segna; la Dalmatie ex-vénitienne, Zara; province de Raguse, capitale, Raguse; et bouches du Cattaro, capitale, Cétine.

Royaume Lombard-Vénitien, en Italie, entre les 46 et 47° de latitude, est divisé en vingt provinces ou états, qui sont:

Chiavenna, capitale, Chiavenna; Valteline, capitale, Sondrio; Bormio, capitale, Bormio; Comasc, capitale, Come; Iles-Borromées, dans le Lac-Majeur, capitale, l'Ile-Mère; Milanéz, capitale, Milan; Pavesan, capitale, Pavie; Lodésan, capitale, Lodi; Crémonèse, capitale, Crémone; Cremasc, capitale, Crema; Bergamèse, capitale, Bergame; Brescia, capitale, Brescia; Véronèse, capitale, Vérone; Vicentin, capitale, Vicence; Padouan, capitale, Padoue; Dogado, capitale, Venise; marche Trévisane, capitale, Trévise; Bellunèse, capitale, Bellune; Frioul, capitale, Udine; et Mantouan, capitale, Mantoue.

Iles autrichiennes. L'Autriche ne possède d'autres îles que celles Illyriennes, dans la mer Adriatique, entre les 44 à 45° de latit. nord, et dont les principales sont les îles de Véglia, de Cherson, de Pago, d'Osero, de Brazza, de Lezina et de Lina.

ROYAUME DES PAYS-BAS,

MONARCHIE, AVEC REPRÉSENTATION.

Possessions hors l'Allemagne.

La Hollande, placée entre les 51 à 53° de latit. nord, a conservé son ancienne division en neuf provinces, savoir:

1°. Le comté de *Hollande :* principales villes, *Amsterdam*, capitale de toute la Hollande, *Alemaar*, *Enkhuisen*, *Hoorn*, *Haarlem*, *La Haye*, *Leyde*, *Delft*, *Rotterdam*, *Dordrecht* et *Gorcum*.

2°. Le comté d'*Utrecht :* villes principales, *Utrecht* et *Amersford*.

3°. Le comté de *Zélande :* villes principales, *Middelbourg*, *Flessingue*, *Ziériczée* et *Eecloo*.

Cette province comprenant les six îles de Walcheren, Schouwen, Duiveland, Teholm, Nord, Sud et Ouest-Beveland, qui renferment ses principales villes, je ne parlerai plus de ces îles, lorsque j'en serai à la description de celles qui dépendent du royaume des Pays-Bas.

4°. *Gueldre septentrionale* et comté de *Zutphen :* villes principales, *Nimègue*, *Arnheim* et *Zutphen*.

5°. *Over-Yssel :* villes principales, *Zwoll*, *Kampen* et *Deventer*.

6°. Seigneurie de *Groningue :* villes principales, *Groningue* et *Appingadam*.

7°. Province de *Drenthe :* ville capitale, *Koeverden*.

8°. Seigneurie de *Frise :* villes principales, *Leuwarden* et *Harlingen.*

9°. *Brabant hollandais :* villes principales, *Bois-le-Duc, Breda* et *Berg-op-Zoom.*

La *Belgique*, entre les 50 à 51°, est divisée en huit provinces, qui sont :

1°. La *Flandre occidentale :* villes principales, *Bruges, Ostende, Nieuport, Ypres, Menin* et *Courtray.*

2°. La *Flandre orientale :* villes principales, *Gand, Termonde, Oudenarde* et *Grammont.*

3°. L'*Anversois :* villes principales, *Anvers, Turnhout* et *Malines.*

4°. *Brabant méridional :* villes princip., *Bruxelles*, capitale de toute la Belgique; *Louvain, Diest, Tirlemont, Nivelle* et *Waterloo.*

5°. Le *Limbourg :* villes principales, *Maëstricht, Hasselt, Ruremonde* et *Wenloo.*

6°. Le *Hainaut :* villes principales, *Mons, Tournay, Ath* et *Charleroy.*

7°. *Namur :* villes principales, *Namur* et *Dinant.*

8°. *Liège :* villes principales, *Liège, Rocoux, Verviers, Spa* et *Huy.*

Possessions en Allemagne.

Le duché de *Luxembourg*, entre les 49 et 50° : villes principales, *Luxembourg, Neufchâteau, Arlon* et *Bouillon.*

Possessions coloniales.

En *Afrique*, sur la Côte-d'Or, dans la Guinée, par le 5° de latitude nord, le fort *Nassau*.

En *Asie*, dans l'Indoustan, sur la côte de Coromandel, par le 11° de latit. nord, la ville et le territoire de *Négapatnan*.

Dans l'archipel d'Asie, beaucoup d'établissemens dans les îles de la *Sonde* et des *Moluques*; *Batavia*, la capitale de ces établissemens, est située dans l'île de Java, l'une des îles de la Sonde, par le 6°. de latit. nord.

Dans les *Antilles*, en partage avec la France, l'île *Saint-Martin*, et, en toute propriété, les îles de *Saba* et de *Saint-Eustache*.

Et à la côte orientale de l'Amérique méridionale, dans la *Guiane*, la colonie de *Surinam*, par le 5° de latit. nord : capitale, *Paramaribo*.

États dont les Possessions sont circonscrites en Allemagne.

Grand-Duché d'Olstein-Oldembourg,

Gouverné par son Grand-Duc.

Ce grand duché, situé entre les 52 à 54° de latitude nord, comprend l'évêché de *Lubeck*: capitale, *Eutin*, et le duché d'*Oldembourg*: villes principales, *Oldembourg* et *Tloppenbourg*.

LE ROYAUME DE HANOVRE,

AU ROI D'ANGLETERRE.

Le royaume de *Hanovre*, entre les 51 et 54° de lat. N., est composé de douze divisions, savoir :

1°. Duché de *Brêmen*; capitale, *Stadt*.
2°. Duché de *Verden*; capitale, *Verden*.
3°. Duché de *Lunebourg*; villes principales, *Lunebourg* et *Cell*.
4°. Comté de *Dannenberg*; capitale, *Dannenberg*.
5°. La principauté de *Calenberg*; villes principales, *Hanover*, *Hameln*, *Goettingue*, et le château de *Calenberg* qui donne son nom à la principauté.
6°. La principauté de *Grubenhagen*; villes principales, *Embeck* et *Osterode*.
7°. Évêché d'*Hildesheim*; villes principales, *Hildesheim* et *Goslar*.
8°. Comté de *Hoya*; capitale, *Hoya*.
9°. Le comté de *Diépholtz*: ville principale, *Diépholtz*.
10°. Évêché d'*Osnabruck*; capitale, *Osnabruck*.
11°. Le comté de *Lingen*; capitale, *Lingen*.
12°. Le comté de *Bentheim*; capitale, *Bentheim*.
13°. *Oost-Frise*: villes principales, *Aurich*, *Emden* et *Papenbourg*.

Grand-Duché de Mecklembourg-Schwerin,

Gouverné par son grand-Duc.

Le grand duché de *Mecklembourg-Schwerin* est placé entre les 53 et 54° de latit.; ses villes principales sont : *Schwerin, Rostock, Perchim* et *Ludwigslust.*

Grand-Duché de Mecklembourg-Strelitz,

Gouverné par son Grand-Duc.

Ce grand duché, sur la même latitude que le précédent, a pour villes principales, *Neu-Strelitz* et *Neu-Brandenbourg.*

Comté de Lippe-Delmold,

Gouverné par son Comte.

Le comté de *Lippe-Delmold*, sous le 52° de latit.: ses principales villes sont *Delmold, Lemgo* et *Horn.*

Le Duché de Brunswich-Wolfenbuttel,

Gouverné par son Duc.

Ce duché, situé sous le 52° de latitude, a pour villes principales *Brunswick, Helmstadt* et *Wolfenbuttel.*

Principauté d'Anhalt-Bernbourg,

Gouvernée par son Prince.

La principauté d'*Anhalt-Bernbourg* est entre les 51 à 52° de latit. ; ses villes principales sont *Bernbourg* et *Ballenstaeldt*.

Principauté d'Anhalt-Kothen,

Gouvernée par son Prince.

La paincipauté d'*Anhalt-Kothen* se trouve par la même latit. que celle ci-dessus: ville capitale, *Kothen*.

Principauté d'Anhalt-Dessau,

Gouvernée par son Prince.

La principauté d'*Anhalt-Dessau* est par le 51° de latit. ; ses villes principales sont *Dessau* et *Zerbst*.

Le Comté de Waldeck,

Gouverné par son Comte.

Le comté de *Waldeck*, entre les 51 et 52° de latit., a pour villes principales *Corback*, capitale, et *Pyrmont*.

Comté de Schwarzbourg Sondershausen,

Gouverné par son Comte.

Le comté de *Schwarzbourg-Sondershausen*, entre

les 51 et 52° de latit., a pour villes principales *Sondershausen* et *Arnestadt*.

Comté de Schwarzbourg-Rudolsdadt,

Gouverné par son Comte.

Le comté de *Schwarzbourg - Rudolsdadt*, par la même latitude que le précédent, a pour villes principales *Rudolsdadt*, capitale; *Frankenhausen* et *Schwartzbourg*.

Duché de Saxe-Meinungen,

Gouverné par son Duc.

Le duché de *Saxe - Meinungen* est placé sous le 51° de latit.; ses villes principales sont *Meinungen* et *Salzungen*.

Duché de Saxe-Gotha,

Gouverné par son Duc.

Ce duché, sous la même latitude que le précédent, a pour villes principales *Gotha*, capitale; *Ohrdruf* et *Attenbourg*.

Principauté de Saxe-Hildburghausen.

Gouvernée par son Prince.

La principauté de *Saxe-Hildburghausen* se trouve

entre les 51 et 52° de latit. Sa capitale est *Hildburghausen*.

Principauté de Saxe-Cobourg,

Gouvernée par son Prince.

La principauté de *Saxe-Cobourg*, comme la précédente, se trouve par les 51 à 52° de latit. ; ses villes principales sont *Cobourg*, capitale, et *Saalfeld*.

ROYAUME DE SAXE,

GOUVERNÉ PAR SON ROI.

Le royaume de *Saxe*, situé entre les 50 et 52° de latit. N., est divisé en cinq cercles, qui sont :

1°. La *Mismie*; villes principales, *Dresde*, capitale du royaume; *Pilnitz*, *Messein* et *Koenigstein*.

2°. *Leipsick*; villes principales, *Leipsick*, *Wurzen*, *Grimma* et *Glauchau*.

3°. *Erzgebirge*; villes principales, *Freyberg*, *Chemnitz*, *Zwichau* et *Schnéeberg*.

4°. *Voitgland*; villes principales, *Plauen*, *Reichenbach* et *Oëlnitz*.

5°. *Lusace*; villes principales, *Cameuz*, *Zittau* et *Herrenhuth*.

Principauté de Reuss,

Gouvernée par ses Princes.

La principauté de *Reuss*, entre les 51 et 52° de lat., est divisée en quatre seigneuries, savoir :

Reuss-Ebersdorf, capitale, *Gera*.
Reuss-Greiz, capitale, *Greiz*.
Reuss-Schleiz, capitale, *Schleiz*.
Et *Reuss-Lobenstein*, capitale, *Lobenstein*.

Duché de Hesse-Électorale,

Gouverné par son Duc.

Le duché de *Hesse-Electorale*, situé par le 51° de latit., est divisé en trois districts, savoir :

1°. *Cassel* ; villes principales, *Cassel*, capitale de tout le duché ; *Eschwège*, *Marbourg* et *Schmalkalden*.

2°. *Fulde* ; capitale, *Fulde*.

3°. *Hanau* ; capitale, *Hanau*.

Grand-Duché de Hesse-Darmstadt,

Gouverné par son grand-Duc.

Le grand-duché de *Hesse-Darmstadt*, situé sous le 50° de latit., est divisé en quatre pays, savoir :

1°. *Hesse méridionale* ; villes principales, *Giessen*, *Alsfeld*, *Butzbach*, *Friedberg* et *Biédenkopf*.

2°. Principauté de *Starkenbourg* ; ville capitale, **Darmstadt**.

3°. Comté d'*Isembourg*; villes principales, *Offenbach* et *Budingen*.

4°. Pays de *Mayence*: villes principales, *Mayence*, capitale et forteresse de la confédération germanique, au confluent du Mein et du Rhin; *Bingen* et *Worms*.

Landgrave de Hesse-Hombourg,

Gouverné par un Landgrave.

Le landgrave de *Hesse-Hombourg* est aussi situé par le 50° de latit. nord, enclavé dans la Hesse méridionale; sa capitale est *Hombourg*.

Duché de Nassau,

Gouverné par son Duc.

Le duché de *Nassau*, aussi situé par le 50° de latitude, se compose des trois anciens duchés ci-après, qui forment sa division actuelle.

1°. *Nassau-Welbourg*: villes principales, *Wisbaden*, capitale de tout le duché: *Welbourg* et *Selters*, village célèbre par ses eaux minérales.

2°. *Nassau-Usingen*; capitale, *Usingen*.

3°. *Nassau-Dietz*: villes principales, *Dietz*, *Nassau* et *Dillenbourg*.

Grand-Duché de Bade,

Gouverné par son Grand-Duc, avec représentation.

Le grand-duché de *Bade*, entre les 48 et 50° de latitude; est divisé en huit cercles, qui sont:

1°. *Mein* et *Tauber*; capitale, *Vertheim*.

2°. *Neckar :* villes principales, *Manheim, Heidelberg* et *Wimpfen*.

3°. *Pfinz* et *Enz*, *Carlsruhe*, *Philipsbourg*, *Dourlack* et *Pforzheim*.

4°. *Murg :* villes principales, *Bade*, capitale du grand-duché; *Rastadt* et *Ettlingen*.

5°. *Kintsig :* lieux principaux, la ville d'*Offenbourg* et la forteresse de *Khel*.

6°. *Treisam :* villes principales, *Freybourg* en *Brisgau* et *Vieux-Brissach*.

7°. *Furstemberg :* villes principales, *Villengen*, *Neustadt* et *Furstemberg*.

8°. Le *Lac :* villes principales, *Constance*, *Engen* et *Uberlingen*.

Principauté de Leyen,

Gouvernée par son Prince.

La principauté de *Leyen*, par le 48° de latit. nord, enclavée dans le grand-duché de Bade, quoique gouvernée par un duc particulier, ne présente aucun lieu remarquable.

ROYAUME DE WURTEMBERG,

GOUVERNÉ PAR SON ROI, AVEC REPRÉSENTATION.

Le royaume de *Wurtemberg*, situé entre les 48 et

50° de latit. nord, est divisé en douze bailliages, savoir : sept dits du nord, et cinq dits du sud.

Bailliages du nord.

Jaxt : villes principales, *Oehringen, Mergentheim* et *Hall.*

Neckar inférieur : villes principales, *Heilbronn* et *Weinsberg.*

Kocher : villes principales, *Ellwangen* et *Crailsheim.*

Enz : villes principales, *Louisbourg* et *Besigheim.*

Rotenberg : villes principales, *Stuttgard,* capitale du royaume, et *Esslingen.*

Rems et *Fils :* villes principales, *Gémund* et *Goepnigen.*

Forêt-Noire : villes principales, *Calw* et *Freudenstadt.*

Bailliages du sud.

Alpes : villes principales, *Aurach, Reutlingen* et *Kircheim.*

Neckar citérieur : villes principales, *Rothenbourg* et *Tubingen.*

Neckar supérieur : villes principales, *Rotheweil* et *Tuttlingen.*

Danube : villes principales, *Ulm* et *Biberach.*

Lac : villes principales, *Altdorf* et *Ravensbourg.*

Principauté de Hohenzollern-Héchingen,

Gouvernée par son Duc.

La principauté de *Hohenzollern-Héchingen*, par le 48° de lat., a pour capitale *Héchingen*.

Principauté de Hohenzollern-Siegmaringen,

Gouvernée par son Prince.

La principauté de *Hohenzollern-Siegmaringen*, sous la même latitude que la précédente, a pour capitale la petite ville de *Siegmaringen*.

Principauté de Lichtenstein,

Gouvernée par son Prince.

Cette principauté, située par le 47° de latit., a pour chef-lieu le bourg de *Vaduzz*, sans autres villes ni bourgs.

ROYAUME DE BAVIÈRE,

GOUVERNÉ PAR SON ROI, AVEC REPRÉSENTATION.

Le royaume de *Bavière*, situé entre les 47 à 50° de latit. nord, est divisé en huit cercles qui sont :

1°. Du *Haut-Mein* : villes principales, *Bayreuth*, *Hof* et *Bamberg*.

2°. *Bas-Mein* : villes principales, *Wurzbourg*, *Orb*, *Schweinfurt* et *Aschaffenbourg*.

3°. *Du Rhin*: villes principales, *Spire, Frankental, Neustadt, Deux-Ponts* et *Landau*.

4°. *De Régen*: villes principales, *Ratisbonne, Sulzbach* et *Amberg*.

5°. *De Retzat*: villes principales, *Anspach, Erlangen, Nuremberg, Furth, Schwabach, Dunkelsbuhl* et *Rothenbourg*.

6°. *Haut-Danube*: villes principales, *Ausgbourg, Weissembourg, Ingolstadt, Neubourg, Memmengen* et *Kempten*.

7°. *Bas-Danube*: villes principales, *Passau* et *Straubing*.

8°. *L'Iser*, villes principales, *Munich*, capitale du royaume; *Landshut, Freysingen* et *Traunstein*.

Villes libres en Allemagne.

Hambourg, située entre les 53 et 54° de latit., sur l'Elbe, à 20 lieues de son embouchure, forme un état indépendant; outre la ville de *Hambourg*, cet état renferme celles de *Cuxaven* et de *Ritzebuttel*, et les territoires en dépendant.

Brême ou *Bremen*, sous la même latitude, sur le Weser, à 15 lieues de son embouchure, forme aussi un état indépendant, qui se compose de la ville de *Bremen* et de son territoire.

Lubeck, sur la même latitude, à deux lieues de la mer Baltique, sur la Trave; cette ville, avec celle de *Travemunde*, qui en est à deux lieues, et leurs territoires, forment un état indépendant.

Francfort-sur-le-Mein, entre les 49 et 50° de latit., sur la rivière *du Mein*, est reconnue ville libre, et siége de la diète où se traitent les intérêts communs de la confédération germanique.

ALLEMAGNE.

La contrée de l'Europe comprise sous la dénomination générique d'*Allemagne*, s'étend entre les 47 et 55° de lat. N., et les 2 à 17° de longit. orient.; partagée entre plusieurs souverainetés ou états, je viens de présenter la description de chacun d'eux, soit qu'ils appartiennent à des puissances qui s'étendent en dehors de l'Allemagne, soit qu'ils s'y trouvent exclusivement enclavés. Je vais recomposer l'Allemagne des élémens qui lui sont propres, mais en rappelant seulement le nom de chaque état : j'espère qu'à ce moyen le lecteur comprendra bien ce que c'est que l'Allemagne.

Possessions des Puissances dont les états s'étendent hors l'Allemagne.

Les duchés de *Holstein* et de *Launbourg*, au Danemarck.

Les provinces de *Poméranie*, *Brandebourg*, *Saxe*, *Westphalie*, *Clèves*, *Berg* et *Bas-Rhin*, à la Prusse.

Le duché de *Luxembourg*, au royaume des Pays-Bas.

La *Haute* et *Basse-Autriche*, la *Haute* et *Basse-*

(215)

Styrie, le *Salzbourg*, le *Tyrol*, le *Voralberg*, le royaume de *Bohême*, la *Moravie* et la *Silésie*, à l'empire d'Autriche.

Possessions des Puissances dont les états sont circonscrits en Allemagne.

Grand duché de *Holstein-Oldenbourg*;
Royaume de *Hanovre*;
Grand duché de *Mecklembourg-Schwerin*;
Grand duché de *Mecklembourg-Strelitz*;
Comté de *Lippe-Detmold*;
Duché de *Brunswick-Volfenbuttel*;
Principauté d'*Anhalt-Bernbourg*;
Principauté d'*Anhalt-Kothen*;
Principauté d'*Anhalt-Dessau*;
Comté de *Waldeck*;
Comté de *Schwarzbourg-Sondershausen*;
Comté de *Schwarzbourg-Rudolstadt*;
Duché de *Saxe-Meiningen*;
Duché de *Saxe-Gotha*;
Principauté de *Saxe-Hildburghausen*;
Principauté de *Saxe-Cobourg*;
Royaume de *Saxe*;
Principauté de *Reuss*;
Duché de *Hesse-Électorale*;
Grand-duché de *Hesse-Darmstadt*;
Landgrave de *Hesse-Hombourg*;
Duché de *Nassau*;
Grand-duché de *Bade*;

Principauté de *Leyen*;
Royaume de *Wurtemberg*;
Principauté de *Hohenzollern-Hechingen*;
Principauté de *Hohenzollern-Siegmaringen*;
Principauté de *Lichtenstein*;
Royaume de *Bavière*.

Villes libres d'Allemagne.

Hambourg, Bremen, Lubeck et *Francfor-sur-le-Mein.*

Ville libre de Cracovie.

La ville de *Cracovie* et son territoire, dans la Gallicie orientale, sur la rive gauche de la Vistule, par le 50° de latit., est reconnue ville libre à perpétuité, sous la protection de la Russie, de l'Autriche et de la Prusse.

ROYAUME DE FRANCE,

GOUVERNÉ PAR SON ROI, AVEC REPRÉSENTATION.

Le royaume de *France*, borné au nord par les Pays-Bas et l'Allemagne, à l'ouest par la Manche et l'Océan atlantique, au sud par les Pyrénées et la Méditerranée, et à l'est par le Rhin, la Prusse et les Pays-Bas, est divisée en 86 départemens, y compris la *Corse*.

Je suivrai la description de la France par départemens et par degrés de latitude, en prenant de l'ouest à l'est ceux qui se trouvent sous le même parallèle.

(217)

Entre les 50 et 51° de latit. N., deux départemens.

1°. Le *Pas-de-Calais*: villes principales, *Arras*, chef-lieu; *Boulogne*, *Saint-Omer*, *Béthune*, *Saint-Pol* et *Montreuil*. Outre ces villes, qui sont chefs-lieux d'arrondissement, on trouve encore *Calais* et *Ambleteuse*, qui sont ports de mer.

2°. Le *Nord*: villes principales, *Lille*, chef-lieu; *Douay*, *Dunkerque*, *Hazebrouy*, *Cambrai* et *Avesnes*, sous-préfectures; on remarque encore celles de *Gravelines*, port de mer, *Bergues*, *Valenciennes* et *Maubeuge*.

Entre les 49 et 50°, neuf départemens.

1° *Manche*: villes principales, *Saint-Lô*, chef-lieu; *Valogne*, *Coutances*, *Avranches*, *Mortain* et *Cherbourg*, sous-préfectures; *Granville*, port de mer.

2° *Calvados*: *Caen*, chef-lieu; *Bayeux*, *Pont-l'Evêque*, *Lisieux*, *Falaise* et *Vire*, sous-préfectures; *Honfleur*, port de mer.

3°. *Seine-Inférieure*: *Rouen*, chef-lieu; *le Havre*, *Yvetot*, *Dieppe* et *Neufchâtel*, sous-préfectures; *Darnetal*, *Bolbec* et *Elbeuf*, remarquables par leurs fabriques; *Saint-Valery-en-Caux* et *Fécamp*, ports de mer.

4°. *Eure*: *Evreux*, chef-lieu; *Pont-Audemer*, *Louviers*, les *Andelys* et *Bernay*, sous-préfectures: la ville de *Louviers* est célèbre par ses manufactures de draps.

5°. *Somme*: *Amiens*, chef-lieu; *Abbeville*, *Dou-*

10

lens, *Péronne* et *Montdidier*, sous-préfectures; *Saint-Valery-sur-Somme*, petit port de mer.

6°. *Oise* : Beauvais, chef-lieu; *Clermont, Compiègne* et *Senlis*, sous-préfectures.

7°. *Aisne* : Laon, chef-lieu; *Soissons, Château-Thierry, Saint-Quentin* et *Vervins*, sous-préfectures.

8°. *Ardennes* : Mézières, chef-lieu; *Rocroi, Sedan, Rethel* et *Vouziers*, sous-préfectures.

9°. *Moselle* : Metz, chef-lieu; *Briey, Thionville* et *Sarguemine*, sous-préfectures.

Entre les 48 et 49°, dix-huit départemens.

1°. *Finistère* : Quimper, chef-lieu; *Brest, Morlaix, Châteaulin* et *Quimperlé*, sous-préfectures. La ville de *Brest* est célèbre par son port et ses établissemens maritimes.

2°. *Côtes-du-Nord* : Saint-Brieuc, chef-lieu; *Lannion, Guingamp, Loudeac* et *Dinan*, sous-préfectures; *Paimpol*, port de mer.

3°. *Ille-et-Vilaine* : Rennes, chef-lieu; *Saint-Malo, Fougères, Montfort, Vitré* et *Redon*, sous-préfectures; *Saint-Malo*, port de mer.

4°. *Orne* : Alençon, chef-lieu; *Argentan, Domfront* et *Mortagne*, sous-préfectures.

5°. *Mayenne* : Laval, chef-lieu; *Mayenne* et *Château-Gonthier*, sous-préfectures.

6°. *Sarthe* : le Mans, chef-lieu; *Mamers, Saint-Calais* et *la Flèche*, sous-préfectures.

7°. *Eure-et-Loir* : Chartres, chef-lieu; *Dreux, Nogent-le-Rotrou* et *Châteaudun*, sous-préfectures,

8°. *Seine-et-Oise : Versailles*, chef-lieu, *Mantes, Pontoise, Corbeil, Etampes* et *Rambouillet*, sous-préfectures. *Versailles* est célèbre par son magnifique château.

9°. *Seine : Paris*, chef-lieu et capitale de la France; *Saint-Denis* et *Sceaux*, sous-préfectures.

10°. *Seine-et-Marne : Melun*, chef-lieu; *Meaux, Coulommiers, Provins* et *Fontainebleau*, sous-préfectures. *Fontainebleau* est remarquable par son château royal, et la forêt qui en dépend.

11°. *Marne : Châlons-sur-Marne*, chef-lieu; *Reims, Sainte-Menehould, Vitry-le-Français* et *Epernay*, sous-préfectures. On remarque à *Reims* la cathédrale et quelques anciens monumens romains.

12°. *Aube : Troyes*, chef-lieu; *Arcis-sur-Aube, Nogent-sur-Seine, Bar-sur-Aube* et *Bar-sur-Seine*, sous-préfectures.

13°. *Haute-Marne : Chaumont*, chef-lieu; *Vassy* et *Langres*, sous-préfectures.

14°. *Meuse : Bar-le-Duc*, chef-lieu; *Montmédy, Verdun* et *Commercy*, sous-préfectures.

15°. *Meurthe : Nancy*, chef-lieu; *Toul, Château-Salins, Sarrebourg* et *Lunéville*, sous-préfectures.

16°. *Vosges : Épinal*, chef-lieu; *Neufchâteau, Mirecourt, Saint-Dié* et *Remiremont*, sous-préfectures.

17°. *Bas-Rhin : Strasbourg*, chef-lieu; *Haguenau, Saverne* et *Schelestat*, sous-préfectures.

18°. *Haut-Rhin: Colmar*, chef-lieu ; *Béfort* et *Altkirk*, sous-préfectures.

Entre les 47 et 48°, douze départemens.

1°. *Morbihan: Vannes*, chef-lieu; *Lorient, Ploermel* et *Pontivy* ; sous-préfectures. *Lorient* a un port de mer pour la marine royale.

2°. *Loire-Inférieure: Nantes*, chef-lieu ; *Savenay, Châteaubriand, Ancenis* et *Paimbœuf*, sous-préfectures; *Paimbœuf* et *le Croisic*, ports de mer.

3°. *Maine-et-Loire: Angers*, chef-lieu ; *Segré, Baugé, Beaupréau* et *Saumur*, sous-préfectures.

4°. *Indre-et-Loire: Tours*, chef-lieu ; *Chinon* et *Loches*, sous-préfectures.

5°. *Loir-et-Cher: Blois*, chef-lieu; *Vendôme* et *Romorantin*, sous-préfectures.

6°. *Loiret: Orléans*, chef-lieu ; *Pithiviers, Montargis* et *Gien*, sous-préfectures.

7°. *Cher: Bourges*, chef-lieu ; *Sancerre* et *Saint-Amand*, sous-préfectures.

8°. *Yonne: Auxerre*, chef-lieu; *Sens, Joigny, Tonnerre* et *Avalon*, sous-préfectures.

9°. *Nièvre: Nevers*, chef-lieu; *Cosne, Clamecy* et *Château-Chinon*, sous-préfectures.

10°. *Côte-d'Or: Dijon*, chef-lieu : *Châtillon-sur-Seine, Semur* et *Beaune*, sous-préfectures.

11°. *Haute-Saône: Vesoul*, chef-lieu ; *Lure* et *Gray*, sous-préfectures.

12°. *Doubs: Besançon*, chef-lieu ; *Baume, Montbéliard* et *Pontarlier*, sous-préfectures.

Entre les 46 et 47°, dix départemens:

1°. *Vendée: Bourbon-Vendée*, chef-lieu; *Fontenay-le-Peuple* et *Sables-d'Olonne*, sous-préfectures.

2°. *Charente-Inférieure: la Rochelle*, chef-lieu; *Saintes, Rochefort, Saint-Jean-d'Angely, Marennes* et *Jonzac*, sous-préfectures. *Rochefort* est célèbre par son port et ses établissemens maritimes.

3°. *Deux-Sèvres: Niort*, chef-lieu; *Bressuire, Parthenay* et *Melle*, sous-préfectures.

4°. *Vienne: Poitiers*, chef-lieu; *Loudun, Châtellerault, Civray* et *Montmorillon*, sous-préfectures.

5°. *Indre: Châteauroux*, chef-lieu; *Issoudun, la Châtre* et *le Blanc*, sous-préfectures.

6°. *Creuse: Guéret*, chef-lieu; *Boussac, Aubusson* et *Bourganeuf*, sous-préfectures.

7°. *Allier: Moulins*, chef-lieu; *Montluçon, Gannat* et *la Palisse*, sous-préfectures.

8°. *Saône-et-Loire: Mâcon*, chef-lieu; *Autun, Châlons-sur-Saône, Charolles* et *Louhans*, sous-préfectures.

9°. *Jura: Lons-le-Saunier*, chef-lieu; *Dôle, Poligny* et *Saint-Claude*, sous-préfectures.

10°. *Ain: Bourg*, chef-lieu; *Belley, Nantua* et *Trévoux*, sous-préfectures.

Entre les 45 et 46°, neuf départemens.

1°. *Charente: Angoulême*, chef-lieu; *Ruffec, Confolens, Cognac* et *Barbézieux*, sous-préfectures.

2°. *Dordogne: Périgueux*, chef-lieu; *Nontron, Riberac, Bergerac* et *Sarlat*, sous-préfectures.

3°. *Haute-Vienne* : *Limoges*, chef-lieu ; *Bellac*, *Rochechouart* et *Saint-Yrieix*, sous-préfectures.

4°. *Corrèze* : *Tulle*, chef-lieu ; *Usset* et *Brives-la-Gaillarde*, sous-préfectures.

5°. *Puy-de-Dôme* : *Clermont*, chef-lieu ; *Riom*, *Thiers* et *Issoire*, sous-préfectures.

6°. *Haute-Loire* : *le Puy*, chef-lieu ; *Brioude* et *Yssengeaux*, sous-préfectures.

7°. *Loire* : *Montbrison*, chef-lieu ; *Roanne* et *Saint-Etienne*, sous-préfectures.

8°. *Rhône* : *Lyon*, chef-lieu ; et *Villefranche*, sous-préfecture. *Lyon* est la seconde ville de France par sa population et l'étendue de son commerce.

9°. *Isère* : *Grenoble*, chef-lieu ; *Vienne*, *la Tour-du-Pin* et *Saint-Marcellin*, sous-préfectures.

Entre les 44 et 45°, onze départemens.

1°. *Gironde* : *Bordeaux*, chef-lieu ; *Lesparre*, *Blaye*, *Libourne*, *la Réole* et *Bazas*, sous-préfectures. Bordeaux tient le troisième rang, après Paris, parmi les villes de France les plus populeuses et les plus commerçantes.

2°. *Lot-et-Garonne* : *Agen*, chef-lieu ; *Marmande*, *Villeneuve-d'Agen* et *Nérac*, sous-préfectures.

3°. *Cantal* : *Aurillac*, chef-lieu ; *Ambert*, *Mauriac* et *Murat*, sous-préfectures.

4°. *Lot* : *Cahors*, chef-lieu ; *Gourdon* et *Figeac*, sous-préfectures.

5°. *Tarn-et-Garonne* : *Montauban*, chef-lieu ; *Castel-Sarrasin* et *Moissac*, sous-préfectures.

6°. *Aveyron : Rhodez*, chef-lieu ; *Espalion, Villefranche, Milhau* et *Saint-Afrique*, sous-préfectures.

7°. *Lozère : Mende*, chef-lieu ; *Marvejols* et *Florac*, sous-préfectures.

8°. *Ardèche : Privas*, chef-lieu ; *Tournon* et *l'Argentière*, sous-préfectures.

9°. *Drôme : Valence*, chef-lieu ; *Die, Montélimar* et *Nyons*, sous-préfectures.

10°. *Hautes-Alpes : Gap*, chef-lieu ; *Briançon* et *Embrun*, sous-préfectures.

11°. *Basses-Alpes : Digne*, chef-lieu ; *Sisteron, Barcelonnette, Forcalquier* et *Castellane*, sous-préfectures.

Entre les 43 et 44°, douze départemens.

1°. *Landes : Mont-de-Marsan*, chef-lieu ; *Dax* et *Saint-Sever*, sous-préfectures.

2°. *Basses-Pyrénées : Pau*, chef-lieu ; *Bayonne, Ortez, Mauléon* et *Oléron*, sous-préfectures.

3°. *Gers : Auch*, chef-lieu ; *Condom, Lectoure, Mirande* et *Lombez*, sous-préfectures.

4°. *Hautes-Pyrénées : Tarbes*, chef-lieu ; *Bagnères* et *Argelès*, sous-préfectures.

5°. *Haute-Garonne : Toulouse*, chef-lieu ; *Muret, Saint-Gaudens*, et *Villefranche*, sous-préfectures.

6°. *Tarn : Alby*, chef-lieu ; *Gaillac, Lavaur*, et *Castres*, sous-préfectures.

7°. *Aude : Carcassonne*, chef-lieu ; *Castelnaudary, Limoux* et *Narbonne*, sous-préfectures.

8°. *Hérault* : *Montpellier*, chef-lieu ; *Lodève*, *Saint-Pons* et *Béziers*, sous-préfectures.

9°. *Gard* : *Nîmes*, chef-lieu, *Alais* et *le Vigan*, sous-préfectures.

10°. *Bouches-du-Rhône* : *Marseille*, chef-lieu ; *Tarascon* et *Aix*, sous-préfectures. Ce département possède encore la ville d'*Arles*, très-populeuse ; et son chef-lieu, *Marseille*, est célèbre par son étendue, sa population, son port et son commerce.

11°. *Vaucluse* : *Avignon*, chef-lieu ; *Orange*, *Carpentras* et *Apt*, sous-préfectures.

12°. *Var* : *Draguignan*, chef-lieu ; *Toulon*, *Brignolles* et *Grasse*, sous-préfectures. *Toulon* est une ville remarquable par son port de mer et ses établissemens maritimes.

Entre les 42 et 43°, 3 départemens :

1°. *Arriège*, *Foix*, chef-lieu ; *Pamiers* et *Saint-Girons*, sous-préfectures.

2°. *Pyrénées-Orientales* : *Perpignan*, chef-lieu, *Ceret* et *Prades*, sous-préfectures.

3°. *L'île de Corse* : *Ajaccio*, chef-lieu ; *Calvi*, *Corte*, *Bastia* et *Sartène*, sous-préfectures.

Nota. « L'île de Corse formant à elle seule un dé-
» partement, je n'y reviendrai plus quand je parlerai
» des îles qui appartiennent à la France, et qui sont
» semées le long de ses côtes.

TABLEAU *comparatif des anciennes provinces et des départemens de la France.*

NOMS DES		CHEFS-LIEUX
ANCIENNES PROVINCES.	DÉPARTEMENS.	des DÉPARTEMENS.
Flandre française, Hainaut et Cambrésis.....	Nord.........	Lille.
Artois, Boulonais, Ardrésis et Calaisis.....	Pas-de-Calais....	Arras.
Picardie.....	Somme........	Amiens.
Normandie et partie du Perche.	Seine-Inférieure...	Rouen.
	Calvados.......	Caen.
	Manche........	Saint-Lô.
	Orne.........	Alençon.
	Eure..........	Évreux.
Ile de France, Beauvoisis, Soissonnois, Vexin et Gâtinois.....	Oise..........	Beauvais.
	Seine-et-Oise.....	Versailles.
	Seine.........	Paris.
	Seine-et-Marne....	Melun.
	Aisne.........	Laon.
Champagne et principauté de Sédan........	Marne.........	Châlons.
	Ardennes.......	Mézières.
	Aube..........	Troyes.
	Haute-Marne.....	Chaumont.
Lorraine, Barrois et Trois-Évêchés........	Meuse.........	Bar-le-Duc.
	Moselle........	Metz.
	Meurthe........	Nancy.
	Vosges.........	Épinal.
Alsace.....	Bas-Rhin........	Strasbourg.
	Haut-Rhin.......	Colmar.
Bretagne.....	Ille-et-Vilaine....	Rennes.
	Côtes-du-Nord....	Saint-Brieuc.
	Finistère.......	Quimper.
	Morbihan.......	Vannes.
	Loire-Inférieure...	Nantes.

10*

| NOMS DES | | CHEFS-LIEUX |
ANCIENNES PROVINCES.	DÉPARTEMENS.	des DÉPARTEMENS.
Le Maine et le Perche.	Sarthe.	Le Mans.
	Mayenne.	Laval.
Anjou et Saumurois.	Maine-et-Loire.	Angers.
Touraine.	Indre-et-Loire.	Tours.
Orléanois, Blaisois et pays Chartrain.	Loiret.	Orléans.
	Eure-et-Loir.	Chartres.
	Loir-et-Cher.	Blois.
Berri.	Indre.	Château-Roux.
	Cher.	Bourges.
Nivernois.	Nièvre.	Nevers.
Bourgogne, Auxerrois, Sénonois, Bresse, Bugey, Valromey et Dombes.	Yonne.	Auxerre.
	Côte-d'Or.	Dijon.
	Saône-et-Loire.	Mâcon.
	Ain.	Bourg.
Franche-Comté.	Haute-Saône.	Vesoul.
	Doubs.	Besançon.
	Jura.	Lons-le-Saulnier.
Poitou.	Vendée.	Bourbon-Vendée.
	Deux-Sèvres.	Niort.
	Vienne.	Poitiers.
Marche, et partie du Limosin.	Haute-Vienne.	Limoges.
	Creuse.	Guéret.
Limosin.	Corrèze.	Tulle.
Bourbonnais.	Allier.	Moulins.
Saintonge, Angoumois et pays d'Aunis.	Charente-Inférieure.	La Rochelle.
	Charente.	Angoulême.
Auvergne.	Puy-de-Dôme.	Clermont.
	Cantal.	Aurillac.
Lyonnais, Forêts et Beaujolais.	Rhône.	Lyon.
	Loire.	Montbrison.

NOMS DES		CHEFS-LIEUX
ANCIENNES PROVINCES.	DÉPARTEMENS.	des DÉPARTEMENS.
Dauphiné....	Isère...........	Grenoble.
	Hautes-Alpes.....	Gap.
	Drôme.........	Valence.
Guyenne, comprenant la Gascogne, Rouergue, Bordelois, Bazadois, Agénois, Condomois, Armagnac, Chalosse, Pays de Marsan, et les Landes...	Dordogne.......	Périgueux.
	Gironde........	Bordeaux.
	Lot-et-Garonne...	Agen.
	Lot...........	Cahors.
	Aveyron.......	Rhodez.
	Gers..........	Auch.
	Landes........	Mont-de-Marsan.
Bigorre et 4 vallées.........	Hautes-Pyrénées..	Tarbes.
Béarn et Basques........	Basses-Pyrénées..	Pau.
Comté de Foix.	Arriège........	Foix.
Languedoc...	Haute-Garonne....	Toulouse.
	Aude..........	Carcassonne.
	Tarn..........	Alby.
	Tarn-et-Garonne...	Montauban.
	Gard..........	Nîmes.
	Lozère........	Mende.
	Ardèche.......	Privas.
	Haute-Loire.....	Le Puy.
	Hérault........	Montpellier.
Provence....	Bouches-du-Rhône..	Marseille.
	Basses-Alpes.....	Digne.
	Var...........	Draguignan.
Roussillon...	Pyrénées-Orientales.	Perpignan.
Ile de Corse..	Corse.........	Ajaccio.

Iles voisines de la France.

Dans l'Océan, les îles d'*Ouessant*, au département du *Finistère*.

Belle-Isle, au département du *Morbihan*.

Ile de *Noirmoutier* et île *Dieu*, au département de la *Vendée*.

Ile de *Ré* et île d'*Oléron*, au département de la *Charente-Inférieure*.

Dans la Méditerranée, les îles d'*Hyères* et les îles de *Lérins*, au département du *Var*.

Possessions françaises en Afrique, en Asie et en Amérique.

La France possède en Afrique, au *Sénégal* ou *Guinée* septentrionale, le fort *Saint-Louis*, dans la rivière du Sénégal, et les forts *Saint-Joseph* et de *Saint-Pierre*, sur la côte.

Sur la côte de *Guinée* propre, l'île de *Gorée*.

Sur la côte méridionale de l'île de *Madagascar*, les établissemens d'*Antongil*, de *Manahar*, de *Foutpointe* et de *Tamatave*.

Aux îles *Mascareigne*, l'île *Bourbon* : capitale, *Saint-Louis*.

En Asie, la ville et le territoire de *Pondichéry*, dans l'Indoustan, sur la côte de *Coromandel*.

En Amérique : savoir, dans l'Amérique septentrionale, au golfe Saint-Laurent, les îles *Saint-Pierre* et de *Miquelon*.

Aux Antilles, la *Guadeloupe*, la *Martinique*, la

Désirade, *Marie-Galande*; et par moitié avec la Hollande, *Saint-Martin*.

Enfin, sur la côte orientale de l'Amérique méridionale, la *Guiane* française : capitale, *Cayenne*.

ROYAUME D'ESPAGNE,
GOUVERNEMENT MONARCHIQUE.

Le royaume d'*Espagne*, situé entre les 36 et 44° de latitude nord, et les 1 à 12° de long. occidentale, est limité au nord par les montagnes des Pyrénées; au sud, par l'Océan atlantique et la Méditerranée; à l'est, par la Méditerranée; et à l'ouest, par l'Océan et le royaume de Portugal.

L'*Espagne* est composée de quatorze provinces ou royaumes; car il est bon de faire observer que l'Espagne, du temps des Maures, ayant été partagée en plusieurs parties qui ont pris le nom de royaume, ces parties, réunies, aujourd'hui sous le même gouvernement, ont conservé leur ancienne dénomination.

Au nord, entre les 40 et 44° de longitude, six provinces ou royaumes, qui sont :

1°. Le royaume de *Galice* : capitale, *San-Yago* ou *Saint-Jacques-de-Compostelle*; villes principales, la *Corogne*, *Ribadeo*, le *Ferrol*, *Bayonna* et *Pontevedra*. Ces cinq dernières villes sont des ports de mer très-fréquentés sur l'Océan; le *Ferrol* est port pour la marine militaire.

2°. Principauté des *Asturies* : villes principales, *Oviedo*, *Gijon*, *Ribadesella*, *Avilès* et *Cudillero*. Les quatre dernières villes sont des ports de mer sur l'Océan.

3°. Province de *Biscaye* et de *Guipuzcoa* : villes principales, *Bilbao*, *Ordugna*, *St.-Sébastien*, *Los-Passages*, *Fontarabie*, *Tolosa*, *Vergara*, *Mondragon* et *Vittoria*. Les villes de *Saint-Sébastien*, *Los-Passages* et *Fontarabie* sont des ports de mer sur l'Océan.

4°. Royaume de *Navarre* : villes principales, *Pampelune*, *Estella*, *Peralta* et *Tudela*.

5°. Royaume d'*Aragon* : villes principales, *Saragosse*, *Juca*, *Barbastro*, *Huesca*, *Turacona*, *Calatayud* et *Téruel*.

6°. Principauté de *Catalogne* : villes principales, *Barcelonne*, *Puy-Cerda*, *Roses*, *Figuières*, *Gironne*, *Palamos*, *Manresa*, *Lerida*, *Tarragone* et *Tortose*. Les villes de *Barcelonne*, *Palamos* et *Tarragone* ont des ports sur la Méditerranée.

Au centre, entre les 38 et 43°, cinq provinces ou royaumes qui sont :

1°. Le royaume de *Léon* : villes principales, *Léon*, *Palencia*, *Valladolid*, *Zamora*, *Medina-del-Campo*, *Astorga*, *Salamanque* et *Ciudad-Rodrigo*.

2°. Province d'*Estramadure* : villes principales, *Badajoz*, *Placentia*, *Espinosa*, *Alcantara*, *Truxillo*, *Merida* et *Xerès-de-los-Cavalleros*.

3°. Royaume de *Vieille-Castille* : villes principales, *Burgos*, *Santander*, *Laredo*, *Miranda-de-Ebro*, *Calahorra*, *Soria*, *Ségovie* et *Avila*.

4°. Royaume de *Nouvelle-Castille* : villes principales, *Madrid*, capitale de toute l'Espagne; *Guadalaxara*, *Siguenza*, *Cuença*, *Alcala-de-Henarès*,

Requenna, Aranjuez, Tolède, Calatrava, Ciudad-Real et Valdepennas.

5°. Royaume de *Valence* : villes principales, *Valence*, *Cervera*, *Murviedro*, *Alicante*, *Elche* et *Orihuela*.

Au sud, entre les 36 et 39°, trois provinces ou royaumes, qui sont :

1°. Le royaume d'*Andalousie* : villes principales, *Séville*, *Cordoue*, *Andujar*, *Jaen*, *Alcala-Réal*, *Chiclava*, *San-Lucar-de-Barrameda*, *Puerto-Santa-Maria*, *Trafalgar*, *Ecija*, *Antequéra*, *Cadix* et *St.-Roch*. Les villes de *San-Lucar*, de *Puerto* et de *Cadix* possèdent des ports de mer importans.

2°. Royaume de *Grenade* : villes principales, *Grenade*, *Huescar*, *Baza*, *Alméria*, *Malaga* et *Ronda*. La ville d'*Alméria* a un bon port de mer.

3°. Le royaume de *Murcie* : villes principales, *Murcie*, *Almanza*, *Villena*, *Lorca* et *Carthagène*. Cette dernière ville a un beau port de mer sur la Méditerranée.

Iles voisines de l'Espagne.

Dans la Méditerranée, par les 39 à 40° de latitude, les îles *Baléares*.

Ces îles sont au nombre de cinq, savoir :

Minorque : villes principales, *Port-Mahon* et *Ciudadela*.

Majorque : villes principales, *Palma*, *Soller* et *Pollenza*.

Cabrera, capitale et port du même nom.

Iviça, capitale et ville du même nom, et *Formentara*.

Les Espagnols ont formé des colonies en Afrique, en Asie et en Amérique.

Ils ont en Afrique, sur les côtes de la Barbarie, *Ceuta*, *Pebnon-de-Velez*, *Melilla*, les îles *Canaries*, dans l'Océan atlantique; et celles de *Fernand-Pô* et d'*Annobon*, dans le golfe de Guinée.

En Asie, dans l'Océan-Pacifique, les îles *Philippines*, les îles *Mariannes* et les îles *Carolines*.

En Amérique, savoir : dans l'Amérique septentrionale, les *Florides*, le *Nouveau-Mexique*, le *Vieux-Mexique* ou *Nouvelle-Espagne*; dans le golfe du Mexique, les îles de *Cuba*, de *Porto-Rico* et de la *Marguerite*; et dans l'Amérique méridionale, le nouveau royaume de *Grenade*, le *Pérou*, le *Paraguay* ou royaume de *la Plata*, le *Chili* et les îles *Malouines* ou *Falkland*.

La majeure partie des colonies espagnoles, dans les deux Amériques, est en insurrection depuis plusieurs années. Nous parlerons de ces colonies plus en détail, quand nous traiterons des parties du monde où elles se trouvent.

ROYAUME DE PORTUGAL,

GOUVERNEMENT MONARCHIQUE.

Le royaume de *Portugal*, situé entre les 37 et 42° de latit nord, et les 9 à 12° de longitude occidentale, est limité au nord par l'Espagne, au sud par l'Océan atlan-

tique, à l'est par l'Espagne, et à l'ouest encore par l'O-
céan atlantique. Il est divisé en six provinces, savoir : deux au nord, deux au centre et deux au sud.

Provinces du nord.

1°. Par les 41 et 42°. de latit. nord, *Entre-Douero* et
Minho : villes principales, *Braga*, *Viana*, *Porto* ou
Oporto et *Guimaraens*. La ville de *Porto* a un port
de mer sur l'Océan, où l'on fait un grand commerce.

2°. *Tras-tos-Montes :* villes principales, *Bragance*,
Chaves, *Miranda* et *Villa-Real*.

Provinces du centre.

1°. Entre les 39 et 41° de latit. nord, *Beyra :* villes
principales, *Coïmbre*, *Aveyro*, *Lamégo*, *Almeyda*
et *Covilhas*. La ville d'*Aveyro* a un bon port sur l'O-
céan.

2°. *Estramadure :* villes principales, *Lisbonne*,
capitale du royaume de Portugal; *Cintra*, *Santarem*,
Abrantès, *Thomar* et *Sodo*. La ville de *Lisbonne*,
sur le Tage, au moyen des marées, et celle de *Sodo*,
sur l'Océan, ont les meilleurs ports du royaume.

Provinces du sud.

1°. entre les 37 et 39° de latitude nord, *Alentejo :*
villes principales, *Elvas*, *Olivença*, *Béja*, *Moura*
et *Sines*, petit port sur l'Océan.

2°. Et *Algarve :* villes principales, *Tavira*, *Faro*,
Loule, *Villa-Nova-de-Portunao*, *Lagos* et *Sagres*.

Ces trois dernières sont des ports de mer sur l'Océan.

Les Portugais sont le premier peuple de l'Europe qui ait établi des colonies en Afrique et en Asie : elles étaient nombreuses dès le 16e. siècle ; mais, déchus de leur splendeur, et successivement dépouillés par les autres nations, et particulièrement par les Hollandais, il ne leur reste en Afrique que quelques établissemens : sur les côtes de Guinée, *Cachco* et dépendances ; sur les côtes de Congo, *Angola* ; de Zanguebar, *Mozambique* ; du Monomotapa, les forts de *San-Yago* et de *Sena* ; les îles de *St.-Pierre*, de *St.-Thomas*, dans le golfe de Guinée ; celles de *Madère*, du *Cap-Vert* et des *Açores*, dans l'Océan atlantique ; et en Asie, de faibles établissemens dans l'Indoustan, sur les côtes en deçà du Gange, notamment *Goa* sur la côte du Malabar ; ils ont encore la ville de *Macao* dans le golfe de Canton, en Chine.

Ils ont aussi dans l'Amérique méridionale le royaume du Brésil qui, par le passage de la famille royale dans cette partie de leurs possessions, est, en quelque sorte, devenu le principal état du roi de Portugal.

Nous parlerons de ces différentes colonies ou possessions, quand nous traiterons des parties du monde où elles sont situées.

SUISSE,

RÉPUBLIQUE FÉDÉRATIVE.

La *Suisse* ou Confédération helvétique, située entre les 46 et 48° de latit. nord, et les 3 à 8° de longitude orientale, est limitée au nord et à l'est par l'Allemagne; à l'ouest par la France, et au sud par l'Italie. Cette contrée est maintenant divisée en vingt-deux cantons, qui sont autant de petites républiques, et ont chacun un gouvernement particulier.

Entre les 47 et 48° de latit. N. :

1°. Canton de *Bâle*, capitale, *Bâle*;
2°. Canton d'*Argovie*, capitale, *Arau*;
3°. De *Soleure*, capitale, *Soleure*;
4°. De *Schaffouse*, capitale, *Schaffouse*;
5°. De *Zurich*, capitale, *Zurich*;
6°. De *Turgovie*, capitale, *Fraunfeld*;
7°. De *Saint-Gall*, capitale, *Saint-Gall*;
8°. D'*Appenzel*, capitale, *Appenzel*;
9°. De *Zug*, capitale, *Zug*;

Entre les 46 et 47° :

10°. *Berne*, capitale, *Berne*; la ville de *Porentruy* fait partie de ce canton;
11°. *Fribourg*, capitale, *Fribourg*;
12°. *Lucerne*, capitale, *Lucerne*;
13°. *Schwitz*, capitale, *Schwitz*;
14°. *Glaris*, capitale, *Glaris*;
15°. *Underwald*, capitale, *Underwald*;
16°. *Ury*, capitale, *Ury*;
17°. *Vaud*, capitale, *Lausanne*;
18°. *Tessin*, canton dit *les Bailliages italiens*, capitale, *Bellinzone*:
19°. *Grisons* : ce canton se divise en trois petites républiques ou ligues, qui sont : la **Ligue de Cadée**,

capitale, *Coire*; la *Ligue Grise*, capitale, *Ilantz*; et la *Ligue des Dix-Droitures*, capitale, *Davos*.

Cantons alliés, aussi entre les 46 et 47°, à l'ouest de la Suisse :

20°. Cantons de *Neuchâtel*, capitale, *Neuchâtel*;
21°. Canton de *Genéve*, capitale, *Genéve*;
22°. Canton du *Vallais*, capitale, *Sion*;

Nous avons déjà parlé du canton de Neuchâtel en traitant de la Prusse, parce que, malgré son alliance fédérative avec la Suisse, il n'en reconnaît pas moins la souveraineté de la Prusse.

ROYAUME DE SARDAIGNE,

GOUVERNEMENT MONARCHIQUE.

Le royaume de *Sardaigne* comprend quatre états : la *Savoie*, le *Piémont*, le *Duché de Gênes* et l'île de *Sardaigne*.

Les trois états, situés sur le continent, s'étendent du 44 au 46° de latit. N., et du 3 au 6° de longit. orient.; les limites de ces trois états, sont : au nord, la *Suisse*, à l'est, l'*Italie*; à l'ouest, la *France*; et au sud, la *Méditerranée*.

La *Savoie*, entre les 45 et 47° de latit. N., comprend six pays, qui sont :

1°. Le *Genevois*, capitale, *Annecy*;
2°. Le *Chablais*, capitale, *Thonon*;
3°. Le *Faucigny*, capitale, *Bonneville*;

4°. La *Savoie* propre, capitale, *Chambéry*;

5°. La *Tarantaise*, capitale, *Moutiers*;

6°. Et la *Maurienne*, capitale, *Saint-Jean-de-Maurienne*.

Le *Piémont*, entre les 44 et 46° de latit., comprend huit pays, qui sont :

1°. *Aoste* : villes principales, *Aoste*, capitale, *Yvrée*; *Biella*, *Castellamonte* et *Locana*;

2°. *Verceil*, capitale, *Verceil*;

3°. *Piémont* propre : villes principales, *Turin*, capitale de la province et du royaume; *Chivasso*, *Rivoli*, *Chiéri*, *Carmagnole*, *Villefranche*, *Pignerol*, *Racconis*, *Savigliano*, *Fossano*, *Mondovi*, *Coni*, *Dronero*, *Demonte*, *Caraglio* et la *Chiusa*.

4°. *Asti*, capitale, *Asti*;

5°. *Saluces* : villes principales, *Saluces*, capitale; *Barge*, *Moretta*, *Revello*, *Saint-Pierre* et *Verzuolo*;

6°. *Nice* : villes principales, *Nice* et *Monaco*;

7°. *Montferrat*, villes principales, *Casal*, *Acqui* et *Alba*;

8°. *Démembrement du Milanès* : villes principales, *Domo-d'Ozela*, *Varallo*, *Arona*, *Intra*, *Novare*, *Vigevano*, *Mortara*, *Alexandrie*, *Marengo*, *Valence*, *Tortone*, *Bobbio* et *Serravalle*.

Le duché de *Gênes*, entre les 44 et 45°, est divisé en trois pays, qui sont :

1°. *Gênes* : villes principales, *Gênes*, capitale, et *Novi*;

2°. *Rivière du Ponent* : villes principales, *Savone*, *Noli*, *Oneille*, *Port-Maurice* et *Vintimille*;

3°. *Rivière du Levant :* villes principales, *Porto-Fino*, *Chiavari*, *Spezzia* et *Porto-Venere*.

L'île de *Sardaigne*, qui donne son nom au royaume, est située dans la Méditerranée, au sud de celle de Corse, entre les 39 et 41° de latit. N.; elle se divise en deux provinces :

1°. *Capo-di-Cagliari:* villes principales, *Cagliari*, *Oristagni* et *Bosa*;

2°. *Capo-di-Sassari :* villes principales, *Sassari*, *Algheri* et *Terra-Nova*.

Duché de Parme,

Gouverné par un Duc souverain.

Le duché de *Parme*, situé au sud du royaume Lombardo-Vénitien, par le 45° de latit. N., se compose des trois anciens duchés de *Parme*, de *Plaisance* et de *Guastalla*; ses villes principales sont : *Parme*, *Plaisance*, *Borgo-San-Donnino*, *Colorno* et *Guastalla*.

Duché de Modène,

Gouverné par son Grand-Duc.

Le duché de *Modène*, situé à l'est de celui de *Parme*, par la même latitude, se compose des anciens duchés de *Modène*, de *Reggio* et de *Mirandole* : ses principales villes sont : *Modène*, *Mirandole*, *Carpi*, *Corrégio* et *Reggio*.

Duché de Massa,

Gouverné par son Duc.

Le duché de Massa, au sud du royaume de Sardaigne, par le 44° de latit. N., se compose de l'ancien duché de Massa, de la principauté de Carrara et des *fiefs impériaux* dans la Lunigiana. Ses villes principales sont Massa et Carrara : cette dernière célèbre par ses carrières de marbre blanc.

Principauté de Lucques,

Gouvernée par son Prince.

La principauté de Lucques, au sud-est de la précédente, et sous la même latitude, formait anciennement une république du même nom. Ses principales villes sont Lucques, capitale, et Viaregio, port de mer sur la Méditerranée.

Grand-Duché de Toscane,

Gouverné par son Grand-Duc.

Le grand-duché de Toscane, situé entre les 42 et 44° de latitude nord, limité au nord par la principauté de Lucques et le duché de Modène; à l'est, par les Apennins; à l'ouest, par la Méditerranée : et au sud, par les États de l'Église, est divisée en trois parties ou provinces, qui sont :

1°. Le *Florentin* : villes principales, *Florence*,

capitale de la province et de toute la Toscane ; *Pistoie*, *Prato*, *Arrezo* et *Cortone*.

2°. Le *Pisan* : villes principales, *Livourne*, *Pise* et *Volterra* : *Livourne*, port de mer sur la Méditerranée.

3°. *Siennois* : villes principales, *Sienne*, *Monte-Pulciano*, *Chiusi*, *Pienza* et *Piombino*.

Le grand-duché de Toscane possède encore dans la Méditerranée, le long de ses côtes, l'île d'*Elbe*, capitale, *Porto-Ferrajo* ; et l'île de *Capraïa*, capitale, *Capraïa*.

ÉTAT DE L'ÉGLISE,

GOUVERNÉ PAR LE PAPE.

L'*État de l'Église*, situé entre les 42 à 45° de latitude nord, est limité au nord par le royaume Lombardo-Vénitien ; à l'est, par la mer Adriatique ; à l'ouest, par le grand-duché de Toscane et la Méditerranée ; et au sud, par le royaume de Naples. Cet état se divise en treize provinces, qui sont :

1°. La légation de *Ferrare* : villes principales, *Ferrare* et *Comacchio*.

2°. La légation *Bolonaise* : villes principales, *Bologne* et *Cento*.

3°. La légation de *Romagne* : villes principales, *Ravenne*, *Imola*, *Faenza*, *Forli*, *Césène* et *Rimini*.

4°. Duché d'*Urbin* : villes principales, *Urbin*, *Fano*, *Sinigaglio* et *Pésaro* ;

5°. La *Marche d'Ancône* : villes principales, *Ancône*, *Lorette*, *Récanati* et *Osimo* ;

6°. *Marche de Macérata*: villes principales, *Macérata*, *Tolentino* et *Camérino*;

7°. *Marche de Fermo* : villes principales *Fermo* et *Ascoli*;

8°. Le *Pérousin*, capitale, *Pérouse*;

9°. Province d'*Orviétan* : villes principales, *Orviette* et *Aqua-Pendente* ;

10°. Duché de *Spolette*: villes principales, *Spolette*, *Assise*, *Foligno*, *Terni* et *Riéti*;

11°. Le *Patrimoine de Saint-Pierre*: villes principales, *Viterbe*, *Monte - Fiascone* et *Civita - Vecchia*;

12°. La province de *Sabine* : capitale, *Magliano*;

13°. *Campagne de Rome*: villes principales, *Rome*, capitale de l'État Ecclésiastique ; *Ostie*, *Tivoli*, *Frascati*, *Albano*, *Velletri* et *Terracine*.

ROYAUME DES DEUX-SICILES,

GOUVERNEMENT MONARCHIQUE.

Le royaume des *Deux-Siciles* est partagé en deux grandes divisions, savoir : le royaume de *Naples* et l'île de *Sicile*.

Le royaume de *Naples*, situé entre les 38 et 43° de latit. N., limité au nord par l'*État Ecclésiastique*, à l'est par la mer *Adriatique*, à l'ouest par la *Méditerranée*, et au sud par le détroit de *Messine* et la mer *Ionienne*, est divisé en quatre parties, qui sont : l'*Abruzze*, la *Pouille*, la *Terre de Labour* et la *Calabre*; elles se subdivisent en plusieurs provinces, savoir:

Entre les 42 et 43° de latit. N., l'*Abruzze*, trois provinces:

1°. *Abruzze-Ultérieure:* villes principales, *Aquila, Civita-Ducale* et *Atri;*

2°. *Abruzze-Citérieure* : villes principales, *Chiéti, Sulmona* et *Lanciano;*

3°. Comtat de *Molise:* villes principales, *Molise* et *Bojano*.

Entre les 40 et 42° de latit. N., *la Pouille*, trois provinces :

1°. *Capitanate :* villes principales, *Foggia, Manfrédonia, Lucera, Troja* et *Ascoli;*

2°. *Terre de Bari :* villes principales, *Bari, Barletta, Trani, Bitonto, Molfetta* et *Polignano;*

3°. *Terre d'Otrante :* villes principales, *Otrante, Lesse, Brindes, Tarente, Orca, Castel-Nuevo* et *Gallipoli*.

Entre les mêmes latit. et à l'ouest, *Terre de Labour*, trois provinces:

1°. *Terre de Labour* propre: villes principales, *Naples*, capitale du royaume ; *Pouzzoles, Caserto, Nola, Capoue, Fondi, Gaëte, Arpino* et *Aversa;*

2°. *Principauté-Ultérieure:* villes principales, *Bénévent, Conza* et *Avellino;*

3°. *Principauté-Citérieure :* villes principales, *Salerne, Castell-à-Mare, Amalfi* et *Policastro*.

Entre les 38 et 41° de latit. N., *Calabre*, trois provinces :

1°. *Basilicate :* villes principales, *Potenza, Acérenza* et *Venosa;*

2°. *Calabre-Citérieure :* villes principales, *Cosenza*, *Altamonte* et *Rossano* ;

3°. *Calabre-Ultérieure :* villes principales, *Montéléone*, *Crotone*, *Nicostro* et *Reggio*.

L'île de *Sicile*, située dans la Méditerranée, au sud-ouest, et séparée du royaume de *Naples* par le détroit de Messine, gîsant entre les 36 à 38° de latit. N., est divisée en trois provinces ou vallées, qui sont :

1°. La *Vallée de Mazzara :* villes principales. *Palerme*, capitale de la Sicile; *Trapani*, *Girgenti*, *Alicata*, *Marsala*, *Sciacca* et *Termini* ;

2°. *Vallée de Demona :* villes principales, *Messine*, *Catania*, *Taormina* et *Nicosia* ;

3°. *Vallée de Noto :* villes principales, *Noto*, *Augusta*, *Syracuse* et *Terra-Nova*.

Iles qui dépendent du royaume des Deux-Siciles.

A l'entrée du *Golfe de Naples*, les îles d'*Ischia*, de *Procida* et de *Capri*.

Et à la côte septentrionale de la *Sicile*, les îles d'*Éole*, dont les principales sont : *Lipari*, *Volcano*, *Stomboli*, *Ustica*, *Salina* et *Ventateno* ; les îles d'*Éole* sont toutes volcaniques.

EMPIRE DE RUSSIE,

GOUVERNEMENT MONARCHIQUE.

Cet empire immense, qui s'étend sur toutes les parties septentrionales de l'Europe et de l'Asie, comprend l'espace renfermé entre les 40 et 75° de latit. N., les 20° de longit orient., et 172° de longit. occident.

Quoiqu'on ne fasse de l'empire de Russie qu'un seul article, on le divisera néanmoins, pour la facilité du lecteur, en deux parties : la Russie d'Europe, et la Russie d'Asie.

Russie d'Europe.

La *Russie d'Europe*, située entre les 44 et 70° de latit. N., limitée au nord par la mer Glaciale, à l'est par les monts Ourals et la rivière du même nom, à l'ouest par la Suède, la Baltique, la Prusse et l'Autriche, et au sud par la Turquie d'Europe, la mer Noire et la rivière du Tereck, se divise en 49 gouvernemens, savoir :

Au nord, entre les 58 et 70°, treize gouvernemens :

1°. *Archangel* : villes principales, *Archangel* et *Kola* ;

2°. *Finlande* : villes principales, *Uléabourg, Kuopio, Wasa, Abo, Tavastheus* et *Kimmenegard* ;

3°. *Olonetz* : villes principales, *Petrozavodsk, Olonetz, Ladéinoe-Polé, Vytegra, Kargopol, Poudoje* et *Povenetz* ;

4°. *Vibourg* : villes principales, *Vibourg, Serdobel, Kexholm, Neischlot, Vilmanstrand* et *Fridérichshamm* ;

5°. *Esthonie* : villes principales, *Revel, Vesanberg, Weissensten* et *Hapsal* ;

6°. *Livonie* : villes principales, *Riga, Venden, Dorpt, Pernau* et *Arensbourg* ;

7°. *Pétersbourg :* villes principales, *Pétersbourg,* nouvelle capitale de l'empire; *Schlusselbourg, Sophie, Oranienbaum, Yambourg, Gdow, Longa* et *Novaia-Ladoga;*

8°. *Pskof :* villes principales, *Pskof, Ostrow, Opotchka, Novo-Rjew, Velikia-Louki, Toropetz, Kholm* et *Porkhow;*

9°. *Nowogorod :* villes principales, *Nowogorod, Tikhvine, Bélozersk, Kirilov, Tcherepovetz, Oustiousjena, Valdaï, Crestzi* et *Starain-Roussa;*

10°. *Vologda :* villes principales, *Vologda, Nicolsk, Yarensk, Velsk, Kadnikou, Veliski - Oustiong, Solvitchegodsk, Totma, Griasovelk* et *Oust-Sysolk;*

11°. *Tver :* villes principales, *Tver, Kachnie, Bejetzk, Vickni-Volotchock, Torjok, Ostachkof, Rjew-Volodimérof, Zoubtsof, Staritza, Kortcheva, Koliaznie* et *Vessiegonsk;*

12°. *Jaroslavl :* villes principales, *Jaroslavl, Rostof, Onglitch, Mychkine, Rybinsk, Mologa, Pocheconie, Lubime, Danilof* et *Romanof;*

13°. *Kostroma :* villes principales, *Kostroma, Macarief, Kineckma* et *Nerekhta.*

Au centre, entre les 49 et 58°, quatorze gouvernemens :

1°. *Smolensk :* villes principales, *Smolensk, Bieloy, Gjatsk, Viazma* et *Poretchie;*

2°. *Moscou :* villes principales, *Moscou,* ancienne capitale de la Russie; *Dmitrow, Véréa, Colomna* et *Serpokhw;*

3°. *Vladimir :* villes principales, *Vladimir, Souz-*

dal, *Perestavl-Zalezki*, *Alexandrof*, *Mourom* et *Melink*;

4°. *Nijni-Nowogorod* : villes principales, **Nijni-Nowogorod**, **Balackna**, **Makariew**, **Vasil-Soursk** et **Arzamas**;

5°. *Kalouga* : villes principales, **Kalouga**, **Borovsk**, **Pérémychle** et **Kozelsk**;

6°. *Toula* : villes principales, **Toula**, **Kachira**, **Alexine**, **Venew** et **Belew**;

7°. *Riazan* : villes principales, **Riazan**, **Zaraisk**, **Kassimof**, **Spask**, **Mikhailof**, **Pronsk**, **Sapojok**, **Skopine** et **Oranienbourg**;

8°. *Tambof* : villes principales, **Tambof**, **Elatma**, **Chatsk**, **Morchansk** et **Kozlof**;

9°. *Orel* : villes principales, **Orel**, **Bolkhof**, **Mtsensk**, **Briansk**, **Karatchef**, **Troubtchevk**, **Sevsk** et **Eletz**;

10°. *Koursk* : villes principales, **Koursk**, **Poutivle**, **Soudja**, **Oboian**, **Karatcha** et **Belgorod**;

11°. *Voronèje* : villes principales, **Voronèje**, **Korotoïak**, **Bobrow**, **Rybna**, **Birutche**, **Valouiski** et **Pavlovsk**;

12°. *Stcheringof* : villes principales, **Stcheringof**, **Starodoub**, **Novogorod-Severskoïe**, **Néjine** et **Oster**;

13°. *Pultava* ou *Poltava* : villes principales, **Pultava**, **Romen** et **Loubty**;

14°. *Slobodes d'Ukraine* : villes principales, **Kharkof**, **Soumy**, **Akhtyrka**, **Bohodoukhof**, **Zmief** et **Izume**.

Au sud, entre les 44 et 49°, quatre gouvernemens :

1°. *Kiew :* villes principales, *Kiew* et *Oumane ;*

2°. *Kherson :* villes principales, *Kherson, Elizabetgrand, Nicolaef, Tiraspot, Doubossar, Grigoripol, Otchakof* et *Odessa ;*

3°. *Yékaterinostaf :* villes principales, *Yékaterinoslaf, Backhmout, Alexandrof, Marioúpoul, Rostof, Taganrod* et *Azof;*

4°. *Tauride :* villes principales, *Simphéropol, Pérécop, Eupatorie, Karassou-Bazar, Théodosie, Baktchissaray, Kertch, Sevastapol* et *Temruk;*

A l'est, entre les 50 et 62°, sept gouvernemens:

1°. *Perm :* villes principales, *Perm, Solikamsk, Verkhotourié, Irbit, Ekatherinbourg, Kransc-Oufimsk, Koungour* et *Ossa ;*

2°. *Viatka :* villes principales, *Viatka, Slobodskoy* et *Savapoul ;*

3°. *Orenbourg :* villes principales, *Oufa, Troitsk, Menzelinsk, Bouhoulma, Bouzoulouk* et *Orenbourg ;*

4°. *Cazan :* villes principales, *Cazan, Mamadych, Kosmo-Démjansk, Sviajsk* et *Tcheboksar ;*

5°. *Simbirsk :* villes principales, *Simbirsk, Alatyr, Singuileef, Stavropol, Samara* et *Sysran ;*

6°. *Penza :* villes principales, *Penza, Krasno-Slobodsk, Saransk* et *Nijneï-Lomof ;*

7°. *Saratof :* villes principales, *Saratof, Kouznetzk, Serdobsk, Volsk, Sarepta* et *Ttzaritzin.*

Au sud-est, entre les 44 et 50°, trois gouvernemens:

1°. *Cosaques du Don :* villes principales, *Tcherkask,* (nouveau) et *Tcherkask* (ancien).

2°. *Caucase* : villes principales, *Georgiefsk, Alexandrowk, Mozdok* et *Kistiar ;*

3°. *Astracan* : villes principales, *Astracan, Tchernojar, Krasno-Jarsk* et *Ouratsk.*

Entre les 48 et 58°, la *Pologne russe*, huit gouvernemens :

1°. *Courlande* : villes principales, *Mittau, Windau* et *Libau ;*

2°. *Vitebsk* : villes principales, *Vitebsk, Dunabourg, Polotsk* et *Vélige ;*

3°. *Mohilew* : villes principales, *Mohilew, Mstistavt* et *Staroy-Bikow ;*

4°. *Minsk* : villes principales, *Minsk, Borissow, Stoutsk* et *Pinsk ;*

5°. *Vilna* : villes principales, *Vilna, Branstow, Kowno* et *Nov-Troki ;*

6°. *Grodno:* villes principales, *Grodno, Bialistok, Novogrodek* et *Bzest-Litewski ;*

7°. *Vothinie* : villes principales, *Gitomir, Vladimir, Krementz, Ostrog* et *Zaztavt ;*

8°. *Podolie:* villes principales, *Kaminieck, Bratzlaw, Toutchin* et *Balta ;*

Entre les 50 et 55°, le nouveau royaume de *Pologne*, divisé en 8 vaivodes :

1°. *Augustowa* : villes principales, *Augustowa* et *Katwary ;*

2°. *Plock* : villes principales, *Plock, Ostrotenka ;*

3°. *Kalisch* : villes principales, *Kalisch, Wotborze* et *Czenstochowa ;*

4°. *Masovie* : villes principales, *Varsovie*, *Wola*, *Nowidvor* et *Rava*;

5°. *Sandomir* : villes principales, *Sandomir* et *Radom*;

5°. *Cracovie* : villes principales, *Kielce* et *Olkus*;

Nota. La ville de *Cracovie*, ainsi qu'on l'a vu plus haut, forme un état particulier, libre et indépendant.

7°. *Podlakie*, capitale, *Siedlie*;

8°. *Lubelsk* : villes principales, *Lublin*, *Chelm* et *Zamosch*.

Entre les 45 et 48°, la *Turquie russe*, deux gouvernemens :

1°. *Moldavie russe*, capitale, *Choczim*;

2°. *Bessarabie* : villes principales, *Bender*, *Akerman*, *Kilia-Nova* et *Ismahil*.

Iles voisines de la Russie d'Europe.

Les îles voisines de la *Russie d'Europe* sont : à l'entrée du golfe de Bothnie, le groupe des îles *Aland*, dont les principales sont au nombre de six, savoir : *Aland*, proprement dite; *Lemland*, *Ekéroë*, *Kumlinge*, *Lumperland* et *Vadoé*;

L'île *Dago*, dans le golfe de Finlande, et l'île d'*OEsel*, dans le golfe de Riga.

Russie d'Asie.

La *Russie d'Asie* se compose de deux parties : la première, au nord, est la *Sibérie*; et la seconde, au sud-ouest, la *Géorgie*.

La *Sibérie*, entre les 50 et 75° de latit. N., est divisée en trois gouvernemens :

1°. *Tobolsk* : ce gouvernement, situé à l'ouest, par les 55 à 70° de latit. N., se subdivise en neuf districts, qui portent les noms de leurs chefs-lieux, savoir : *Tobolsk, Bérézof, Tourinsk, Toumène, Yloutorovsk, Kourgane, Ichime, Tara* et *Omsk.*

2°. *Thomsk :* ce gouvernement est situé à l'est du précédent, par les 50 à 72°; il se compose de neuf districts, savoir : *Thomsk, Tourouckhansk, Jénisseik, Narim, Kainsk, Kolivan, Büsk, Kouznetk* et *Kasno-Jarsk.*

3°. *Irkoutsk :* ce gouvernement, aussi situé à l'est du précédent, par les 50 à 75°, se divise en quinze districts, qui, comme les deux précédens, portent les noms de leurs chefs-lieux, savoir : *Otensk, Jigansk, Yakoutsk, Olekminsk, Kirensk, Nijni-Oudinsk, Iskoutsk, Okhotsk, Verkhé-Oudinsk, Bargousinsk, Nertchinsk, Zachiversk, Injiguinsk, Aklansk* et *Kamtschatka.*

La *Géorgie*, entre les 40 et 44° de latitude : ce gouvernement se divise en six parties, qui sont :

1°. *Mingrelie*, capitale, *Anarghia;*

2°. *Gouriel :* cette province n'offre que de misérables villages;

3°. *Imirette*, capitale, *Cotatis;*

4°. *Caduet* et *Kaket*, capitale, *Téflis ;*

5°. *Daghistan :* villes principales, *Tarki, Derbend, Koubitchi* et *Samaria ;*

6°. *Schirvan*, capitale, *Schamachie.*

EMPIRE TURC, ou TURQUIE,

GOUVERNEMENT DESPOTIQUE.

Cet empire s'étendant, comme celui de Russie, en Europe et en Asie, et encore en Afrique, je n'en ferai qu'un seul article, en distinguant cependant ce qui appartient à chacune de ces trois parties du monde.

TURQUIE D'EUROPE.

La *Turquie d'Europe*, située entre les 36 et 47° de latit N., bornée au nord par l'empire d'*Autriche* et la *Russie d'Europe*, à l'est par la *Mer-Noire* et l'*Archipel*, au sud par la *Méditerranée*, et à l'ouest par la mer *Adriatique*, est divisée en 13 gouvernemens, non compris les îles, savoir :

1°. Entre les 46 et 47°, la *Moldavie turque*, capitale, *Jassy*;

2°. Entre les 44 à 46°, la *Valachie*, capitale, *Bukarest*;

3°. Entre les 44 à 45°, *Croatie turque*, capitale, *Banialuka*;

4°. Entre les 43 et 45°, *Bosnie* : villes principales, *Sarajevo*, *Travenik* et *Zwornik*;

5°. Entre les 43 et 45°, *Servie* : villes principales, *Belgrade* et *Semendria*;

6°. Entre les 43 et 44°, *Bulgarie*: villes principales, *Sophie*, *Widdin*, *Nicopoli*, *Schistab* et *Varna*;

7°. Entre les 42 et 43°, *Herzigovie*, capitale, *Mastar* ;

8°. Entre les 39 et 43°, *Albanie* : villes principales, *Scutari*, *Voscopoli*, *Metzovo*, *Delvino* et *Durazzo* ;

9°. Entre les 40 et 41°, *Macédoine* : villes principales, *Salonique*, *Serres* et *Castoria* ;

10°. Entre les 40 et 43°, *Romélie* : villes principales, *Constantinople*, capitale de l'empire turc ; *Andrinople*, *Philippopoli* ou *Félibé*, et *Gallipoli* ;

11°. Entre les 39 et 40°, *Janinak* : villes principales, *Jenischecher*, *Farsa* et *Volo* ;

12°. Entre les 38 et 39°, *Livadie* : villes principales, *Livadie*, *Lépante*, *Atina* (*Athènes*), *Castri* (*Delphes*), et *Thiva* (*Thèbes*) ;

13°. Entre les 36 et 38°, *Morée* : villes principales, *Tripolizza* (*Mantinée*), *Gerème* (*Corinthe*), *Argos*, *Longonico* (*Olympia*), *Misitra* (*Sparte*), *Napoli di Malvoisia* et *Napoli di Romania*.

Iles de l'Archipel qui dépendent de la Turquie d'Europe.

Ces îles, au nombre de 39, forment un gouvernement particulier, régi par un *beglier-bey*, ou gouverneur-général.

Nous ne dénommerons que celles de ces îles qui ont une ville capitale.

Candie, capitale, *Candie* ;
Milo, capitale, *Milo* ;
Santorin, capitale, *Castro* ;

Siphanto, capitale, *Serat*;
Nio, capitale, *Nio*;
Amorgos, capitale, *Amorgos*;
Paros, capitale, *Parréchia*;
Naxos, capitale, *Naxos*;
Thermia, capitale, *Thermia*;
Engia, capitale, *Engia*;
Cotouri, capitale, *Cotouri*;
Zia, capitale, *Zia*;
Syra, capitale, *Syra*;
Myconi, capitale, *Myconi*;
Tines, capitale, *San-Nicola*;
Andros, capitale, *Arna*;
Négrepont, capitale, *Négrepont*;
Skyros, capitale, *Skyros*;
Scopelo, capitale, *Scopelo*;
Thasos, capitale, *Thasos*;
Samandraki, capitale, *Samandraki*;
Lembro, capitale, *Lembro*;
Stalimène, capitale, *Stalimène*;
Et *Ténédos*, capitale, *Ténédos*.

TURQUIE D'ASIE.

La *Turquie d'Asie*, située entre les 30 et 42° de latit. N., bornée au nord par la Mer-Noire et la Russie d'Asie, à l'ouest par la mer de Marmara et l'Archipel, au sud par la Méditerranée et l'Arabie, et à l'est par la Perse, est formée de cinq contrées qui se divisent en plusieurs pachaliks ou gouvernemens, savoir :

Entre les 36 et 42°, *Anatolie*, six pachaliks :

1°. *Anatolie* propre, villes principales, *Smyrne*, capitale, *Scutari*; *Kastampol*, *Burse*, *Inik* (*Nicée*), *Isnikmid* (*Nicomédie*), *Erekli* (*Héraclée*), *Sinope*, *Kutayé*, *Angora* et *Satalie*;

2°. *Sivas* : villes principales, *Amasie* et *Sivas*;

3°. *Konié*, capitale, *Konié*;

4°. *Adana*, capitale, *Adana*;

5°. *Trébisonde*, capitale, *Trébisonde*;

6°. *Marasch*, capitale, *Marasch*.

Entre les 38 et 42°, *Arménie turque*, trois pachaliks :

1°. *Erzeroum*, capitale, *Erzeroum*;

2°. *Kars*, capitale, *Kars*;

3°. *Van* : villes principales, *Van* et *Akalsiké*.

Entre les 31 et 37°, *Syrie*, cinq pachaliks :

1°. *Alep* : villes principales, *Alep*, *Alexandrette*, *Aintab* et *Antakié*;

2°. *Tripoli* : villes principales, *Tripoli de Syrie* et *Latakié* (*Laodicée*);

3°. *Damas*, capitale, *Damas*;

4°. *Acre* : villes principales, *Saint-Jean-d'Acre* (*Ptolémaïde*), *Sour* (*Tyr*), *Seyde* (*Sidon*), *Beïrout* et *Balbek*;

5°. *Palestine* : villes principales, *Jérusalem*, capitale; *Naplouse* (*Sichem*), *Jaffa* (*Joppé*) et *Gaza*.

Entre les 33 et 39°, *Diarbeck*, trois pachaliks :

1°. *Diarbeck* propre, capitale, *Diarbeckir*;

2°. *Ourfa*, capitale, *Ourfa*;

5°. *Mosul*, capitale, *Mosul*.

Entre les 30 et 39°, *Mésopotamie* ou *Iraq-Araby*, trois pachaliks :

1°. *Bagdad* : villes principales, *Bagdad*, *Al-Modaïn* et *Hella* ;

2°. *Bassora*, capitale, *Bassora* ;

3°. *Kurdistan*, capitale, *Bellis* ou *Bidlis*.

Iles de l'Asie qui dépendent de la Turquie.

Dans l'Archipel :

Metelin (Lesbos), capitale, *Mytilène* ;
Scio (Chios), capitale, *Scio* ;
Samos, capitale, *Mégalo-Chori* ;
Nicari, capitale, *Nicari* ;
Pathmos, capitale, *Pathmos* ;
Lero, capitale, *Port-de-Lero* ;
Calimne, capitale, *Calamo* ;
Stancho (Cos), capitale, *Stancho* ;
Stampalie, capitale, *Stampalie* ;
Scarpanto, capitale, *Scarpanto*.

Dans la Méditerranée :

Rhodes, capitale, *Rhodes* ;
Et *Chypre*, capitale, *Nicosie*.

L'*Égypte*, quoique située en Afrique, se liant aux possessions de la Turquie d'Asie par le pachalik de Syrie et l'isthme de Suez, on a cru devoir anticiper sur la description de l'Afrique, pour donner celle de l'Égypte, comme complément des états soumis au gouvernement de l'empire des Turcs.

L'*Égypte*, entre les 23 et 32° de latit. N., bornée au nord par la *Méditerranée*; à l'ouest, par la *Barbarie* et le grand désert de *Sahara*; au sud, par la *Nubie*, et à l'est, par la *Mer-Rouge* et l'isthme de *Suez*, est divisée en trois parties, qui sont :

1°. Entre les 30 à 32°, la *Basse-Égypte* ou *Bahry* : villes principales, *Alexandrie*, *Aboukir*, *Rosette*, *Damiette*, *Mansourah*, *Mahalleh-el-Kebir* (la grande), *Tantah* et *Terraneh*.

2°. Entre les 27 et 30°, la *Moyenne-Égypte* ou *Vostani* : villes principales, le *Caire*, capitale de l'Égypte; *Boulak*, *Fayoum*, *Ghizeh*, *Ansana*, *Mellavi*, *Monfalout* et *Djofar*.

3°. Entre les 24 et 27°, la *Haute-Égypte* ou *Sayd* : villes principales, *Girgeh*, *Sioût*, *Akhmym*, *Denderah*, *Kous*, *Esneh* et *Assouan* ou *Sienne*.

Nota. Les républiques d'Alger, Tunis et Tripoli, dans la Barbarie, sont sous la protection du grand-seigneur, auquel elles payent un tribut ; mais comme elles ont chacune leur gouvernement, elles doivent être considérées comme états particuliers d'Afrique, et décrites seulement lorsque nous en serons à cette partie du monde.

CHAPITRE II.

ASIE.

Ayant donné plus haut la description des pays possédés en *Asie* par les *russes* et les *turcs*, nous commencerons notre course dans cette seconde partie du monde par l'*Arabie* qui tient à la Turquie.

L'*Arabie* : cette contrée, située entre les 12 et 31° de latit. N., bornée au nord par la *Turquie d'Asie*, à l'ouest par l'*isthme de Suez* et la *Mer-Rouge*, au sud par l'*Océan indien*, et à l'est par le *golfe Persique*, est divisée en trois parties, savoir :

L'*Arabie-Pétrée*, entre les 27 et 31° de latit. N., est habitée par plusieurs hordes d'arabes, la plupart nomades, soumises à l'autorité des *imans* ou *scheiks* héréditaires. Les seules villes qu'on trouve dans cette partie sont : *Suez, Tor* et *Ailach*, toutes trois sur la Mer-Rouge ;

L'*Arabie-Déserte*, entre les 19 et 27° de latit., est peuplée et gouvernée de la même manière que l'*Arabie-Pétrée*; cependant l'Arabie-Déserte offre des villes devenues célèbres, telles que *Médine, la Mecque* et *Gedda* ;

L'*Arabie-Heureuse*, entre les 12 et 27° de latit., se divise en 6 royaumes ou principautés, gouvernés par des souverains indépendans.

1°. Entre les 25 et 27°, sur le golfe Persique, la province de *Hesger-al-Hassa* : villes principales, **Lahsa**, **Elkatif**, **Koüeit** et **Tarut** ;

2°. Par le 25°, aussi sur le golfe Persique, la principauté de *Sehr*, ville capitale, **Sehr** ;

3°. Entre les 22 et 25°, sur la mer d'Oman, le royaume d'*Oman* : villes principales, **Maskate** et **Rostach** ;

4°. Entre les 16 et 22°, sur la mer des Indes, le royaume de *Fartach* : villes principales, **Fartach** et **Kécem** ;

5°. Entre les 16 et 18°, aussi sur la mer des Indes, le royaume de *Hadramant* : villes principales, **Mareb**, **Sahar** et **Doan** ;

6°. Entre les 12 et 20°, le royaume de *Yemen*, sur la Mer-Rouge : villes principales, **Sana**, **Saadi**, **Damar**, **Taaz**, **Lohéia**, **Moka**, **Bételfaki** et **Aden**.

Iles voisines de l'Arabie.

L'île de *Bahrein*, dans le golfe Persique ;
Et l'île de *Kamaran*, dans la Mer-Rouge.

ROYAUME DE PERSE,

GOUVERNEMENT MONARCHIQUE ABSOLU.

Le *royaume de Perse*, situé entre les 26 et 41° de latit. N., et les 41 à 64° de longit. est, limité au nord par la *Russie d'Asie* et la *Tartarie indépendante*, à l'ouest par la *Turquie d'Asie* et le *golfe Persique*, au sud par l'*Océan indien*, et à l'est par le *Béloutchis-*

tan, dont nous parlerons ci-après, est divisé en onze provinces ou parties, savoir :

1°. Entre les 39 et 41° de latit., l'*Arménie persanne:* villes principales, *Erivan*, *Nakchivan* et *Khoi*;

2°. Entre les 37 et 40°, l'*Adherbijan :* villes principales, *Tauris*, *Ardebil* et *Maraghah* ;

3°. Entre les 36 et 39°, le *Ghilan :* villes principales, *Recht*, *Anzelli* ou *Inzelli* ;

4°. Sous la même latitude, à l'est, le *Khoraçan :* villes principales, *Herat*, *Mechebed*, *Rouhy* et *Daghistan* ;

5°. Entre les 36 et 37°, *Mazanderan :* villes principales, *Balfroouch*, *Féraboul* et *Asterabad;*

6°. Entre les 32 et 37°, *Irak-Agemi :* villes principales, *Téhéran*, maintenant capitale de toute la Perse, *Zendjan*, *Hamadan*, *Cachan*, *Ispahan*, ancienne capitale ; *Kirmanschah* et *Senny*.

7°. Entre les 31 et 34°, le *Sedjistan :* villes principales, *Zarang*, *Dargasp*, *Bost*, *Rokhage* et *Farrach;*

8°. Entre les 30 et 33°, *Kohusistan : Suster*, ville capitale ;

9°. Entre les 27 et 30°, *Farsistan :* villes principales, *Schiras*, *Yezd* et *Abou-Ghehr;*

10°. Entre les 27 et 29°, le *Laristan :* villes principales, *Lahar* et *Bender-Koang;*

11°. Entre les 26 et 32°, le *Kerman :* villes principales, *Kerman*, *Bemm* et *Gomrom* ou *Bender-Abassi*.

Îles voisines de la Perse.

Les îles voisines de la Perse, et qui en dépendent, sont celles d'*Ormus*, à l'entrée du golfe Persique, nommées *Ormus*, *Karek*, *Kischunis* et *Kois*.

BÉLOUTCHISTAN.

Le *Béloutchistan*, situé entre les 24 et 30° de latit. N. et les 56 et 67° de longit. est, limité au nord par le *Sedjistan*, en Perse; à l'ouest, par la *Perse;* au sud, par *l'Océan indien;* et à l'est, par le *royaume de Caboul*, est divisé, sous le rapport du gouvernement, en une infinité de tribus, jouissant des droits d'élire leurs chefs ou *serdars*, dont la confirmation cependant appartient au kan de *Kelat*, qui seul a le pouvoir de déclarer la guerre, et de conclure les traités de paix.

Dans l'impossibilité de donner une description particulière de chacune de ces nombreuses tribus, nous nous bornerons à faire connaître les six grandes divisions sous lesquelles le pays de *Béloutchistan* est compris.

1°. Entre les 25 et 28° de latit. N., le *Djalouan*, le *Saraouan* et le district de *Kelat* : villes principales, *Kelat*, capitale de tout le *Béloutchistan;* *Zehry* et *Khozdar;*

2°. Entre les 25 et 30°, le pays de *Mekram* et de *Lotssa :* villes principales, *Kédj*, capitale; *Béla* et *Laïari;*

3°. Entre les 26 à 28°, *Koth-Gondava :* villes principales, *Gondava*, *Herrend* et *Dadjet*.

4°. Entre les 26 à 27°, le *Koutiskan* : la seule ville qui mérite ce nom dans toute la province, est *Tebbes*, ou *Tabas* ;

5°. Entre les 27 et 30°, le *Désert* : cette contrée ne présente aucun lieu d'habitations fixes, mais seulement quelques hordes ou tribus nomades errantes.

6° Entre les 24 et 28°, le *Sindhy*, nom qui lui vient de sa position sur la rive droite du fleuve *Sinde* ou *Indus* : villes principales, *Haiderabad*, *Larkhanch*, *Tatah* et *Keratchi*.

TARTARIE INDÉPENDANTE.

La *Tartarie indépendante* est la contrée qui s'étend entre les 38 et 55° de lat. N., et les 45 à 75° de long. E. : elle est limitée au nord par la Russie d'Asie ; à l'ouest, par la mer Caspienne ; au sud, par la Perse et l'Inde ; et à l'est, par la Chine. Le nom d'*Indépendante* lui a été donné, non parce que les peuples qui l'habitent ne reconnaissent aucune autorité souveraine, mais bien parce que, jusqu'alors, elle a su résister à l'envahissement des grandes puissances qui l'entourent, telles que la Chine, la Russie et la Perse.

La Tartarie indépendante est divisée en trois grandes contrées, connues sous les noms de *Kirguiss*, de *Kharism* ou *Kharissim* et de *Grande-Boukharie*, dont les habitans, pour la plupart sans habitations fixes, vivent sous des tentes, à la manière des peuples nomades; reconnaissent, pour ce qui concerne la guerre, l'autorité de leurs *kams*, mais pour le surplus, ont adopté les formes du gouvernement démocratique.

Les *Kirguiss* occupent la partie de la Tartarie indépendante qui gît entre les 48 à 55° de latit., divisés en trois hordes, dites la petite horde, la horde du milieu et la grande horde. Dans toute cette contrée, on ne compte que trois villes : *Taras*, *Tachkend* et *Otrar*.

Le *Kharism* ou *Kharissim*, situé entre les 38 et 45° de latit., comprend plusieurs hordes soumises à l'autorité de leurs *kams*. Cette contrée contient plus de villes que le pays des *Kirguiss* : les principales sont *Khiva*, *Kourat*, *Koptchak* et *Uryhenz*.

La *Grande-Bucharie* est située entre les 35 et 45° de latit. N. ; elle est la contrée la plus peuplée de la Tartarie indépendante. Ses villes principales, qui donnent leurs noms à autant de provinces, sont : *Samarcande*, autrefois capitale de l'empire de *Tamerlan* ; *Bokara*, *Badahshan*, *Termed*, *Balk*, *Anderab* et *Asnana*.

EMPIRE CHINOIS,

GOUVERNEMENT ABSOLU.

L'*Empire chinois*, situé entre les 20 et 55° de latit. N., et les 70 à 140° de longit. orient., borné au nord par la *Russie d'Asie* ; à l'ouest, par l'*Indoustan* et la *Tartarie indépendante* ; au sud, par l'empire des *Birmans* et la mer de la *Chine* ; à l'est, par la mer *Orientale*, celle du *Japon* et la *Manche de Tartarie*, contient trois parties, qui sont : la *Tartarie chinoise*, la *Chine* proprement dite, et les *Etats tributaires*.

La *Tartarie chinoise*, située entre les 35 et 53° de latit. N., se divise en deux parties principales, savoir : la *Mongolie*, à l'ouest ; la *Mantchourie*, à l'est.

La *Mongolie* comprend les hordes nombreuses de

tartares nomades, désignés sous les noms de *kal-mouks*, de *mongols noirs*, de *mongols jaunes*, et le grand désert de *Coby*. On ne connaît point de villes dans toute la *Mongolie*.

La *Mantchourie*, exclusivement habitée par les *tartares mantchou*, forme trois gouvernemens, qui sont :

1°. *Tcit-ci-car*, au nord, a trois villes qui sont: *Tcit-ci-car*, capitale; *Merghen* et *Sagatien-Oula*;

2°. *Kirin*, au sud-est du précédent, capitale, *Kirin-Oula*;

3° Le *Schin-yang*, au sud du *Kirin*, capitale, *Schin-yang* ou *Mougden*.

La *Chine*, proprement dite, située entre les 20 et 40° de latit., est divisée en 15 gouvernemens, savoir :
Entre les 35 et 40°,
1°. *Shen-Si*, capitale, *Sin-guan-fou*;
2°. *Shan-Si*, capitale, *Tai-yuen-fou*;
3°. *Pé-che-li*, capitale, *Pekin*;
4°. *Schan-Tung*, capitale, *Tsi-nan-fou*.
Entre les 30 et 35°,
5°. *Ho-Nan*, capitale, *Kai-song-fou*;
6°. *Kiang-Nan*, capitale, *Nan-Kin*;
Entre les 25 et 30°,
7°. *Set-Chuen*, capitale, *Tching-tou-fou*;
8°. *Koeï-Cheou*, capitale, *Koeï-Yang*;
9°. *Kouquand*, capitale, *Vou-thang-fou*;
10°. *Kiang-Si*, capitale, *Nan-tchan-fou*;
11°. *Theé-Kiang*, capitale, *Hang-tchou-fou*;

12°. *Fo-Cheng*, capitale, *Fou-tchéou-fou*.

Entre les 20 et 25°,

13°. *Yu-Nan*, capitale, *Yu-nan-fou;*

14°. *Quang-Si*, capitale, *Quai-ling-fou;*

15°. *Quanton*, capitale, *Quan-Ton* ou *Canton*.

Les *Etats tributaires* de la Chine sont, à l'ouest,

Entre les 35 et 40° de latit. N., le pays des *Eleutes*, occupé par les hordes de *kalmoucks-éleutes*, peuple nomade, sans villes ni habitations fixes;

Et la *Petite-Bucharie* : villes principales, *Irghen*, *Cashar*, *Turfan* et *Hami*.

Entre les 28 et 35° de latitude,

Le *Thibet* : villes principales, *Lassa*, cité célèbre, à cause de la résidence du grand lama; *Teschou-Laumbou*, *Karka* et *Ihanscu*.

Entre les 26 et 28° de latitude,

Boutan : villes principales : *Tassisudon*, *Chapareng*, *Paro* et *Buxadcouar*.

Et à l'est de la Chine, entre les 35 et 40° de latit.,

La *Corée*, royaume tributaire de la *Chine*, divisée en huit provinces, qui portent le nom de leurs capitales; savoir : à l'ouest, sur la Mer-Jaune, *Ping-Ngan*, *Hoang-Haï* et *Tchu-Sun;* au centre, *King-ki;* et à l'est, sur la mer du Japon, *Tsuen-Lo*, *Kinkan*, *Kiang-Yuen* et *Hieng-King*.

Iles voisines de la Chine.

Les îles voisines de la *Chine*, et qui en dépendent, sont :

1°. A l'entrée du golfe de *Ton-Quien*, l'île de *Hai-Nan*; capitale, *Kioun-theou-fou*;

2°. L'île de *Chang-Tchuen*, nommée par les européens *Sancian*, à l'entrée du golfe de *Canton*;

L'île *Formose*, à la côte de *Fo-Cheng*; capitale, *Tai-Ouan*.

EMPIRE DU JAPON.

L'*Empire du Japon* comprend plusieurs îles situées entre la mer du Japon et le grand Océan ou mer du Sud, par les 30 à 43° de latit. N.

Le gouvernement de cet empire, tant au spirituel qu'au temporel, s'exerce d'une manière absolue par l'empereur seul.

L'île de *Niphon*, la principale des îles du *Japon*, et le centre du gouvernement, a pour principales villes *Jédo*, capitale de l'empire; *Méaco, Osaka, Fiogo, Mourou, Odovvara, Okosaqui* et *Kwana*.

L'île de *Kiúsiu*, au nord-est, de celle de *Niphon*; villes principales, *Nangasaki* et *Sanga*.

Ces deux îles sont entourées de plusieurs autres plus petites, aussi sous la dépendance de l'empire du Japon, telles que celles de *Sikokf, Tsusima, Leoukiou, Fatsisio, Tanaxima* et *Oufou-Chima*; mais ces îles, quoique très-peuplées, ne renferment aucunes villes importantes.

L'empereur du *Japon* est encore souverain de la partie méridionale de la grande île de *Jeso* ou *Matsmai*, au nord de celle de *Niphon*; la capitale des possessions japonaises dans l'île de *Jeso*, est *Matsmai*.

ROYAUME D'ASCHAM,

GOUVERNEMENT ABSOLU.

Le royaume d'*Ascham*, dans l'Inde, au-delà du Gange, s'étend entre les 20 et 27° de latit. N., et les 86 à 95° de long. or.; il est limité au nord par la *Chine*; à l'ouest, par le fleuve du *Gange*; au sud, par le golfe du *Bengale*; et à l'est, *par l'empire des Birmans*, et divisé en trois provinces ou districts :

1°. Au nord, *Assam* : ville capitale, *Ghergong*;

2°. *Garrouw*, au sud de la province d'*Assam* : on ne connaît point de villes dans cette province;

3°. *Tipra*, aussi au sud de la province de *Garrouw* : capitale, *Coucis*.

EMPIRE DES BIRMANS,

GOUVERNEMENT ABSOLU.

L'empire des *Birmans*, qui comprend les anciens états ou royaumes de *Cassay*, d'*Ava*, d'*Arakan* et de *Pegû*, situé entre les 16 et 27° de latit. N., et les 90 à 97° de longit. orient., est borné, au nord, par la *Chine*; à l'ouest, par le royaume d'*Ascham* et le golfe de *Bengale*; au sud, aussi par le golfe de *Bengale*; et à l'est, par l'empire du *Tonquin* et le royaume de *Siam*.

Cet empire se divise en cinq parties ou provinces, qui sont :

1°. Entre les 23 et 27° de latit. N., *Cassay* : capitale, *Munnapoura*;

2°. Entre les 23 et 25°, *Katchar*: capitale, *Kaspour*;

3°. Entre les 19 et 23°, *Arakan*: capitale, *Arakan*;

4°. Sous la même latitude, et plus à l'est, *Ava*: villes principales, *Ummerapoura*, capitale de l'empire; *Ava*, *Pagham*, *Sittak-Miou*, *Tongho*, *Prome* et *Kioum-Saïk*;

5°. Entre les 16 et 19° de latit., *Pegu*: villes principales, *Pegu* et *Rangoun*.

ROYAUME DE SIAM,

GOUVERNEMENT ABSOLU.

Le royaume de *Siam*, situé entre les 12 et 22° de latit. N., et les 95 à 101° de longit. orient., est borné au nord par l'empire des *Birmans*; à l'ouest, par le même empire et la mer des *Indes*; au sud, par la presqu'île de *Malaca* et le golfe de *Siam*; et à l'est, par l'empire de *Tonquin*.

On ne possède aucunes notions exactes sur la division de ce royaume, dont on ne connaît que les villes principales, qui sont: *Siam* ou *Chiajutaja*, capitale du royaume; *Kouraséma*, *Ténasserim*, *Mergui* et *Ligor*.

PRESQU'ÎLE DE MALACA ou MALAYA.

La presqu'île de *Malaca* ou *Malaya*, située entre les 1 et 12° de latit. N., et les 94 à 102° de longit.

orient., est bornée au nord par le royaume de *Siam*; à l'ouest, par la mer des *Indes*; au sud, par le détroit de *Malaca*; et à l'est, par la mer de la *Chine*. On n'a aucuns renseignemens sur l'état politique de cette contrée, qu'on prétend divisée en six royaumes, ou plutôt six provinces, dont on ne connaît au juste ni la position ni les limites, et qui portent les noms de leurs capitales, situées sur les côtes, savoir: à la côte occidentale, *Pérah* et *Guéda*; sur le détroit de *Malaca*, *Malaca*, ville bâtie par les portugais, et *Jahor*; et à la côte orientale, *Patani* et *Pahang*.

Les *hollandais* possèdent un établissement sur le territoire de *Malaca*, et les *anglais* occupent cette ville, où ils ont une garnison.

EMPIRE DU TONQUIN.

L'empire du *Tonquin*, formé des anciens royaumes de *Tonquin*, de *Cochinchine*, de *Cambodje*, de *Laos*, de *Tsiampa* et de *Lac-Tho*, s'étend entre les 8 et 23° de latit. N., et les 98 à 106° de longit. orient.; il est limité au nord par la *Chine*; à l'ouest, par le royaume et le golfe de *Siam*; au sud, par la mer de *Chine*; et à l'est, par la même mer et le golfe de *Tonquin*.

L'empire du *Tonquin* a conservé sa division en six parties, telles qu'elles existaient autrefois en royaumes particuliers, savoir:

1°. Entre les 20 et 23° de latit. N., le royaume de *Lac-Tho*, habité par un peuple errant et presque sauvage, n'a aucune ville, mais seulement quelques villages.

2°. Entre les 17 et 23°, le *royaume* de *Tonquin*, divisé en dix provinces, dont on ne connait que la principale, nommée *Xu-Nam*. La capitale du Tonquin est *Bac-King*, autrefois *Kecho*, ville considérable.

3°. Entre les 17 et 20° de latit., le royaume de *Laos*. Les habitans de *Laos* sont en partie civilisés; mais cependant un grand nombre d'entr'eux forment des hordes errantes : capitale, *Han-Niech*.

4°. Entre les 12 à 18°, le royaume de *Cochinchine;* il est divisé en haute, centrale et basse. La haute *Cochinchine*, le plus au nord, a pour villes principales *Han* ou *Turon* et *Phu-Xuan*, résidence de l'empereur;

La Cochinchine centrale a pour villes principales *Qui-Nhon* et *Qui-Pha;*

Et la basse *Cochinchine*, *Say-Gon*.

5°. Entre les 8 à 17° de latit., le royaume de *Cambodje;* ce royaume n'a d'autre ville connue que celle de *Cambodje*, capitale.

6°. Entre les 11 à 13°, le royaume de *Stiampa*, qui n'a point de villes, mais seulement quelques villages. La plus grande partie des habitans mène une vie errante et sauvage.

INDOUSTAN.

L'*Indoustan*, autrement l'*Inde*, en deçà du Gange, est la contrée qui s'étend entre les 8 à 34° de latit. N., et les 67 à 88° de longit. orient.; ses limites sont, au nord, la *Tartarie chinoise;* à l'ouest, le *Béloutchistan* et la mer d'*Oman;* au sud, la mer des *Indes*, et à l'est, le golfe du *Bengale* et le fleuve du *Gange*.

Cette immense contrée formait naguères un empire, dont le souverain, sous le titre de *grand-mogol*, régnait, d'une manière absolue, sur la plus grande partie de l'*Indoustan*, et tenait dans la vassalité les princes particuliers qui gouvernaient les autres parties, principalement celles situées sur les côtes maritimes, sous les noms de *soubabs*, *nabads* et *rajahs*, qui tous étaient tributaires de l'empire; mais les révolutions, survenues d'abord par suite de l'étendue de la puissance et des conquêtes des *marattes*, ensuite par l'extinction totale de la dynastie des princes *mogols*, et, en dernier lieu, la défaite des marattes opérée par les forces anglaises, ont amené la conquête d'une grande partie de l'Inde par les anglais, et l'indépendance de plusieurs états particuliers, ci-devant tributaires.

Nous allons, autant que peut le permettre l'insuffisance des relations sur des événemens aussi récens, donner la description de l'Indoustan par états indépendans, possessions anglaises et états tributaires de l'Angleterre.

L'*Indoustan* est divisé en quatre parties principales, qui sont :

1°. Le royaume de *Caboul*, situé entre les 27 et 34° de latit. N., gouvernement absolu.

Ce royaume se divise en cinq provinces, qui sont : le *Caboulistan* : villes principales, *Caboul*, *Attok* et *Chaznier*;

Le *Cachemire*, capitale, *Cachemire*;

Le *Candahar*, capitale, *Candahar*;

Lahor : villes principales, *Lahor, Kangrah, Gudcherat, Miani, Randaspour, Tchinnany* et *Nourpour*;

Moultan : villes principales, *Moultan, Hadjikan, Bhakar, Sultanpour* et *Adjodin*.

2°. La confédération des seiks.

Cet état, démembré par les *marattes*, ne possède plus que deux provinces, situées entre les 30 et 34° de latit., savoir :

Sirmagor, capitale, *Sirmagor*;

Et *Napaul* : villes principales, *Katmandou, Pitan* et *Kamroup*.

3°. La confédération des marattes.

La confédération des *marattes*, dont l'empire s'étendait sur la presque totalité de l'*Indoustan*, se trouve maintenant réduite aux huit provinces ci-après, à l'ouest de la presqu'île, entre les 18 à 25° de latit. N. :

1°. Entre les 18 à 25° de latit. N., la province de *Guzarate* ou *Guzérate* : villes principales, *Amédabad*, capitale; *Porébender, Mahmoudabad, Tchampanir, Broach, Cambaye, Bredera, Noangour, Junagur, Mangolor* et *Puttan*.

Nota. Les *anglais* ont des comptoirs dans les villes d'*Amédabad, Broach* et *Cambaye*.

2° Entre les 24 à 25° de latit., *Cutch* : villes principales, *Boogéboogo*, capitale, et *Junagour*.

3°. Entre les 23 et 25°, *Candish*, capitale, *Burhampour*.

4°. Entre les 23 et 24°, *Amednagur*, capitale, *Amednagur*.

5°. Entre les 22 et 23°, *Bédor*, capitale, *Bédor* ou *Safarabad*.

6°. Entre les 21 et 23°, *Visapour :* villes principales, *Visapour*, capitale ; *Bancanpour* et *Bisnager*.

7°. Entre les 20 à 22°, *Peichwa :* villes principales, *Poûnah*, capitale des *marattes*, et *Raiboug*.

8°. Entre les 21 et 22°., *Aurungabad*, capitale, *Aurungabad*.

L'île *Diû*, sur la côte de *Guzarate*, appartient aux *portugais :* capitale, *Diû*.

4°. Possessions anglaises, sous le gouvernement de la compagnie des Indes.

Les possessions anglaises dans l'Indoustan sont divisées en 33 provinces ou états, placés entre les 8 et 30° de latit. N., savoir:

Entre les 25 et 30° de latit. N.,

1°. *Delhy :* villes principales, *Delhy*, ancienne capitale de l'*Indoustan*; *Sirhind*, *Tannasar*, *Karnoul*, *Panniput*, *Scharanpour* et *Hurdwar*.

2°. Pays des *Batniens*, capitale, *Batnir*, résidence du *rajah*, tributaire des *anglais*.

3°. *Adgimère :* cette province, conquise sur les *marattes*, a pour capitale *Adgimère*.

4°. *Oude :* villes principales, *Luknou*, capitale et résidence d'un *nabad*, tributaire des *anglais ; Oude* et *Gorekpour.*

5°. *Nagore*, capitale, *Nagore.*

6°. *Djoudpour*, capitale, *Djoudpour.*

7°. *Bahar :* villes principales, *Patna*, capitale ; *Hajipour, Chuprah, Rotas, Gayah, Monghir* et *Bahar.*

8°. *Bengale :* villes principales, *Calcutta*, capitale de tous les établissemens des *anglais* dans l'Inde; *Morschédabad, Cassunbasar, Ougly, Chandernagor* et *Dacca.*

Nota. Les *français* ont un établissement à *Chandernagor.*

9°. *Sirowy*, capitale, *Jalour.*

10°. *Jypore* ou *Jyénapour :* villes principales, *Jypore* et *Soopour*, résidence d'un *rajah*, vassal des *anglais.*

Entre les 20 et 25° de latit :

11°. *Agra :* villes principales, *Agra, Sattipour, Kéroly, Narvah* et *Gwatior.*

12°. *Oudépour* ou *Mewar :* villes principales, *Oudépour* et *Chitor*, résidence d'un chef *rajepouie*, vassal des *anglais.*

13°. *Bénarès*, capitale, *Bénarès*, ville célèbre, comme étant le centre de la religion des brames.

14°. *Douab :* villes principales, *Canoge* et *Furruchabad.*

15°. *Allahabad.* villes principales, *Allahabad, Chattepour* et *Pannah.*

16°. *Malva*, province conquise sur les marattes : villes principales, *Ougein*, *Serouge*, *Bonpal* et *Chaudery*.

17°. *Orixa*, province aussi conquise sur les marattes ; villes principales, *Cuttach*, *Balassor*, *Jagrenat*, *Ganjam* et *Masulipatan* ; les français ont un comptoir dans cette dernière ville.

Entre les 15 à 20° de latit. :

18°. *Broach*, capitale, *Surate* : les français y ont un comptoir.

19°. *Baglana* : les deux villes principales de cette province, qui sont *Damaun* et *Bussaim*, appartiennent aux portugais.

20°. *Ticocan*, capitale *Kallian* et *Bombay*, dans une île nommée *Elephanta*.

21°. *Golconde* : villes principales, *Hydrabad*, capitale et résidence d'un *nizam*, vassal des anglais ; *Golconde*, *Raolcoude* et *Couloude*.

22°. *Congan* ou côtes des *Pirates* : villes principales, *Rajapour* et *Ghiria*.

23°. *Gandicotta*, capitale, *Gandicotta*.

24°. *Gurramconda*, capitale, *Gurramconda*.

Entre les 10 et 15° de latitude :

25°. *Mysore* : villes principales, *Mysore*, ancienne capitale de l'empire des *marattes* ; *Seringapatnan*, *Adoni*, *Bédanore*, *Bangalore* et *Chitteldroog*.

26°. *Canara* : villes principales, *Karvar*, *Onor*, *Barcelor*, *Mangalore*, *Hyder-Nagor* et *Goa* ou *Mantoa* : cette dernière ville, la plus importante de la province, appartient aux *portugais*, et est le chef-lieu de leurs établissemens dans l'*Indoustan*.

27°. *Carnate* : villes principales, *Arcate*, *Nellore*, *Paliacate*, *Vellore*, *Gingi*, *Madras*, *Pondamala*, *Conjiveran*, *Saint-Thomé*, qui appartient aux *portugais*; *Cuddalore*, *Porto-Novo*, *Devicotta* et les ville et territoire de *Pondichéry*, qui appartiennent aux *français*.

28°. *Tanjor* : villes principales, *Tanjor*, *Négapatnan*, *Tranquebar*, qui appartient aux *danois*, et *Karical* aux *français*.

29°. *Maduré* : villes principales, *Tritchinopoli*, *Maduré*, *Tinnevelly* et *Dindigoul*.

30°. *Calicut* : villes principales, *Calicut*, *Badiapatnan*, *Cannanor*, *Tellichéri* et *Mahé* : les français ont un comptoir à *Mahé*.

Entre les 8 à 10° de latitude :

31°. *Cochin*, *Granganor* et *Tridehour* : la ville de *Granganor* appartient aux *français*.

32°. *Coimbetorre* : villes principales, *Coimbetorre* et *Paticaud*.

33°. *Travancor* : villes principales, *Travancor*, *Tiruvandaburum*, *Anjenja* et *Tégapatnam*; cette dernière ville appartient aux *français*.

Observez que la côte orientale de la presqu'île de l'Inde est connue sous le nom de *côte de Coromandel*, et la côte occidentale sous celui de *côte de Malabar*.

Iles voisines de l'Indoustan.

Les îles voisines de l'*Indoustan* sont :

1°. A l'ouest, les *Laquedives*, au nombre de 32, dont les principales sont : *Métélar, Kittam, Corény, Amany, Karoty, Aquélaon, Kalpeny* et *Matique*, gouvernées par des *rajaks* ou princes *malabares*, sous la protection des *anglais*.

2°. Au sud-ouest, les îles *Maldives*, extrêmement petites, et au nombre de 1200. La principale est celle de *Malé*, où réside le roi qui gouverne toutes les *Maldives*.

3°. Au sud-est, l'île de *Ceylan*, dans laquelle les *anglais* ont des possessions importantes, qui leur ont été cédées par les *hollandais*. Les naturels forment plusieurs états ou royaumes au centre de l'île.

Les villes principales sont : *Colombo*, chef-lieu des établissemens européens; *Candy*, capitale d'un royaume de ce nom; *Négombo, Infanapatnam, Trinquemale, Baticalo* et *Punta-de-Gale*.

GRAND ARCHIPEL D'ASIE.

1°. Au nord, le groupe des îles *Philippines*, en grande partie sous la domination des espagnols, se compose d'une multitude d'îles, gouvernées par des rois ou chefs tributaires des espagnols. Les plus importantes de ces îles sont :

Luçon : villes principales, *Manille, Cavite* et *Nuéva-Segovia;*

Zebu, capitale, *Guignan;*

Mindoro, capitale, *Baco;*

Mindanao : villes principales, *Mindanao* et *Sambuangan;*

Et *Joulo*, capitale, *Boxan*;

Au sud des *Philippines*, les îles *Moluques* : elles sont au nombre de plus de 20, sous la domination des *hollandais*, et, comme les précédentes, gouvernées par des rois ou chefs tributaires et vassaux des *hollandais*. Les plus considérables de ces îles sont :

Célèbes : villes principales, *Macassar*, capitale d'un royaume de ce nom; *Boutkaim*, *Talatola*, *Amsterdam*, *Gorontalo* et *Tambouko*;

Gilolo : villes principales, *Gilolo* et *Satanag*;

Ternate, capitale, *Matayo*;

Tidor, capitale, *Tidor*;

Ceram, capitale, *Ceram*;

Amboine, capitale, *Amboine*.

Les îles *Banda* forment un petit groupe au sud-est d'*Amboine*. Les *hollandais* ont le fort *Nassau* sur la principale de ces îles, et elles ont un souverain tributaire de la compagnie *hollandaise*.

Florès : le seul établissement européen qui existe sur cette île, est *Larantouka*, aux *portugais*;

Timor : villes principales, *Timor*, capitale, où réside le souverain, et *Coupan*. Les *hollandais* ont un fort dans cette île, et les *portugais* un établissement.

Sumbawa : cette île est gouvernée par six petits princes dans la dépendance des *hollandais*; la capitale se nomme *Sumbawa*.

Au sud des *Moluques*, les îles de la *Sonde*; les plus importantes de ces îles, en grande partie soumises aux *hollandais*, qui en tiennent les souverains dans leur dépendance, sont :

Sumatra : la ville la plus considérable de cette île, divisée en plusieurs royaumes, est *Achem*, capitale du royaume de ce nom; ensuite *Baros, Tapanouly, Nathal, Passaman, Padang*, principale forteresse des *hollandais*; *Bencoolen* ou *Malboroug*, chef-lieu des établissemens *anglais*; *Pongarayang, Jamby* et *Patembang* : ces trois dernières villes sont capitales de royaumes de même nom.

Banca : cette île, qui forme un petit royaume tributaire, appartient aux *anglais* qui l'ont prise sur les *hollandais*, et l'ont *conservée*; capitale, *Banca*.

Bornéo : la plus grande île du monde après *la Nouvelle-Hollande*, est soumise à plusieurs despotes qui prennent le titre de *sultans*. De toutes les nations de l'Europe, les *hollandais* seuls ont pu jusqu'alors se fixer dans cette île, dont les villes principales sont : au nord, *Bornéo*, ancienne capitale de toute l'île; et au sud, *Benjor-Massing*, capitale du royaume de ce nom, où les *hollandais* ont le fort de *Tatas*.

Java : cette île a été divisée par les *hollandais*, qui en tiennent les souverains dans leur dépendance, en quatre parties, savoir : *Côte orientale* ou *gouvernement de la Compagnie* : villes principales, *Batavia*, chef-lieu de toutes les possessions *hollandaises* dans l'Inde; *Samarang, Tagal, Japara, Javana, Rembourg* et *Sourabaya*;

Royaume de *Chéribon*, capitale, *Chéribon*;

Royaume de *Bantam*, capitale, *Bantam*;

Et royaume de *Mataram*, capitale, *Mataram*;

Enfin, l'île *Baly*, à l'est de celle de *Java*: capitale, *Baly*.

CHAPITRE III.

AFRIQUE.

Si on entre dans cette troisième partie du monde par le nord, on trouve d'abord la *Barbarie* (ou états *Barbaresques*), qui, quoique séparée de l'Europe par la Méditerranée et le détroit de Gibraltar, en est le point le plus rapproché.

ROYAUME DE MAROC,

GOUVERNEMENT DESPOTIQUE, SANS LOIS POSITIVES.

Le royaume de *Maroc*, qui comprend aussi celui de *Fez*, situé entre les 29 et 36° de latit. N., et les 3 à 15° de longit. orient., est borné au nord par la Méditerranée, à l'ouest par l'Océan atlantique, au sud par la chaîne des Monts-Atlas, et à l'est par le royaume d'Alger.

Cet état se divise en deux parties, savoir : entre les 29 à 33° de latit., le royaume de *Maroc* proprement dit : villes principales, *Maroc*, capitale de l'empire; *Valadia*, *Mogador*, *Tarodant*, *Santa-Crux* et *Saffié*.

Et entre les 32 et 36° de latit., le royaume de *Fez* : villes principales, *Fez*, capitale; *Méquinez*, *Salé*, *Larache*, *Tanger*, *Ceuta*, *Melilla*, *Tétouan*, *Mamora*, *Raba* et *Azamor*. La ville de *Ceuta*, avec son port sur le détroit *Gibraltar*, appartient aux espagnols.

LE ROYAUME ou RÉPUPLIQUE D'ALGER,

GOUVERNEMENT ARISTOCRATIQUE.

Le royaume ou république d'*Alger*, situé entre les 33 et 37° de latit. N., le 6° de longit. orient. et le 3° de longit. occident., est limité au nord par la Méditerranée, à l'ouest par le royaume de Fez, au sud par le Mont-Atlas, et à l'est par le royaume de Tunis.

Les principales villes du royaume d'*Alger* sont *Alger*, *Mascara*, résidence du *dey*; *Mostagan*, *Arséou*, *Blida*, *Oran*, *Tremecen*, *Bonne*, *Bougie*, *Constantine*, *Coullou*, *Tabnah*, *Messila*, *Medrashem* et *Tifseph*, avec *Lacalle*, comptoir français pour la pêche du corail.

RÉPUBLIQUE DE TUNIS,

GOUVERNEMENT ARISTOCRATIQUE, SOUS LA PROTECTION DE LA TURQUIE.

La république de *Tunis*, située entre les 33 et 38° de latit. N., et les 5 à 9° de longit. orient., est bornée au nord par la Méditerranée, à l'ouest par la république d'Alger, au sud par le Bilédulgérid, et à l'est par l'état de Tripoli.

Les principales villes de cette république sont *Tunis*, *la Goulette*, *Barda*, *Porto-Farina*, *Biserte*, *Souse*, *Hamam et Hamames*, *Kairouan*, *Toser* et *Gadamis*.

ÉTAT DE TRIPOLI.

L'État de *Tripoli* est gouverné par un *bey* ou *pa-*

cha, considéré comme sujet immédiat de la *Porte-Ottomane*, qui a sous lui des *beys* particuliers qu'il nomme lui-même, et dont il exige des tributs.

Cet état, situé entre les 25 et 33° de latit. N. et les 8 à 26° de longit orient., limité au nord par la Méditerranée, à l'ouest par le Bilédulgérid, au sud par le grand désert de Sahara, et à l'est par l'Égypte, se divise en cinq parties, qui sont :

1°. *Tripoli* propre : villes principales, *Tripoli*, *Mezrata* et *Lebda*;

2°. *Barca* ou *Bargah*, pays presque généralement désert : villes principales, *Derne*, *Bengazi* et *Tolométa* (Ptolémaïs);

3°. *Fezzan*, *oasis*, à l'ouest du désert de Barca, au sud de Tripoli : capitale, *Mourzouk*;

4°. *Audgelak*, *oasis*, à l'est du même désert : capitale, *Audgelak*;

5°. Et *Syouah*, autre *oasis*, à l'est de la précédente : capitale, *Syouah*.

Nota. On donne en *Afrique* le nom d'*oasis* à une petite contrée fertile et arrosée qui se trouve comme jetée isolément au milieu d'un désert sablonneux et aride.

BILEDULGÉRID.

On comprend sous le nom de *Bilédulgérid* le pays situé entre les 25 et 30° de latit. N., le 12° de longit. occident. et le 26° de longit. orient.

Ce pays, limité au nord par les états Barbaresques, à l'ouest par le royaume de Maroc et l'Océan atlantique, au sud par le grand désert de Sahara, et à l'est par l'Égypte, a pour habitans un mélange d'arabes et de naturels du pays, divisés en sept états particuliers, tributaires ou indépendans, formant autant de républiques, savoir :

1°. *Sus*, sur la côte de l'Océan atlantique, dans la dépendance du royaume de *Maroc* : capitale, *Sus* ;

2°. *Tafilet*, à l'est du pays de *Sus*, aussi dans la dépendance du royaume de *Maroc* : capitale, *Tafilet* ;

3°. *Sedjelmesse* : ce pays, au nord-est de celui de *Tafilet*, forme une république indépendante : capitale, *Sedjelmesse* ;

4°. *Zab* : ce pays, au nord-est de celui de *Sedjelmesse*, dépend de la république d'*Alger* : capitale, *Pascara* ;

5°. *Bilédulgérid* propre, à l'est du pays de *Zab*, dépend de la république de *Tunis* : capitale, *Tonséra* ;

6°. *Técort* : ce pays, à l'ouest du précédent, dépend aussi de la république de *Tunis*, capitale, *Técort* ou *Tagguri* ;

7°. *Gadume* : ce pays, au sud-est de celui de *Técort*, dépend de la république de *Tripoli* : capitale, *Gadume* ou *Gadamès*.

SAHARA ou ZAARA.

Le *Sahara* ou *Zaara* est une immense contrée presque déserte, bornée au nord par le *Bilédulgérid*, à l'est par l'Océan atlantique, au sud par la Guinée et la Nigritie, et à l'est par la Nubie et l'Égypte, qui, autant qu'on peut en juger d'après le peu de connaissance qu'on

a) de son étendue et de sa véritable position, doit être placée entre les 15 à 30° de latit. N., les 20° de longit. occident., et les 25° de longit orient.

Dans un pays où il n'y a point de rivières importantes, et où la sécheresse est si grande, qu'on fait quelquefois cent lieues sans trouver d'eau, on ne doit point s'attendre à rencontrer beaucoup d'habitans; les seuls endroits peuplés le sont par des *arabes*, des *maures* et des *nègres*, dont on ne sait rien pour ce qui est de leur organisation politique: cependant, d'après les meilleurs géographes, le *Sahara* se divise en cinq parties, dans chacune desquelles on ne connaît aucunes villes.

1°. Le *Zanhara*: cette partie est bornée à l'ouest par l'*Océan atlantique*; et les habitans, fixés sur la côte, font quelque commerce avec les *français* établis dans la *Guinée*;

2°. Le *Zuenziga*: ce pays, à l'est du *Zanhara*, fournit beaucoup de sel à la *Barbarie* et à la *Nigritie*;

3°. Le *Terga*, à l'est du *Zuenziga*: cette partie produit de la manne qu'on transporte aussi dans la *Barbarie*;

4°. Le *Lempta*, à l'est du *Torga*, est habité par des hordes féroces qui vivent principalement du pillage des caravanes;

5°. Le *Berdoa*, aussi à l'est du *Lempta*, est habité par des *arabes*, qui recueillent beaucoup de dattes dans les cantons fournis d'eau.

EGYPTE.

On place ici l'Egypte seulement pour maintenir l'ordre dans lequel ce pays doit être rangé; mais pour sa description, on renvoie le lecteur à l'article *Turquie*, page 255.

LA GUINÉE.

On donne pour limites à la *Guinée* : au nord, le *Sahara*; à l'ouest, l'*Océan atlantique*; au sud, le golfe de *Guinée*; et à l'est, la *Nigritie* : d'où il suit que, faute de renseignemens positifs, on peut ranger sa position entre la ligne *équinoxiale* et le 18° de latit. N., le 20° de longit. occid. et le 10° de longit. orient.

La *Guinée* se divise en deux parties : la *Sénégambie* ou *Guinée septentrionale*, et la *Guinée méridionale*.

La *Sénégambie* ou *Guinée septentrionale* est habitée par les nègres *foulahs*, *jolofs*, *féloups* et *mandegnes*, qui sont gouvernés par des rois. Les villes principales de cette contrée, qui appartiennent aux naturels du pays sont : *Medina*, *Kourkarani*, *Joag*, *Gongadi*, *Jarra* et *Sampaka*.

Les *européens* possèdent beaucoup d'établissemens dans la *Sénégambie*, savoir : les *français*, le fort *Saint-Louis*, la ville de *Podor*, sur la rivière du *Sénégal*; les forts *Saint-Joseph* et *Saint-Pierre* dans l'intérieur; *Albreda*, *Joal* et *Bintam*, sur la *Gambie*;

Les *anglais*, le fort *James*, *Vingtain*, *Joukakonda* et *Pisania*;

Et les *portugais*, la ville de *Cachéo*, et plusieurs villages en dépendans.

La *Guinée méridionale* renferme trois pays, savoir :

1°. La *Malaguette*, formant plusieurs états qui ne sont pas encore connus : les *anglais* y ont commencé un établissement, dont les habitations principales sont *Fréétown* et *Adamstown* ;

2°. A l'est de la *Malaguette*, la *Guinée propre* : ce pays comprend la côte des *Graines*, qui a pour villes *Sestos* et *Sestre*, villes nègres ;

La côte des *Dents*, dans laquelle on ne connaît aucune ville ;

Et la *Côte-d'Or :* parmi les petits états despotiques de cette contrée, celui de *Fanthée* est le plus considérable. Deux nations puissantes habitent l'intérieur : les *Aminas*, chez lesquels l'or abonde, et les *Assiantés*.

Les *hollandais* possèdent à la *Côte-d'Or* les forts de la *Mine* et *Nassau* ;

Les *anglais*, celui de *Cap-Corse* ;

Et les *danois*, celui de *Christianbourg*.

3°. A l'est de la *Guinée propre*, *Benin*, qui comprend le royaume peu connu de *Dahomey :* capitale, *Abomey* ;

Le royaume de *Benin :* villes principales, *Benin* et *Agothon* ;

Le royaume de *Oüary*, capitale, *Oüary* ;

Et le pays, peu connu, de *Calabar*, où se trouve *Bony*, l'un des plus grands marchés d'esclaves.

Iles voisines de la Guinée, et qui en dépendent.

1°. L'île de *Gorée*, aux *français*;
2°. *Fernando-Po*, aux *espagnols*;
3°. *Du Prince*, aux *portugais*;
4°. *St.-Thomé*, aux mêmes : capitale, *Pavoacan*;
5°. *Annabon*, aux *espagnols*;
6°. Et *Saint-Mathieu*, aux *portugais*.

LA NIGRITIE.

La *Nigritie* est la partie centrale de l'Afrique, que les géographes bornent, au nord, par le *Sahara*; à l'ouest, par la *Guinée* et le *Congo*; au sud, par le *Mataman* et le *Monomotapa*; et à l'est, par la côte de *Zanguebar*, celle d'*Ajan*, l'*Abissinie* et la *Nubie*; ce qui place naturellement cette contrée entre le 20° de latit. N., et le 15° de latit. sud, le 8° de longit. occid. au 27° de longit. orient.

Les royaumes d'*Agadès*, de *Bornou*, de *Tombouctou*, de *Bambara* et de *Darfour*, étant les moins inconnus parmi ceux qui composent la *Nigritie*, seront les seuls dont on parlera, sans pouvoir même en assigner la véritable position.

Le royaume d'*Agadès*, le plus au nord, et en grande partie enclavé dans le *Sahara*, a pour capitale *Agadès*.

Le royaume de *Bornou*, plus à l'est, et d'une grande étendue, a pour capitale *Bornou*.

Le royaume de *Tombouctou*, au sud-ouest des précédens, traversé par le fleuve du *Niger*, et renfermant le lac du *Soudan*, a pour villes principales *Tombouctou* et *Cabra*.

Le royaume de *Bambara*, au sud-ouest de celui de *Tombouctou*, et s'étendant jusqu'aux limites de la *Guinée*, a pour capitale *Ségo*.

Et le royaume de *Darfour*, le plus à l'est de tous, et s'étendant jusqu'aux confins de la *Nubie:* capitale, *Cobbi* ou *Qobbey*.

Ces cinq royaumes sont situés dans la partie de la *Nubie* qui s'étend du 10 au 20° de latit. N.; mais on ne sait absolument rien des peuples ou états placés dans la partie de cette même contrée qui gît entre le 10° de latit. N., et le 15° de latit. sud.

NUBIE.

La *Nubie*, anciennement l'*Éthiopie*, située entre les 15 et 25° de latit. N., et les 26 à 36° de longit. orient., bornée au nord par l'Égypte; à l'ouest, par le Sahara et la Nigritie; au sud, par l'Abissinie; et à l'est, par la Mer-Rouge, comprend les deux royaumes de *Dungala*, de *Sennar* et la côte d'*Abex*, qui obéit à un *cheik* arabe, qui porte le titre de *naïb*.

Le royaume de *Dungala*, entre les 18 et 23° de latit., a pour capitale *Dungala*.

Le royaume de *Sennar*, entre les 13 et 18° de latit.: capitale, *Sennar*.

Et la côte d'*Abex*, qui règne le long de ces deux royaumes, sur la Mer-Rouge, a pour lieux principaux *Sodakem*, *Massuack*, le *Port-des-Abissins*, le *Port-Morigton*, *Arkeko*, *Barra* et *Baylour*.

ABISSINIE.

L'*Abissinie*, située entre les 7 et 15° de latit. N., et les 31 à 41° de longit. orient., est bornée au nord par la Nubie; à l'ouest et au sud, par la Nigritie, et à l'est, par la Mer-Rouge.

Ce royaume, gouverné despotiquement par un roi, qui prend le titre de *néguz* électif, mais choisi parmi les membres de la dynastie régnante, est divisé en provinces, du nom de ses principales villes, qui sont: *Gondar*, capitale du royaume, *Ardowa*, *Axum* et *Afata*, remarquable par l'une des grandes cataractes du Nil.

CONGO.

Le *Congo*, borné au nord par la Guinée; à l'ouest, par l'océan Atlantique; au sud, par le Mataman, et à l'est, par la Nigritie, se trouve circonscrit entre les 1 et 15° de latit. sud, et les 10 à 20° de longit. orient.

Le *Congo* comprend plusieurs royaumes ou états, savoir:

Le royaume de *Loango*, le plus au nord : capitale, *Loango* ou *Bouali*.

Le royaume de *Cacongo*, au sud-ouest de celui de *Laongo* : capitale, *Kingélé*.

Le royaume de *Congo* propre, au sud de celui de *Loango* : capitale, *San-Salvador*, construite par les portugais, qui y ont un fort, et, dans les environs, des établissemens assez considérables.

Le royaume d'*Angola*, au sud de celui de *Congo*

propre : capitale, *San-Paul-de-Loanda*, bâtie par les portugais, et chef-lieu de leurs établissemens sur les côtes de l'Afrique méridionale, et *Mapungo*, résidence du roi d'*Angola*.

Le royaume de *Matamba*, à l'est de celui d'*Angola*: capitale, *Sainte-Marie-de-Matamba*.

Le royaume de *Benguéla*, au sud de celui d'Angola; capitale, *Saint-Philippe-de-Benguéla*.

Et le royaume de *Mazemba*, à l'est de celui de Benguéla : capitale, *Pédras-Négras*.

COTE D'AJAN.

La contrée nommée *Côte d'Ajan*, bornée au nord par le détroit de Bab-el-Mandel et l'Abissinie; à l'ouest, par la Nigritie; au sud, par la côte de Zanguebar, et à l'est, par la mer des Indes, se trouve placée entre la ligne équinoxiale et le 12° de latit. N., les 32 à 48° de longit. orient. La *côte d'Ajan* est divisée en trois parties, qui sont : le royaume d'*Adel*, celui de *Magadoxo* et la république de *Brava* ; mais on ne connaît pas les limites de ces états : tout ce qu'on sait, c'est que le royaume d'Adel est le plus oriental, et a trois villes commerçantes sur le détroit de *Bab-el-Mandel*, savoir : *Auça-Gurel*, capitale et résidence du roi; *Zéila* et *Barbara*.

Le royaume de *Magadoxo* a pour capitale *Makadschá*, sur la côte de la mer des Indes, par le 2° de latit. N.

Et la république de *Brava* a pour capitale la ville de *Brava*, sur la même côte, par le 1° de latit. N.

COTE DE ZANGUEBAR.

La *côte de Zanguebar*, limitée au nord par celle d'Ajan ; à l'ouest, par la Nigritie ; au sud, par le Monomotapa, et à l'est, par l'Océan indien et le canal Mozambique, s'étend entre la ligne équinoxiale, le 18° de latit. S., et les 32 à 43° de longit. orient.

Cette contrée se divise en six royaumes, dont on ne peut préciser les limites, mais dont on connaît seulement les capitales, parce qu'elles sont situées sur la côte.

Le royaume de *Melinde*, le plus au nord, a pour capitale *Melinde*, sous le 3° de latit. sud.

Le royaume de *Monbaza*, capitale, *Monbaza*, sous le 4° de latit.

Le royaume de *Quiloa*, capitale, *Quiloa*, sous le 8° de latit.

Le royaume de *Mongallo*, capitale, *Mongallo*, sous le 10° de latit. sud.

Le royaume de *Mauruca*, à l'ouest de celui de Mongallo, n'offre aucun point remarquable.

Et le royaume de *Mozambique*, à l'ouest de celui de Mauruca : villes principales, *Mozambique*, sous le 15° de latit., et *Mésurit*, qui appartiennent aux portugais ; ils ont encore sur la côte les postes de *Quérimbe* et d'*Oïbo*.

La principale de îles situées près de la côte de Zanguebar est celle de *Zanzibar*, par le 7° de latit. sud, gouvernée par un *cheik*, qui dépend d'un des princes de l'Arabie.

MATAMAN.

Le *Mataman* est borné au nord par le Congo; à l'ouest, par l'Océan atlantique; au sud, par la Cafrerie, et à l'est, par le Monomotapa.

Cette grande contrée, très-inconnue, semble devoir s'étendre entre les 15 et 25° de latit. sud, et les 10 à 27° de longit. orient. : tout ce qu'on en peut dire, c'est qu'elle est habitée par des *nègres*, dont les principaux peuples sont les *cimbellas* et les *macasses*.

MONOMOTAPA.

Le *Monomotapa*, limité au nord par la Nigritie; à l'ouest, par le Mataman; au sud, par la Cafrerie, et à l'est, par le canal Mozambique et l'Océan indien, est circonscrit entre les 15 à 25° de latit. sud, et les 27 à 35° de longit. orient.

La contrée du *Monomotapa* est divisée en cinq royaumes, qui sont :

Monomotapa propre : ce royaume, au nord des autres, a trois villes connues : *Zimbaoé*, où le roi fait sa résidence; *Saint-Jago* et *Zéna* qui appartiennent aux portugais.

Manica, au sud-ouest du *Monomotapa*, a pour capitale *Manica*.

Sofala, au sud de *Manica*, a pour capitale *Sofala* ou *Saphira*, sur la côte du canal de *Mozambique*, par le 20° de latit. sud.

Sambia a pour capitale *Mambone*, sur la même côte, par le 22° de latit. sud.

Inhambane, capitale *Tonge*, proche la même côte, par le 23° de latit. sud.

CAFRERIE.

La *Cafrerie*, entre les 23 et 35° de latit. S., et les 13 à 30° de longit. orient., limitée au nord par le *Mataman* et le *Monomotapa*; à l'ouest, par l'*Océan atlantique*; au sud, par le grand *Océan austral*; et à l'est, par la mer des *Indes*, se divise en trois parties principales, qui sont :

1°. Entre les 25 et 35°, le pays des *cafres*, proprement dit, qui, soumis à un roi, et quoique s'étendant sur la côte de la mer des *Indes*, n'offre aucune ville;

2°. Entre les 23 et 26°, le pays des *boushouanas*, peuplé de plusieurs tribus indépendantes, n'a non plus aucunes villes;

3°. Et entre les 26 et 35°, le pays des *hottentots*, habité par les *hottentots* propres, peuple pasteur et errant, les *boschismens*, peuple vagabond, vivant sans connaître ni gouvernement ni lois, et par les colons de la colonie du cap de *Bonne-Espérance*.

La Colonie du *Cap*, qui appartient maintenant aux anglais, située à l'extrémité de l'*Afrique* méridionale, entre les 30 et 35° de latit. S., est divisée en cinq districts, qui sont : ceux du *Cap*, de *Stellenbosch*, de *Zwellendam*, *Graff-Reynet* et la terre de *Natal*. La seule ville importante de la colonie, et en même temps la capitale, est celle du *Cap*.

ÎLES DE L'AFRIQUE.

Les îles de l'Afrique sont situées les unes dans l'Océan atlantique, et les autres dans la mer des Indes.

Dans l'Océan atlantique.

Les îles *Açores* : elles sont au nombre de neuf, et appartiennent aux *portugais*; les plus importantes sont celles de *Tercère*; capitale, *Angra*, résidence du gouverneur des *Açores* et de *Saint-Michel* : villes principales, *Punta-del-Gada* et *Ribeira-Grande*.

L'île de *Madère*, célèbre par ses vins, appartient aux portugais; capitale, *Funchal*. Au nord, et assez proche de l'île de *Madère*, on trouve celle de *Porto-Sancto*, appartenant aussi aux portugais.

Les Iles *Canaries* : elles sont au nombre de huit, voisines les unes des autres, et appartiennent aux *espagnols*. Les principales sont : l'île *Canarie*, capitale, *Ciudad-de-las-Palmas*; celle de *Ténériffe*, célèbre par la montagne appelée le *Pic*, capitale, *Santa-Cruz*; et celle de *Palma*, capitale, *Santa-Cruz-de-las-Palmas*.

Les îles du *Cap-Vert* : on en compte une vingtaine, petites et voisines les unes des autres; elles appartiennent aux *portugais*. Les plus importantes sont l'île *Saint-Jago*, capitale, *Ribera*, et celles de *Brara*, de *Mayo* et de *Fuégo*.

L'île de l'*Ascension*, au sud-est de celles du *Cap-Vert*, point de relâche pour les navigateurs, avec un port du même nom.

L'île de *Ste.-Hélène*, au sud-est de celle de l'*Ascension*, appartient aux *anglais* ; capitale, *Jamestown*.

Dans l'Océan indien.

Les îles *Mascareignes* : les principales sont l'île *Bourbon*, qui appartient aux *français*, capitale, *Saint-Denis* ; l'île de *France* ou *Maurice*, qui appartient aux *anglais*, capitale, *Port-Louis* ; et celle de *Rodrigue*, qui appartient aussi aux *anglais*, et n'a que quelques habitations.

L'île de *Madagascar* : cette île est habitée par un peuple qui offre un mélange d'*africains* et d'*arabes*, divisée en *tribus* ou *villages* gouvernés par des chefs, dont quelques-uns prennent le titre de *roi* ; il n'y a que les *Sclaves* qui forment un royaume de quelqu'étendue, dont la capitale est *Mouzangaye*. De toutes les nations de l'*Europe*, il n'y a que les *français* qui possèdent des établissemens dans l'île de *Madagascar* ; ces établissemens, situés à la côte méridionale, sont ceux de *Antongil*, *Manahar*, *Foulpointe* et *Tamatave*.

Les îles *Comores* sont au nombre de quatre, dont les habitans, partie arabes et partie nègres, obéissent à des chefs tributaires des *portugais* ; ces îles portent les noms de *Mayotte*, *Mouhilly*, *Angazija* et *Grando-Comore* ; elles n'offrent que des villages.

Les îles *Amirantes* et *Séchelles* forment un groupe d'une multitude de petites îles peu connues, dont les principales, qui portent particulièrement le nom de *Séchelles*, sont l'île de *Mahé* et celle des *Palmiers*, appartenant maintenant aux *anglais*.

L'île de *Socotora*, à l'entrée du détroit de *Bab-el-Mandel*, habitée par des *arabes* qui obéissent à un roi : *Tamarida* est la capitale du royaume.

CHAPITRE IV.

AMÉRIQUE.

L'Amérique se divise en deux parties, savoir : *Amérique septentrionale* et *Amérique méridionale*.

AMÉRIQUE SEPTENTRIONALE.

En admettant, d'après les plus célèbres géographes, que le *Groënland* fasse partie du continent de l'*Amérique septentrionale*, on doit le considérer comme la contrée la plus avancée au nord. Sa position au nord ne peut être déterminée ; mais, du reste, il est borné au sud dans l'*Océan atlantique*, par le 60° de lat. N. ; il est borné à l'ouest par la baie de *Baffin* et le détroit de *Davis*, et à l'est, par la *Mer-Glaciale*.

Tout ce qu'on sait du *Groënland*, c'est qu'il est très-peu peuplé ; que les indigènes semblent tenir de la race des *esquimaux*; et que les *danois* possèdent une vingtaine de factoreries parsemées le long des côtes pour la pêche de la baleine. Le poste de *Friderikshaad* est le point central des opérations de la compagnie *danoise* du *Groënland*.

Possessions anglaises dans l'Amérique septentrionale.

La *Nouvelle-Bretagne :* cette vaste contrée, bornée

au nord par la *Mer-Glaciale;* à l'ouest, par des pays ou déserts inconnus ; au sud, par le *Canada* et le golfe *Saint-Laurent;* et à l'est, par l'*Océan atlantique;* s'étend entre les 50 à 67° de latit. N., et les 58 à 115° de longit. occid. ; on la divise en trois parties, savoir : baie de *Baffin*, baie d'*Hudson* et terre de *Labrador*.

La partie dite *baie de Baffin*, au nord des deux autres, située entre les 62 et 67° de latit. N., ne présente dans toute son étendue aucun établissement anglais : la souveraineté qu'ils exercent sur cette contrée, se borne au droit qu'ils s'attribuent exclusivement, de trafiquer avec les sauvages, peu nombreux, qui habitent le long des côtes de la baie de *Baffin*.

La partie dite *baie d'Hudson*, entre les 52 et 65° de latit. N., n'offre, en général, comme la précédente, qu'un pays très-peu peuplé, et presque généralement couvert de neiges et de glaces. Les signes de la puissance anglaise sur cette contrée résident dans l'établissement de plusieurs factoreries dans la baie d'Hudson et dans celle de James, telles que celles du *Main oriental*, des forts de *Moose*, du *Prince-de-Galles*, d'*York*, de *Severn* et d'*Albany*.

La terre de *Labrador*, entre les 52 et 62° de latitude N., habitée par les *esquimaux*, où l'on trouve les trois colonies anglaises de *Nain*, *Okkak* et *Offenthal*.

CANADA.

Le *Canada*, situé entre les 42 et 52° de latit. N., et les 65 à 85° de longit. occident., borné au nord par la Nouvelle-Bretagne, à l'ouest par des pays inconnus, au sud par les États-Unis, et à l'est par le golfe Saint-Laurent, se divise en *Haut* et *Bas-Canada*.

Le *Haut-Canada*, à l'ouest du suivant et sous la même latitude, a pour lieux principaux la ville d'*York*, siége du gouvernement; *Kingston*, *Newark*, le *Fort-Georges*, le *Fort-Érie*, la ville de *London* et le fort *Malden*.

Le *Bas-Canada*, à l'est du précédent, a pour villes principales *Québec*, capitale; *Mont-Réal*, *Trois-Rivières* et *Sorell*.

NOUVELLE-ÉCOSSE.

La *Nouvelle-Écosse*, située entre les 43 et 48° de latit. N., bornée au nord par le fleuve Saint-Laurent, à l'ouest par le Canada et les États-Unis, au sud par l'Océan atlantique, et à l'est par le golfe Saint-Laurent, comprend le *Nouveau-Brunswich* et la *Nouvelle-Écosse* proprement dite.

Le *Nouveau-Brunswich*, au nord-ouest de la *Nouvelle-Écosse*, a pour villes principales *Saint-Jean*, capitale; *Frédérichton* et *Saint-André*.

La *Nouvelle-Écosse*, au sud-est du *Nouveau-Brunswich*, a pour villes principales *Halifax*, capitale; *Pittoû*, *Liverpool*, *Shelburne* et *Annapolis*.

Iles voisines de la Nouvelle-Écosse.

Terre-Neuve: villes principales, *Plaisance*, *Saint-Jean* et *Bonavista*.

Cap-Breton ou *Ile Royale:* villes principales, *Louis-bourg*, capitale; *Sydney* et *Arichat*;

Saint-Jean, capitale, *Charlott-Stown*;

Madelaine et *Percée*.

Ces cinq îles appartiennent aux anglais.

Les deux petites îles de *Saint-Pierre* et de *Mique-lon*, proche celle de *Terre-Neuve*, appartiennent aux français.

COTES DU NORD-OUEST DE L'AMÉRIQUE.

Les côtes du nord-ouest de *l'Amérique* embrassent l'immense contrée bornée au nord par la Mer-Glaciale, à l'ouest par la même mer, le détroit de Bhering et le grand Océan boréal; au sud, par le Nouveau-Mexique; et à l'est, par la Nouvelle-Bretagne, le Haut-Canada et les États-Unis, située entre les 56 à 70° de latit. N., et les 115 à 170° de longit. occident.

On divise cette contrée en deux parties; savoir: *Amérique russe* et *Possessions anglaises*.

L'Amérique russe est située entre les 55 à 70° de latit. N. La Russie, qui a quelques colonies ou factoreries sur cette côte et dans les îles voisines, n'a d'autre point central de ses relations commerciales dans cette partie, que la ville de *Sitka* ou *Nouvel-Archangel*, bâtie dans l'une des îles de l'archipel du *Roi-Georges*, par le 55° de latit. N.

La *Russie* considère comme dépendance de ses possessions à la côte nord-ouest de l'Amérique septentrionale, les îles *Aléoütes*, dont la continuité forme le *Bassin du Nord;* les plus remarquables de ces îles, dont on ne connaît pas le nombre, sont celles de *Ounalashka*, *Sitignak*, *Oumnak*, *Tanaga*, *Kanaga*, *Akhta* et *Kadiak*, principal établissement des russes dans cet archipel.

Possessions anglaises.

On range parmi les *possessions anglaises* les terres et îles qui s'étendent dans l'*Amérique septentrionale* et sur les côtes de l'Océan-Pacifique, depuis l'Amérique russe jusqu'à la Nouvelle-Californie, entre les 36 et 55° de latitude nord. Les navigateurs anglais ont donné à ces terres les noms de *Nouveau-Norfolk*, de *Nouveau-Cornouaille*, de *Nouvel-Hanovre*, de *Nouvelle-Géorgie* et de *Nouvelle-Albion*; mais la prétendue propriété des anglais sur cette partie de l'Amérique ne paraît pas incontestablement fixée, puisqu'ils n'ont encore formé aucune colonie, ni sur les côtes, ni sur les nombreuses îles qui en dépendent, tandis qu'on voit les russes établis depuis peu sur les côtes du *Nouveau-Norfolk* et de la *Nouvelle-Albion*, qui sont les extrémités nord et sud de cette grande contrée.

ÉTATS-UNIS.

Les États-Unis d'Amérique, bornés au nord par le Canada, à l'ouest par l'Amérique russe, les possessions anglaises dans la mer du Sud, et par le Nouveau-Mexique, au sud par le golfe du Mexique et les Florides, et à l'est par l'Océan atlantique, s'étendent entre les 28 et 40° de latit. N., et les 68 à 109° de longit. occident.

Les possessions des États-Unis, jusqu'alors divisées en 27 états ou provinces, qui sont autant de républiques distinctes, ayant chacune des lois et un gouvernement particulier, forment ensemble une république fédérative appelée *l'Union.*

Ces états ou provinces sont, savoir :

1°. Entre les 40 et 48° de latit. N., *le nouveau Territoire*, au nord de celui des *illinois*, entre le lac *Michigan* et le fleuve du *Mississipi* : ce nouvel état, habité par plusieurs nations sauvages soumises, n'a point encore d'établissemens remarquables.

2°. Entre les 44 et 45°, *Le Main* : villes principales, *Portland*, capitale; *Wiscasset, Bath* et *York.*

Entre les 42 et 44° de latit. :

3°. *Michigan* : villes principales, *Détroit*, capitale, et *Michillimackinack.*

4°. *New-Yorck* : villes principales, *New-Yorck, Albany, Schenectady, Plattsbourg, Troy, Poughepsy* et *Hudson*; les îles de *Long-Island*, de *Statend-Island* et *Plumb-Island*, sur la côte de l'Océan atlantique, dépendent de l'état de *New-Yorck.*

5°. *Vermont* : villes principales, *Windsor*, capitale; *Rutland, Bennigton, Middelbury, Burlington.*

6°. *New-Hampshire* : villes principales, *Portsmouth*, capitale; *Darmouth, Charlestown, Kéene, Concorde* et *Exeter.*

7°. *Massachussets* : villes principales, *Boston*, capitale ; *Cambridge*, *Salem*, *Beverley*, *Marble-dhea*, *Newbury-Port*, *Ispswich*, *Charlestown*, *Worcester*, *Plymouth*, *New-Bedfort*, *Northampton* et *Springfield* : l'état de Massachussets possède sur la côte de la mer Atlantique plusieurs îles, dont les plus importantes sont celles de *Vigne-de-Marthe* et de *Nantucket*.

Entre les 40 et 42° de latit. :

8° *Indiana*, capitale, *Vincennes*, bâtie par les français ; et *Vévey*, centre d'une colonie suisse, fixée dans cet état.

9°. *Ohio*, capitale, *Chilicothe*; *Cincinnati* et le fort *Washington* sont les endroits les plus importans de ce nouvel état.

10°. *Pensylvanie* : villes principales, *Philadelphie*, capitale; *Lancaster*, *Carlisle*, *Pittsbourg*, *Bethléem* et *Nazareth*.

11°. *New-Jersey* : villes principales, *Trenton*, capitale ; *Newark*, *Brunswich* et *Burlington*.

12°. *Connecticut* : villes pincipales, *Harfort*, *New-Haven*, *Norwich*, *Midletown* et *New-London*.

13°. *Rhode-Island* : villes principales, *La Providence*, capitale; *Bristol* et *Warren*; cet état comprend encore l'île de *Rhode*, près de la côte, dans la mer Atlantique : capitale, *Newport*.

Entre les 38 à 40° de latit. :

14°. Les *Illinois* : la capitale de ce nouvel état est *Kaskaskias*;

15°. *Missouri* : villes principales, *Saint-Louis*, capitale, et *Sainte-Geneviève*.

16°. *Colombia :* villes principales, *Washington*, capitale des États-Unis et siége du congrès; *Georgetown* et *Alexandrie*.

17°. *Maryland :* villes principales, *Annapolis*, capitale ; *Baltimore* et *Fredericktown*.

18°. *La Delaware :* villes principaless, *Douvres*, capitale, et *Wilmington*.

Entre les 36 et 38° de latit. :

19°. *Kentucky :* villes principales, *Francfort*, capitale; *Lexington*, *Louisville* et *Beardstown*.

20°. *Virginie :* villes principales, *Richmond*, capitale; *Williamsbourg*, *Pétersbourg*, *Monticello*, *Winchester* et *Norfolk*.

Entre les 34 et 36° de latit. :

21°. *Tenessée :* villes principales, *Knoxville*, capitale, et *Nashville*.

22°. *Caroline* septentrionale : villes principales, *Raleigh*, capitale; *Lafayette*, *Wilmington* et *Newbern*.

Entre les 31 et 34° de latit.:

23°. *Mississipi :* *Natchès*, capitale, est le seul endroit important de cet état.

24°. Le territoire d'*Alibama :* cet état, composé de plusieurs tribus sauvages, qui forment une confédération générale, n'a pas encore d'établissement remarquable.

25°. *Caroline* du sud : villes principales, *Charleston*, capitale; *Colombia* et *Catawba*. L'état de la Caroline du sud possède plusieurs îles proche de la côte, dont les plus importantes sont : *Sainte-Hélène*, *Saint-*

(*Jean* et *Port-Royal*; cette dernière ayant pour capitale la ville de *Beaufort*.

26°. La *Géorgie* : villes principales, *Miledgeville*, capitale; *Savannah* et *Augusta* : cet état possède aussi plusieurs îles tout près de la côte, dont la plus considérable est *Saint-Simon*, où l'on trouve la ville de *Frédérica*.

Entre les 28 et 31° de latit. :

27°. La *Louisiane* : villes principales, *Nouvelle-Orléans*, capitale ; *Opélonsas*, *Nantchitochez*, *Nouveau-Madrid* et *Saint-Charles*.

LA FLORIDE.

La *Floride* est bornée au nord par les États-Unis ; à l'ouest, par la Louisiane ; au sud, par le golfe du Mexique, et à l'est, par l'Océan atlantique, et s'étend entre les 25 à 31° de latit. N., et les 83 à 94° de longit. occidentale.

La *Floride*, qui appartenait aux *Espagnes*, a été cédée, par un traité passé en 1818, à la république des États-Unis, qui l'occupe en ce moment presqu'en totalité; mais ce traité n'ayant point été ratifié par la couronne d'Espagne, la possession définitive de la *Floride*, par l'une ou l'autre de ces deux puissances, est encore un objet litigieux.

Cette contrée se divise en deux parties, qui sont :

La *Floride* occidentale, située entre les 29 et 31° de latit. N. : villes principales, *Pensacola*, capitale, et *Mobile*.

La *Floride* orientale, située entre les 25 et 30° de latit. : villes principales, *Saint-Augustin*, capitale; la *Nouvelle-Smyrne*, *Saint-Marc-d'Apalache* et l'île *Amélia*, très-près de la côte de *Saint-Augustin*, où l'on trouve la ville de *Fernandina*, nouvellement construite.

Possessions espagnoles dans l'Amérique septentrionale.

Les *possessions espagnoles* dans l'*Amérique* septentrionale, limitées au nord par la Nouvelle-Albion; à l'ouest, par l'Océan-Pacifique; au sud, par l'Amérique méridionale; à l'est, par la Louisiane, le golfe du Mexique et la mer des Antilles, s'étendent entre les 8 à 36° de latit. N., et les 83 à 124° de longit. occident., et se divisent en deux parties principales, savoir : *Provinces intérieures* et *Vice-Royauté* de la *Nouvelle-Espagne*.

Les provinces intérieures sont au nombre de six, savoir :

Entre les 22 à 36° de latit. N., le *Nouveau-Mexique* : villes principales, *Santa-Fé*, capitale; *Taos* et *Albuquerque*.

Entre les 30 à 35° de latit., le *Texas*, capitale, *Saint-Antonio-de-Béjar*.

Entre les 28 à 32° de latit., *Sonora* : villes principales, *Arispea*, capitale, et *Sonora*.

Entre les 26 à 31° de latit., *Nouvelle-Biscaye* ou

Durango : villes principales, *Durango*, capitale ; *Chiuagua*, *Batopilas* et *Cosigirachin*.

Entre les 25 à 31° de latit., *Cohahuila* : villes principales, *Montelovez*, *Santa-Rosa* et *Millada*.

Et entre les 23 à 28° de latit., *Sinaloa* : villes principales, *Sinaloa*, *Hostimuri* et *Alamos*.

La vice-royauté de la Nouvelle-Espagne est divisée en trois provinces, 9 intendances, la capitainerie ou royaume de *Guatimala*, et la province de *Veragua*.

Entre les 22 à 36° de latit. N., la province de *Californie*, divisée en ancienne, qui comprend la presqu'île de ce nom, et la nouvelle qui s'étend le long de la mer du Sud jusqu'à la *Nouvelle-Albion* : villes principales, *San-Carlos-de-Montery*, capitale ; *San-Francisco*, *Santa-Barbara* et *Loreto*.

Entre les 24 et 28° de latit., le *Nouveau-Royaume-de-Léon* : capitale, *Monte-Rey*.

Entre les 23 à 30° de latit., la province de *Saint-Ander* : capitale, *Nouveau-Saint-Ander*.

Entre les 22 à 35°, l'intendance de *Saint-Louis-de-Potosi* : capitale, *Saint-Louis*.

Entre les 20 à 26°, l'intendance de *Guyadalaxara* : villes principales, *Guyadalaxara*, *Compostelle*, *Tonala*, la *Purification* et *San-Blas*.

Entre les 22 à 25° de latit., l'intendance de *Zacatécas* : capitale, *Zacatécas*.

Entre les 21 à 24° de latit., l'intendance de *Guanaxuato* : villes principales, *Guanaxuato*, capitale ; *San-Miguel-el-Grande* et *Celaya*.

Entre les 18 à 22° de latit., intendance de *Valla-*

dolid : villes principales, *Valladolid-de-Méchoacan* et *Tzinzontzan.*

Entre les 17 à 20° de latit., l'intendance de *Mexico* ou *Mexique propre* : villes principales, *Mexico*, capitale de toute la *Nouvelle-Espagne*; *Quérétaro*, *Acapulco*, *Zacatula*, *Tezenco*, *Tacuboya*, *Toluca* et *Tasco.*

Entre les 18 à 21° de latit., l'intendance de *Vera-Crux* : villes principales, *Vera-Crux*, capitale; *Xatappa* et *Pérote.*

Entre les 17 et 19° de latit., l'intendance de la *Puebla* : villes principales, *la Puebla-de-los-Angeles*, *Tascala*, *Chotula* et *Atlisco.*

Entre les 16 à 18° de latit., l'intendance d'*Oaxaca* : villes principales, *Oaxaca*, capitale; *Téhuantepec* et *Mitla.*

Le royaume ou capitainerie générale de *Guatimala* comprend sept provinces, savoir :

Entre les 18 à 22° de latit., *Merida* ou *Yucatan* : villes principales, *Merida*, *Campèche* et *Tabasco.* Les *anglais* possèdent la partie sud de cette province, sous le nom de *Yucatan anglais*, où ils occupent la ville de la *Balize*, le poste de *Salamanca* et les deux petites îles de *Rattan* et de *Turnef*, dans le golfe d'*Honduras.*

Entre les 16 et 18° de latit., *Chiapa* : villes principales, *Chiapa-de-los-Indos*, capitale, et *Ciudad-Réal.*

Entre les 14 et 18° de latit., *Guatimala* : villes principales, *Guatimala*, *Guanguetlan* et *Solola.*

(Entre les 14 à 16° de latit., *Honduras :* villes principales, *Comayagua*, capitale, et *Truxillo*. Les *anglais* possèdent depuis long-temps, à l'est de cette province, sur la côte des *Mosquitos*, dans la mer des *Antilles*, des établissemens dont les *espagnols* ont vainement tenté plusieurs fois de les déposséder.

Entre les 14 et 15° de latit., *Vera-Pax :* la capitale de cette province, nommée *Coban*, n'a rien d'important, et il n'y a pas d'autres villes.

Entre les 12 et 15° de latit., *Nicaragua :* villes principales, *Saint-Léon-de-Nicaragua*, *Granada* et *Xérès*.

Et entre les 9 à 11° de latit., *Costa-Rica :* villes principales, *Carthago*, capitale, et *Matina*.

En outre de ces sept provinces, on trouve encore au sud de celle de *Costa-Rica* la province de *Véraga*, qui, quoique ressortissant pour le gouvernement de la vice-royauté de la *Nouvelle-Grenade*, dans l'*Amérique méridionale*, n'en doit pas moins être placée ici comme faisant partie de l'*Amérique septentrionale*. La capitale de la province de *Véraga* est *Saint-Yago*.

Iles du golfe du Mexique et Antilles.

Iles *Lucayes* ou *Bahama :* ces îles, séparées de la *Floride* par le canal de *Bahama*, sont au nombre de 14, non compris une multitude innombrable d'îlots, qui, avec les îles principales, s'étendent dans une longueur de 300 lieues. Cet archipel appartient aux *anglais* ; et l'île de la *Nouvelle-Providence*, dans laquelle on trouve la ville et le port de *Nassau*, est la capitale de toutes les *Bahama*.

GRANDES-ANTILLES.

Cuba, la plus considérable, par son étendue, des îles nommées *Grandes-Antilles*, appartient aux *espagnols*, et est gouvernée par un capitaine général, duquel relèvent les *Deux-Florides*. Les villes principales de l'île de *Cuba* sont la *Havane*, port célèbre et siége du gouvernement; *Puerto-del-Principe*, *Bayamo* ou *San-Salvador*, *Saint-Charles-de-Matanzas*, *Holguin* et *Sant-Yago*. La petite île de *Pinos*, à peu de distance à l'ouest de l'île de *Cuba*, dépend de cette dernière.

La *Jamaïque*, à l'ouest de *Cuba*, appartient aux *anglais*; un capitaine général y commande, et elle est soumise à un gouvernement représentatif. Ses villes principales sont: *Kingston*, capitale; *Sant-Yago-de-la-Véga*, *Port-Royal*, *Montego-Bay* et *Falmouth*.

Saint-Domingue: cette île, partagée en deux parties, savoir: à l'ouest, la partie *française*, et à l'est, la partie *espagnole*, appartenait néanmoins en entier aux *français*, depuis que les *espagnols* leur avaient cédé la portion qu'ils occupaient; mais à présent, par suite des troubles survenus dans la colonie, l'autorité française y est méconnue, et les nègres y ont formé deux états indépendans: l'un monarchique, et l'autre républicain. Les villes principales de la partie française sont: le *Cap-Français*, capitale du soi-disant royaume d'*Haïty*; *Port-au-Prince*, capitale de la soi-disant république du même nom, et les *Cayes*; et dans la partie espagnole, *Santo-Domingo*, *Sant-Yago* et la *Véga*.

Porto-Rico: cette île appartient aux espagnols, et dépend, pour le gouvernement, de celle de *Cuba*; ses villes principales sont: *Saint-Jean*, capitale; l'*Aquadilla*, *San-Germano* et *Faxardo*.

PETITES-ANTILLES ou CARAIBES.

1re. Division. *Iles-du-Vent*.

Saint-Thomas, capitale, *Saint-Thomas*;
Saint-Jean, capitale, *Saint-Jean*;
Sainte-Croix, capitale, *Sainte-Croix*.
Ces trois îles appartiennent aux danois.

Iles des *Vierges*, groupe composé de plusieurs petites îles, dont les principales sont: *Virgen-Gorda*, *Anegada* et *Tortola*; elles appartiennent aux anglais.

L'*Anguille*: cette île, qui n'a que des habitations isolées, appartient aux anglais.

Saint-Martin: cette île, qui n'a point de villes, appartient par moitié aux français et aux hollandais.

Saint-Barthelemy, capitale, *Gustavia*: cette île appartient aux suédois.

La *Barboude*: cette île, qui n'a que quelques habitations, appartient aux anglais.

Saba et *Saint-Eustache*: ces deux îles, assez proche l'une de l'autre, et sur la seconde desquelles se trouve la ville de *Basse-Terre*, appartiennent aux hollandais.

Saint-Christophe, capitale, *Basse-Terre*.

Nevis, où l'on ne trouve que quelques habitations.

Antigoa : villes principales, *English-Harbour*, capitale, et *Saint-Jean*.

Mont-Serrat : cette île n'offre que quelques habitations.

Ces quatre dernières îles appartiennent aux anglais.

La *Guadeloupe :* cette île, séparée en deux parties par un bras de mer très-étroit, a pour villes principales *Basse-Terre* et *Pointe-à-Pître* ; elle appartient aux français.

La *Désirade*, *Marie-Galande* et les *Saintes*.

Ces trois îles, situées à peu de distance l'une de l'autre, et qui appartiennent aux français, n'offrent aucune ville.

La *Dominique* n'a de lieu important que la *Baie du prince Rupert* ; cette île appartient aux anglais.

La *Martinique :* cette île, chef-lieu des établissemens français dans les *Antilles*, a pour villes principales *Port-Royal*, capitale, et *Saint-Pierre*.

Sainte-Lucie, capitale, *le Carénage*.

Saint-Vincent, capitale, *Kingston*.

La *Barbade*, capitale, *Brindgetown*.

La *Grenade*, capitale, *Saint-Georges*.

Tabago, capitale, *Georgestown*.

La *Trinité :* villes principales, *Saint-Joseph*-d'*Oruna*, le *Port-d'Espagne* et *Chacagamus*.

Ces six dernières îles appartiennent aux anglais.

2ᵐᵉ. Division. *Iles-sous-le-Vent.*

La *Marguerite :* cette île, qui appartient aux espagnols, a pour capitale la ville de l'*Assomption*, et elle a dans ses dépendances les petites îles de *Bianca*, de *Tortuga*, d'*Orchilla* et de *Cubagua*, qui n'offrent aucune ville.

Et *Curaçao :* cette île, qui appartient aux hollandais, a pour capitale *Willemstad*, et dans ses dépendances les petites îles de *Bonair* et d'*Aruba*.

AMÉRIQUE MÉRIDIONALE.

Possessions espagnoles.

Les *possessions espagnoles* dans l'*Amérique* méridionale sont aujourd'hui, pour la plus grande partie, détachées de la métropole, par suite de révolutions qui, depuis plusieurs années, ont donné lieu à la fondation de quelques républiques indépendantes, en guerre avec la mère-patrie; mais, attendu que cet état de guerre subsiste toujours, et qu'aucun gouvernement étranger n'a jusqu'ici reconnu l'indépendance de ces nouvelles républiques, nous devons encore les considérer comme partie intégrante des *possessions espagnoles*, et suivre la description de cette partie du globe, sans nous arrêter aux événemens militaires ou politiques, desquels dépend le sort ultérieur de l'*Amérique* méridionale.

NOUVEAU ROYAUME DE GRENADE.

Le nouveau royaume de *Grenade*, situé entre les 13°

de latit. N., 5° de latit. sud, et les 62 à 85° de longit. occident., borné au nord par le golfe du *Mexique*; à l'ouest, par la Mer-Pacifique; au sud, par le Pérou et le pays des Amazones; et à l'est, par l'Océan atlantique, est divisé en trois gouvernemens, savoir : de *Terre-Ferme*, de *Nouvelle-Grenade* proprement dite, et de *Quito*.

Terre-Ferme : ce gouvernement, situé entre les 7 et 10° de latit. N., est divisé en deux provinces, savoir :

1°. *Panama* : cette province, qui traverse l'isthme, a pour villes principales *Panama*, sur la côte de la mer du Sud, et *Porto-Bello*, sur le golfe du Mexique. L'archipel des petites îles aux *Perles* se trouve dans la baie de *Panama*.

2°. *Darien*, ville capitale, *Darien*.

Le gouvernement de la *Nouvelle-Grenade*, situé entre les 1 et 13° de latit. N., se divise en treize provinces, savoir :

Entre les 7 à 13° de latit. N. :

1°. *Carthagène*, capitale, *Carthagène*, avec un port considérable dans la mer des Antilles;

2°. *Sainte-Marthe*, capitale, *Sainte-Marthe*, aussi avec un port dans la mer des Antilles;

3°. *Maracaïbo* : villes principales, *Maracaïbo*, *Merida* et *Truxillo*;

4°. *Varinas*, capitale, *Varinas*;

5°. *Venezuéla* ou *Caracas* : villes principales, *Caracas*, *Porto-Cabello*, *Valencia*, *Maracay*, *Co-*

o, *Corora*, *Barquisiméto*, *Tucoya*, *Guianare*, *San Philippo* et *San-Carlos;*

6°. *Cumana :* villes principales, *Cumana*, *Cumanacoa* et *San-Philippo-de-Austria;*

7°. *Barcelonne,* capitale, la *Nouvelle-Barcelonne;*

8°. *Guiane* espagnole, capitale, *San-Thomé.*

Entre les 1 et 7° de latit. N. :

9°. *Choco*, capitale, *Novita;*

10°. *Popayan :* villes principales, *Popayan*, capitale, et *Pastro;*

11°. *Santa-Fé-de-Bagota*, capitale, *Santa-Fé;*

12°. *Saint-Jean-de-Jiron*, capitale, *Saint-Jean-de-Jiron;*

13°. *Nouvelle-Andalousie :* cette province, très-peu connue, se compose de trois districts : de *San-Faustino*, *Saint-Jean-de-los-Llanos* et *Mariquita*, qui, dans une immense étendue, n'offrent aucun lieu remarquable.

Le gouvernement de *Quito*, situé entre le 1° de latit. N., et le 5° de latit. sud, comprend six provinces, savoir :

1°. *Esméraldas*, capitale, *Limones;*

2°. *Quito*, capitale, *Quito;*

3°. *Quixos*, capitale, *Quixos;*

4°. *Guyaquil*, capitale, *Guyaquil;*

5°. *Cuença*, capitale, *Cuença;*

6°. *Jean-de-Bracamoros*, capitale, *Loxa.*

VICE-ROYAUTÉ DU PÉROU.

La *vice-royauté du Pérou*, située entre les 3 et 23° de latit. sud, et les 69 à 84° de longit. occid., bornée au nord par le nouveau royaume de *Grenade*; à l'ouest, par l'*Océan Pacifique*; au sud, par *le Chily*; et à l'est, par un désert immense qui se trouve entre le *Pérou* et le *Paraguay*, est divisée en cinq intendances ou provinces qui sont, savoir:

Entre les 3 et 12° de latit. :

1°. *Truxillo*, villes principales, *Truxillo*, capitale, et *Caxamarca*;

2° *Guamanga* : villes principales, *Guamanga*, capitale; *Guenga-Velica* et *Atanjauja*.

Entre les 12 et 23° de latit. :

3°. *Lima* : villes principales, *Lima*, capitale et résidence du vice-roi; *Tarma*, *Saint-Léon-de-Guanuco* et *Canète*;

4°. *Cusco*, capitale, *Cusco*;

5°. Et *Aréquipa* : villes principales, *Aréquipa*, capitale, et *Ariqua*.

VICE-ROYAUTÉ DE LA PLATA.

La *vice-royauté de la Plata*, située entre les 15 et 57° de latit. sud, et les 54 à 71° de longit. occid., bornée au nord par le *Pérou* et le *Brésil*; à l'ouest, par la grande chaîne de la *Cordilière-des-Andes*; au sud, par la *Pantagonie*; et à l'est, par l'*Océan atlantique*, se divise en deux parties, qui sont le *Charcas* ou *Pérou méridional*; et le *Paraguay*.

Le *Charcas* ou *Pérou méridional*, situé entre les 15 à 25° de latit. sud, comprend sept provinces, savoir :

1°. *Moxos* : cette province, la plus au nord des autres, habitée par des sauvages soumis, distribués en villages, ne présente aucun lieu remarquable;

2°. *La Paz*, capitale, *La Paz*;

3°. *Santa-Crux-de-la Sierra*, capitale, *Santa-Crux-de-la-Sierra*;

4°. *La Plata*, capitale, *la Plata* ou *Chuquisacra*;

5°. *Chiquitos* : lieux principaux, *Oropéso* et *Tarija*;

6°. *Potosi* : villes principales, *Potosi*, *Porco* et *Oraro*;

7°. *Puno* : villes principales, *Lipez* et *Atacama*.

PARAGUAY.

Le *Paraguay*, situé entre les 22 et 37° de latit. S., comprend cinq provinces, qui sont celles de *Paraguay propre*, de *Cuyo*, de *Tucuman*, de *Monté-Vidéo* et de *Buénos-Ayres*.

1°. *Paraguay propre* : cette province, au nord de toutes les autres, a pour villes principales l'*Assomption* et *Ciudad-Réal*;

2°. *Cuyo* : cette province située entre le *Chily* et le *Tucuman*, n'offre d'autre ville importante que celle de *Mendoza*, sa capitale ;

3°. *Tucuman*, à l'est de la précédente : villes principales, *Salta*, capitale; *Jujuy*, *San-Meguel* et *Cordova*;

4°. *Monté-Vidéo* : villes principales, *Monté-Vidéo* et *Colonia-del-Sacramento* ;

5°. *Buénos-Ayres*, villes principales, *Buénos-Ayres*, capitale de la province et de la vice-royauté de *la Plata* ; *Santa-Fé* et *Corrientes*.

GOUVERNEMENT DU CHILY.

Le gouvernement du *Chily*, d'une longue étendue, mais de peu de largeur, est situé entre les 23 et 47° de latit. sud, et les 72 à 76° de longit. occid., borné au nord par le *Pérou* ; à l'ouest, par l'*Océan-Pacifique* ; au sud, par les terres *Magellaniques* ; et à l'est, par la vice-royauté de *la Plata* et la *Patagonie*, se divise en deux parties, qui sont l'ancien *Chily* et le nouveau *Chily*.

L'ancien *Chily*, situé entre les 23 et 43°, est divisé en quatre provinces, qui sont :

1°. *Sant-Jago* : villes principales, *Sant-Jago*, capitale du gouvernement du *Chily* et résidence du capitaine général ; *Valparaiso* et *Coquimbo* ;

2°. *La Conception*, capitale, *la Conception* ;

3°. *Valdivia*, capitale, *Valdivia* ;

4°. Et les îles de *Chiloé*, groupe composé de 47 îles, semées près de la côte, dont la principale, nommée *Chiloé*, renferme les villes de *San-Carlos-de-Chacao* et de *Sant-Jago-de-Castro*.

Le *Nouveau-Chily* est la côte qui s'étend entre les 43 et 47° de latit. sud ; les habitans de cette côte, qui sont de la nation des *araucanos*, plutôt alliés que sujets des espagnols, vivent indépendans; on trouve néanmoins parmi eux quelques familles espagnoles ; mais on n'y voit aucun établissement auquel on puisse donner le nom de ville. Les îles de *Campana*, de *Madre-de-Dios* et de *San-Francisca*, situées très-près de la côte du Nouveau-Chily, et qui dépendent de cette province, offrent des points de relâche aux navigateurs, mais ne présentent aucun établissement européen.

LA GUIANE PROPRE.

La *Guiane propre*, située entre les 1 et 8° de latit. nord, et les 52 à 62° de longit. occid., bornée au nord par l'*Océan atlantique*, à l'ouest par la *Guiane espagnole*, dont il a été parlé à l'article du nouveau royaume de *Grenade*; au sud, par l'*Amérique portugaise*; et à l'est, par l'*Océan atlantique*, est divisée en trois parties, qui sont: la *Guiane anglaise*, la *Guiane hollandaise* et la *Guiane française*.

La *Guiane anglaise*, située entre les 6 et 8° de latit. N., se compose des possessions ci-devant hollandaises : *Berbice*, *Démérary* et *Esséquibo*.

Berbice : villes principales, *Nouvelle-Amsterdam* et *Nassau ;*

Démérary, capitale, *Strabock ;*

Et *Essequibo*, capitale, *Essequibo*.

La *Guiane hollandaise*, entre les 5 et 6 °de latit. N.; villes principales, *Surinam* et *Paramaribo*.

La *Guiane française*, entre les 1 à 5° de latit. N. : les endroits principaux de cette colonie sont la ville de *Cayenne* et les forts de *Oyapock*, *Roura*,

Macouria, *Kouron*, *Aprouâge*, *Yrakoubon* et *Sinnamary*.

LE BRÉSIL ou AMÉRIQUE PORTUGAISE.

Le *Brésil* ou *Amérique portugaise* : cette contrée, qui de jour en jour acquiert plus d'importance, en raison de la translation de la cour de *Portugal* au *Brésil*, situé entre le 3° de latit. N., et le 33° de latit. sud, les 36 à 65° de longit. occident., est borné au nord par la Guiane et l'Océan atlantique ; à l'ouest, par les possessions espagnoles ; au sud, par les mêmes possessions ; et à l'est, par l'Océan atlantique.

Le *Brésil* est divisé en dix grands gouvernemens, dont quelques-uns se subdivisent en districts ou petits gouvernemens.

1°. Grand gouvernement de *Rio-Négro* : ce gouvernement, qui s'étend entre le 3° de latit. N., et le 9° de latit. sud, traversé, de l'ouest à l'est, par le fleuve des Amazones, est formé du territoire communément appelé le *Pays des Amazones*. On ne connaît guère de ce pays que ce qui est le long du fleuve, où on rencontre çà et là quelques bourgades ou fortins qui ne méritent aucune description.

2°. *Grand-Para* : ce grand gouvernement, à l'est de celui de *Rio-Négro*, entre les 1 et 7° de latit. sud, a pour villes principales *Notre-Dame-de-Belem*, capitale, et *Curupa*, l'une et l'autre sur la rive droite de la branche méridionale du fleuve des Amazones, à peu de distance de son embouchure dans la mer.

3°. *Maranham* : ce grand gouvernement, aussi à l'est du précédent, entre les 1 et 10° de latit. sud, a pour capitale *Saint-Louis-de-Maraham*, et a dans ses dépendances le petit gouvernement de *Piauhi*, dont *Oéiras* est la capitale.

4°. *Fernambouc :* ce grand gouvernement, encore à l'est des précédens, entre les 3 et 11° de latit. sud, a pour villes principales *Olinde-de-Fernambouc*, capitale, et *Goyana*.

Les quatre petits gouvernemens ci-après dépendent de celui de *Fernambouc*, savoir :

Séara, capitale, *Saint-José-de-Ribamar* ;
Rio-Grand-del-Norte, capitale, *Natal-los-Reys* ;
Paraïba, capitale, *Paraïba* ;
Et *Itamaraca*, capitale, *Pillar*.

5°. *Mattogrosso :* ce grand gouvernement, situé entre les 9 et 25° de latit. sud, est peu peuplé, couvert d'immenses forêts, et généralement mal sain : cependant l'exploitation des mines d'or et de diamans y a donné naissance à trois villes assez considérables, qui sont : *Cuyaba*, *Villa-Maria* et *San-Pédro-del-Rey*.

6°. *Goyazes :* ce grand gouvernement, situé entre les 6 et 20° de latit. sud, à l'est de celui de *Mattogrosso*, est peu connu, presque désert : il n'offre aucun autre établissement de quelqu'importance, que *Villa-Boa*, sa capitale.

7°. *Minas-Géraes*, situé à l'est du précédent, entre les 11 et 35° de latit. sud, a pour villes principales *Villa-Rica*, capitale ; *Mariana*, *Villa-do-Principo* et *Técujo*.

Les districts de *Porto-Seguro*, dont la capitale, du même nom, est un port sur l'Océan atlantique, dépend du grand gouvernement de *Minas-Géraes*.

8°. *Baya*, situé au sud de Fernambouc, le long des côtes de l'Océan atlantique, entre les 10 et 17° de latit. sud, a pour villes principales *Baya* ou *San-Salvador*, capitale, avec un port considérable dans la baie de *Tous-les-Saints* et *Cachocira*.

Le district de *Sergippe*, dont la capitale, se nomme aussi *Sergippe*, dépend du grand gouvernement de *Baya*.

9°. *Saint-Paul :* ce gouvernement, au sud de celui de *Minas-Géraes*, entre les 22 à 32° de latit. sud, a pour villes principales *Saint-Paul*, capitale, et *Santos*.

10°. *Rio-Janeiro :* ce grand gouvernement, au sud de celui de Baya, s'étend sur la côte de l'Océan atlantique, entre les 18 et 30° de latit. sud, et est divisé en quatre districts ou petits gouvernemens, savoir :

Spiritu-Sancto, capitale, *Spiritu-Sancto*, avec un port sur l'Océan atlantique ;

Rio-Janeiro, capitale, *Rio-Janeiro*, résidence de la cour de *Portugal* et capitale de tout le *Brésil*;

Rio-Grande : villes principales, *Rio-Grande* et *Port-Saint-François*;

Sainte-Catherine, capitale, *Sainte-Catherine*, bâtie dans une île de ce nom, séparée de la côte par un canal très-étroit.

PATAGONIE ou TERRE MAGELLANIQUE.

On donne le nom de *Patagonie* ou *Terre Magellanique* à cette grande contrée de l'Amérique méridionale qui s'étend entre les 38 et 54° de latit. sud, et les 60 à 75° de longit. occident., bornée au nord par le gouvernement de Buénos-Ayres dans les possessions espagnoles ; à l'ouest, par le Nouveau-Chily et l'Océan-Pacifique ; au sud, par le détroit de Magellan ; et à l'est, par l'Océan atlantique.

On ne connaît de cette contrée que les côtes qui, fréquentées comme points de relâche par les navigateurs, ont reçu des noms de *caps*, *golfes* et *baies* ; mais, jusqu'à ce jour, les *européens* n'y ont formé aucun établissement : tout ce qu'on sait de l'intérieur, c'est qu'il est peuplé par plusieurs nations de sauvages errans, dont les plus considérables sont, au nord, les *puelches*, et au sud, les *patagons*.

ILES DE L'AMÉRIQUE MÉRIDIONALE.

Dans la mer du Sud.

Les îles *Gallapagos*, à l'ouest du nouveau royaume de Grenade, et sous la ligne : on en compte plusieurs qui sont voisines les unes des autres ; elles ne sont point habitées.

Saint-Ambroise et *Saint-Félix* : ces deux îles, à l'ouest du Pérou, sont assez proches l'une de l'autre et n'ont point d'habitans.

Jean-Fernandez, petit archipel à l'ouest du Chily :

les trois îles qui le composent, et dont *Jean-Fernandez* est la plus grande, sont absolument désertes.

Dans le grand Océan atlantique.

Terre-de-Feu : on a donné ce nom à un groupe d'îles volcanisées, au sud du détroit de Magellan ; elles sont habitées par quelques misérables hordes de sauvages, vivant de la pêche, et sans commerce avec les européens ; le cap *Horn* forme la pointe méridionale de ce groupe.

L'île des *États*, à l'est de la Terre-de-Feu, dont elle est séparée par le détroit de Lemaire : cette île est peu connue ; on sait seulement qu'elle est habitée par quelques sauvages, qui ressemblent à ceux de la Terre-de-Feu.

L'île de *Géorgie*, à l'est de celle des *États* : elle est dépourvue d'arbres et d'arbustes, couverte d'une neige éternelle et inhabitée.

La *Terre de Sandwich* est le nom qu'on donne à un groupe d'une douzaine de petites îles assez rapprochées les unes des autres, au sud-est de l'île de *Géorgie*, avec laquelle elles ont beaucoup de ressemblance, étant absolument stériles, inhabitées et couvertes de neige.

Les îles *Malouines* ou *Falkland*, à l'est de la côte des Patagons : il y en a deux principales, séparées par un canal étroit ; elles appartiennent aux espagnols, qui y élèvent une grande quantité de bœufs et de vaches.

Et l'île de *Fernando-Noronha*, à l'est du *Brésil* ;

cette île, de peu d'étendue, appartient aux portugais, qui y ont bâti un fort.

CHAPITRE V.

OCÉANIQUE.

Les géographes modernes ont fait, sous ce nom, une cinquième partie du monde des terres et îles découvertes depuis peu dans le grand *Océan équinoxial*; mais cette nouvelle division ne se compose que d'une multitude d'îles plus ou moins grandes, sans excepter la *Nouvelle-Hollande* qu'on avait d'abord considérée comme un continent. Ces îles sont éparses sur une surface immense; et, attendu que l'on n'a aucunes notions précises sur leur géographie politique, nous renvoyons le lecteur, pour ce qui concerne l'Océanique, à ce qui a été précédemment dit, en traitant des îles en général; et nous nous contenterons d'indiquer ici les points sur lesquels la puissance des anglais s'est étendue, au moyen de son système de colonisation.

Nouvelle-Hollande : cette grande île est située entre les 9 et 39° de latit. S., et les 109 et 152° de longit. est. De tous les navigateurs qui ont visité ses côtes, et qui ont donné des noms à ses baies et à ses caps, les anglais sont les seuls qui y ont fondé une colonie.

La colonie anglaise, sous le nom de *Botany-Bay*, est fixée sur la côte occidentale, entre les 10 à 55° de latit. S.; elle se compose déjà de plusieurs villes, savoir : *Port-Jackson, Paramatta* et *Sidney*.

L'île de *Norfolk*, au sud-ouest de la Nouvelle-Zélande, par le 31° de latit. sud. et le 167° de longit. est. Cette île est occupée par les anglais, qui y ont établi une colonie déjà nombreuse et puissante, dont le chef-lieu est une ville nommée *Norfolk*.

Pour terminer cet ouvrage, et faciliter au lecteur les moyens de déterminer avec exactitude les distances qui existent d'un lieu à un autre, on donne ci-dessous, avec l'indication des mesures itinéraires en usage dans les différens pays de l'Europe, leur rapport avec le degré de 25 lieues géographiques.

PAYS.	MESURES.	Combien au degré de 25 lieues géographiques.
FRANCE.	Lieue géographique.	25
	Lieue marine.	20
	Lieue ordinaire.	22 $1/4$
	Lieue de poste.	28 $1/2$
ANGLETERRE.	Mille.	69 $1/4$
	Lieue marine.	20
ALLEMAGNE.	Grand mille.	12
	Mille géographique.	15
DANNEMARCK.	Mille.	14 $3/4$
ESPAGNE.	Lieue.	16 $2/3$
MILANAIS.	Lieue.	67 $1/4$
NAPLES.	Lieue.	57 $3/4$
VENISE.	Lieue.	60 $2/3$
PORTUGAL.	Lieue.	18
RUSSIE.	Werste.	104 $1/4$
TURQUIE.	Berri.	66 $1/2$

FIN.

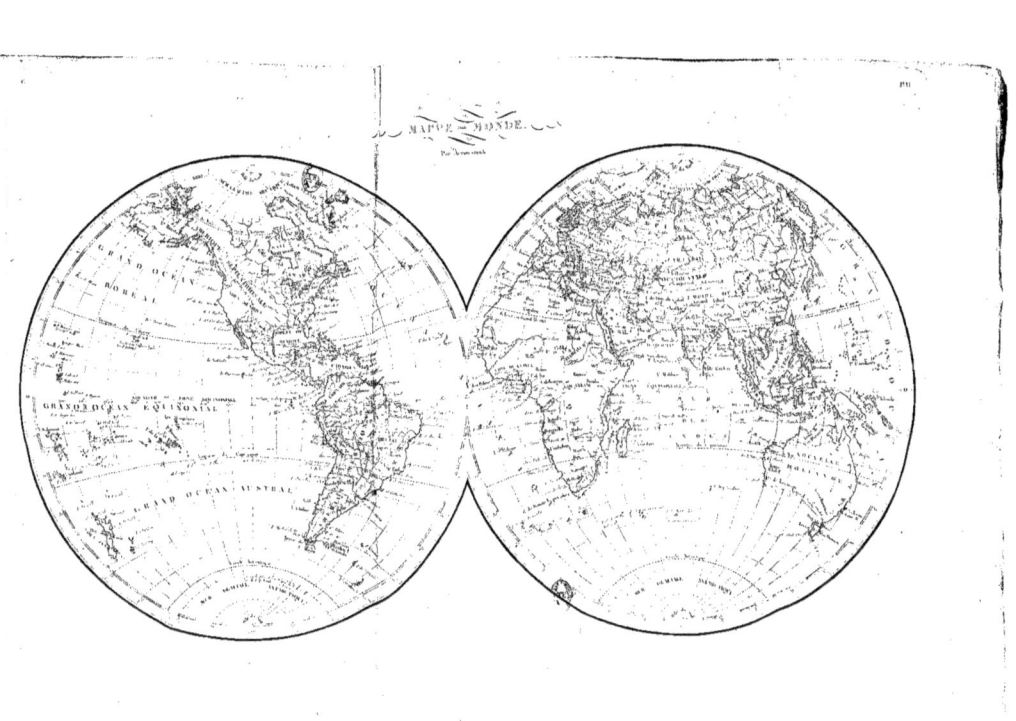

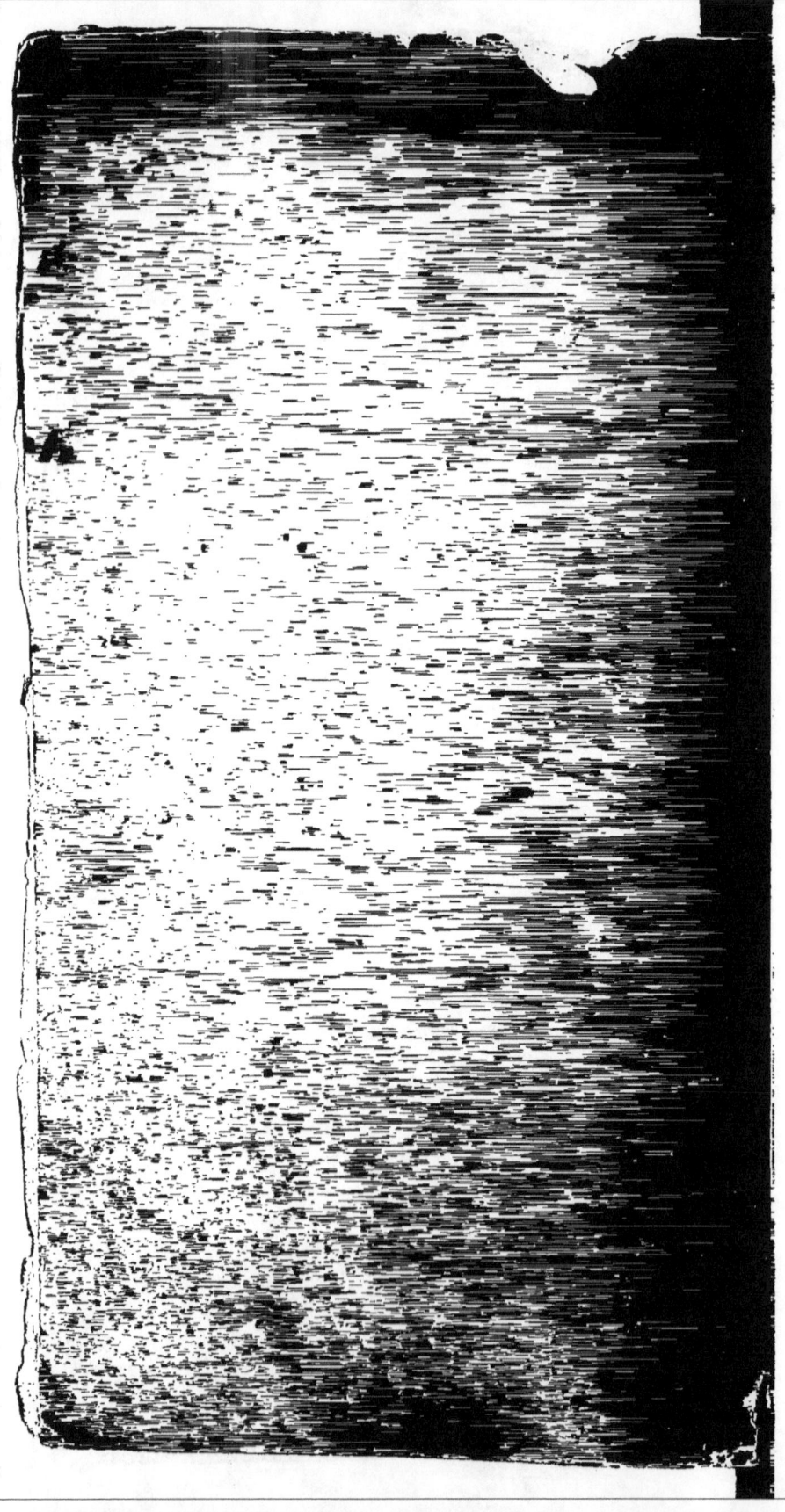

www.ingramcontent.com/pod-product-compliance
Lightning Source LLC
Chambersburg PA
CBHW072012150426
43194CB00008B/1087